SV

Hermann Hesse

TESSIN

Betrachtungen, Gedichte und Aquarelle des Autors

Herausgegeben und mit einem Nachwort versehen von Volker Michels

Suhrkamp

Umschlagmotiv: »Föhn«,
Aquarell von Hermann Hesse, 1924

Vierte Auflage 1996

Satz: Fotosatz Otto Gutfreund, Darmstadt
Druck: Appl, Wemding
Printed in Germany

Hermann Hesse im April 1937. Foto: Martin Hesse

Neubeginn im Tessin

(Aus »Beim Einzug in ein neues Haus«)

Der Abschied von Bern fiel mir nicht mehr schwer. Es war mir klar geworden, daß es moralisch nur noch *eine* Existenzmöglichkeit für mich gab: meine literarische Arbeit allem andern voranzustellen, nur noch in ihr zu leben und weder den Zusammenbruch der Familie noch die schwere Geldsorge, noch irgendeine andre Rücksicht mehr ernst zu nehmen. Gelang es nicht, so war ich verloren. Ich fuhr nach Lugano, saß einige Wochen in Sorengo und suchte, dann fand ich in Montagnola die Casa Camuzzi, und zog dort im Mai 1919 ein. Aus Bern ließ ich nur meinen Schreibtisch und meine Bücher kommen, im übrigen lebte ich mit gemieteten Möbeln. In diesem letzten meiner bisherigen Häuser blieb ich zwölf Jahre wohnen, die ersten vier Jahre ganz, von da an nur noch in den wärmeren Jahreszeiten.

Dies schöne wunderliche Haus ... hat mir viel bedeutet,* und war in mancher Hinsicht das originellste und hübscheste von allen denen, die ich je besaß oder bewohnte. Freilich besaß ich hier gar nichts, und bewohnte auch nicht das Haus, sondern nur eine kleine Wohnung von vier Stuben als Mieter, ich war kein Hausherr und Familienvater mehr, der ein Haus und Kinder und Dienstboten hat, seinem Hunde ruft und seinen Garten pflegt; ich war jetzt ein kleiner abgebrannter Literat, ein abgerissener und etwas verdächtiger Fremder, der von Milch und Reis und Makkaroni lebte, seine alten Anzüge bis zum Ausfransen austrug und im Herbst sein Abendessen in Form von Kastanien aus dem Walde heimbrachte. Aber das Experiment, um das es ging, ist geglückt, und trotz al-

* Die Casa Camuzzi in Montagnola.

lem, was auch diese Jahre schwer gemacht hat, sind sie schön und fruchtbar gewesen. Wie aus Angstträumen aufgewacht, aus Angstträumen, die Jahre gedauert hatten, sog ich die Freiheit ein, die Luft, die Sonne, die Einsamkeit, die Arbeit. Ich schrieb noch in diesem ersten Sommer hintereinander den »Klein und Wagner« und den »Klingsor«, und entspannte damit mein Inneres so weit, daß ich im folgenden Winter den »Siddhartha« beginnen konnte. Ich war also nicht zugrunde gegangen, ich hatte mich nochmals zusammengerafft, ich war noch der Arbeit, der Konzentration fähig; die Kriegsjahre hatten mich nicht, wie ich halb gefürchtet hatte, geistig umgebracht. Materiell hätte ich jene Jahre nicht zu überdauern und meine Arbeit nicht zu leisten vermocht, wären nicht mehrere Freunde mir immer wieder treulich beigestanden. Ohne die Unterstützung durch den Freund in Winterthur und die lieben Siamesen wäre es nicht gegangen, und einen besonders großen Freundesdienst hat mir Cuno Amiet geleistet, als er meinen Sohn Bruno zu sich nahm.
Und so habe ich also die letzten zwölf Jahre in der Casa Camuzzi gewohnt, Garten und Haus kommen im »Klingsor« und in anderen meiner Dichtungen vor. Manche Dutzendmale habe ich dies Haus gemalt und gezeichnet, und bin seinen verzwickten launischen Formen nachgegangen; namentlich in den beiden letzten Sommern, zum Abschied, habe ich vom Balkon, von den Fenstern, von der Terrasse aus noch alle Blicke gezeichnet, und viele von den wunderlich schönen Winkeln und Gemäuern im Garten. Mein Palazzo, Imitation eines Barock-Jagdschlosses, der Laune eines Tessiner Architekten vor etwa fünfundsiebzig Jahren entsprungen, hat außer mir noch eine ganze Reihe von Mietern gehabt, aber keiner ist so lange geblieben wie ich, und ich glaube, keiner hat ihn so geliebt (auch belächelt) und ihn sich so zur Wahlheimat werden lassen wie ich. Aus einer ungewöhnlich üppigen und munteren Baulust entstanden, im lustvollen Überwinden großer Terrainschwierigkeiten, hat dieser halb feierliche,

»Klingsors Balkon«. Die Casa Camuzzi in Montagnola,
vom Garten gesehen,
Federzeichnung, mit Aquarellfarben koloriert, 1930

halb drollige Palazzo ganz verschiedene Ansichten. Vom Portal des Hauses führt pompös und theatralisch eine fürstliche Treppe hinab in den Garten, der in vielen Terrassen mit Treppen, Böschungen und Mauern sich bis in eine Schlucht hinab verliert und in dem alle südlichen Bäume in alten, großen Prachtexemplaren vorkommen, ineinander verwachsen, von Glyzinen und Clematis überwuchert. Für das Dorf selbst liegt das Haus fast ganz verborgen. Aus dem Tale unten sieht es, mit seinen Treppengiebeln und Türmchen über stillen Waldrücken hervorschauend, ganz wie das ländliche Schloß einer Eichendorffnovelle aus.

Manches hat sich auch hier während der zwölf Jahre geändert, nicht bloß in meinem Leben, sondern auch im Hause und Garten. Der herrliche alte Judasbaum unten im Garten, der größte, den ich jemals gesehen, der Jahr um Jahr vom Anfang Mai bis weit in den Juni hinein so üppig geblüht und im Herbst und Winter mit seinen rotvioletten Schoten so fremdartig ausgesehen hatte, fiel in einer Herbstnacht dem Sturm zum Opfer. Die große Sommermagnolie Klingsors, dicht vor meinem Balkönchen, deren geisterhafte weiße Riesenblüten mir beinahe ins Zimmer hereingewachsen waren, wurde einst während meiner Abwesenheit umgehauen. Einmal kam ich nach langer Abwesenheit im Frühling aus Zürich zurück, da war wahrhaftig meine brave alte Haustür verschwunden und die Stelle zugemauert, ich stand verzaubert und wie im Traume davor und fand keinen Eingang mehr: man hatte ein wenig umgebaut, ohne mir etwas davon zu sagen. Aber das Haus ist mir durch keine dieser Veränderungen entleidet worden, es war mehr das meinige als irgendeines der früheren, denn hier war ich nicht Ehemann und Familienvater, hier war nur ich allein zu Hause, hier hatte ich in bangen harten Jahren nach dem großen Schiffbruch mich durchgekämpft, auf einem Posten, der mir oft vollkommen verloren schien, hier hatte ich viele Jahre die tiefste Einsamkeit genossen, und auch an ihr gelitten, hatte viele Dichtungen und Malereien gemacht, tröstende Seifenblasen, und war mit allem so verwachsen, wie ich es seit der Jugend mit keiner andern Umgebung gewesen war. Zum Dank habe ich dies Haus oft genug gemalt und besungen, habe ihm auf viele Arten zu erwidern gesucht, was es mir gab und war.

Wäre ich in meiner Einsamkeit geblieben, hätte ich nicht nochmals einen Lebenskameraden gefunden, so wäre es wohl nie dazu gekommen, daß ich das Camuzzihaus wieder verlassen hätte, obwohl es in vielen Beziehungen für einen alternden und nicht mehr gesunden Menschen unbequem war. Ich habe in diesem märchenhaften Haus auch bitter gefroren und allerlei andre Not gelitten. Darum war in den letzten Jahren je und je der Gedanke aufgetaucht, aber niemals recht ernst genommen worden: vielleicht doch noch einmal umzuziehen, ein Haus zu kaufen, zu mieten oder gar zu bauen, wo ich fürs Alter eine bequemere und gesundere Unterkunft hätte. Es waren Wünsche und Gedanken, nichts weiter.

Da ereignete sich das schöne Märchen: in der »Arch« in Zürich saßen wir an einem Frühlingsabend des Jahres 1930 und plauderten, und die Rede kam auch auf Häuser und Bauen, und auch meine gelegentlich auftauchenden Hauswünsche wurden erwähnt. Da lachte plötzlich Freund B. mich an und rief: »Das Haus sollen Sie haben!«

Auch dies war, so schien mir, ein Spaß, ein hübscher Spaß am Abend beim Wein. Aber der Spaß ist Ernst geworden, und das Haus, von dem wir damals spielerisch träumten, steht jetzt da, unheimlich groß und schön und soll mir für Lebenszeit zur Verfügung stehen. Wieder einmal unternehme ich es, mich neu einzurichten, und wieder geschieht es fürs »ganze Leben«, und diesmal wird das vermutlich stimmen.

(1931)

Bergpaß

Über die tapfere kleine Straße weht der Wind. Baum und Strauch sind zurückgeblieben, Stein und Moos wächst hier allein. Niemand hat hier etwas zu suchen, niemand hat hier Besitz, der Bauer hat nicht Heu noch Holz hier oben. Aber die Ferne zieht, die Sehnsucht brennt, und sie hat über Fels und Sumpf und Schnee hinweg diese gute kleine Straße geschaffen, die zu anderen Tälern, anderen Häusern, zu anderen Sprachen und Menschen führt.

Auf der Paßhöhe mache ich halt. Nach beiden Seiten fällt die Straße hinab, nach beiden Seiten rinnt Wasser, und was hier oben nah und Hand in Hand beisammen steht, findet seinen Weg nach zwei Welten hin. Die kleine Lache, die mein Schuh da streift, rinnt nach dem Norden ab, ihr Wasser kommt in ferne kalte Meere. Der kleine Schneerest dicht daneben aber tropft nach Süden ab, sein Wasser fällt nach ligurischen oder adriatischen Küsten hin ins Meer, dessen Grenze Afrika ist. Aber alle Wasser der Welt finden sich wieder, und Eismeer und Nil vermischen sich im feuchten Wolkenflug. Das alte schöne Gleichnis heiligt mir die Stunde. Auch uns Wanderer führt jeder Weg nach Hause.

Noch hat mein Blick die Wahl, noch gehört ihm Nord und Süd. Nach fünfzig Schritten wird nur noch der Süden mir offen stehen. Wie atmet er geheimnisvoll aus bläulichen Tälern herauf! Wie schlägt mein Herz ihm entgegen! Ahnung von Seen und Gärten, Duft von Wein und Mandel weht herauf, alte heilige Sage von Sehnsucht und Romfahrt.

Aus der Jugend klingt mir Erinnerung her wie Glockenruf aus fernen Tälern: Reiserausch meiner ersten Südenfahrt, trunkenes Einatmen der üppigen Gartenluft an den blauen Seen, abendliches Hinüberlauschen über erblassende Schnee-

berge in die ferne Heimat! Erstes Gebet vor heiligen Säulen des Altertums! Erster traumhafter Anblick des schäumenden Meeres hinter braunen Felsen!
Der Rausch ist nicht mehr da, und nicht mehr das Verlangen, allen meinen Lieben die schöne Ferne und mein Glück zu zeigen. Es ist nicht mehr Frühling in meinem Herzen. Es ist Sommer. Anders klingt der Gruß der Fremde zu mir herauf. Sein Widerhall in meiner Brust ist stiller. Ich werfe keinen Hut in die Luft. Ich singe kein Lied. Aber ich lächle, nicht nur mit dem Munde. Ich lächle mit der Seele, mit den Augen, mit der ganzen Haut, und ich biete dem heraufduftenden Lande andere Sinne entgegen als einstmals, feinere, stillere, schärfere, geübtere, auch dankbarere. Dies alles gehört mir heute mehr als damals, spricht reicher und mit verhundertfachten Nuancen zu mir. Meine trunkene Sehnsucht malt nicht mehr Traumfarben über die verschleierten Fernen, mein Auge ist zufrieden mit dem, was da ist, denn es hat sehen gelernt. Die Welt ist schöner geworden seit damals.
Die Welt ist schöner geworden. Ich bin allein, und leide nicht unter dem Alleinsein. Ich wünsche nichts anders. Ich bin bereit, mich von der Sonne fertig kochen zu lassen. Ich bin begierig, reif zu werden. Ich bin bereit zu sterben, bereit, wiedergeboren zu werden.
Die Welt ist schöner geworden.

(1918)

Dorf

Das erste Dorf auf der Südseite der Berge. Hier beginnt erst recht das Wanderleben, das ich liebe, das ziellose Schweifen, die sonnigen Rasten, das befreite Vagabundentum. Ich neige sehr dazu, aus dem Rucksack zu leben und Fransen an den Hosen zu haben.
Während ich mir Wein aus der Pinte ins Freie bringen lasse, fällt mir plötzlich Ferruccio Busoni ein. »Sie sehen so ländlich aus«, sagte mir der liebe Mensch mit einem Anflug von Ironie, als wir uns das letztemal sahen – es ist gar nicht lange her, in Zürich. Andreä hatte eine Mahler-Symphonie dirigiert, wir saßen im gewohnten Restaurant zusammen, ich freute mich wieder an Busonis fahlem Geistergesicht und an der flotten Bewußtheit dieses glänzendsten Antiphilisters, den wir heut noch haben. – Wie kommt diese Erinnerung hierher? – Ich weiß! Es ist nicht Busoni, an den ich denke, nicht Zürich, und nicht Mahler. Das sind die üblichen Täuschungen des Gedächtnisses, wenn es an Unbequemes kommt; es schiebt dann gern harmlose Bilder in den Vordergrund. Ich weiß jetzt! In jenem Restaurant saß auch eine junge Frau, hellblond und sehr rotwangig, mit der ich kein Wort sprach. Engel du! Sie anzusehen war Genuß und Qual, wie liebte ich sie jene Stunde lang! Ich war wieder achtzehn Jahre alt.
Plötzlich ist alles deutlich! Schöne, hellblonde, lustige Frau! Ich weiß nicht mehr, wie du heißt. Ich habe dich eine Stunde lang geliebt, und ich liebe dich heut am sonnigen Sträßchen des Bergdorfes wieder, eine Stunde lang. Niemand hat dich mehr geliebt als ich, niemand hat dir jemals so viel Macht über sich eingeräumt wie ich, unbedingte Macht. Aber ich bin zur Untreue verurteilt. Ich gehöre zu den Windbeuteln, welche nicht eine Frau, sondern nur die Liebe lieben.

Wir Wanderer sind alle so beschaffen. Unser Wandertrieb und Vagabundentum ist zu einem großen Teil Liebe, Erotik. Die Reiseromantik ist zur Hälfte nichts andres als Erwartung des Abenteuers. Zur andern Hälfte aber ist sie unbewußter Trieb, das Erotische zu verwandeln und aufzulösen. Wir Wanderer sind darin geübt, Liebeswünsche gerade um ihrer Unerfüllbarkeit willen zu hegen, und jene Liebe, welche eigentlich dem Weib gehörte, spielend zu verteilen an Dorf und Berg, See und Schlucht, an die Kinder am Weg, den Bettler an der Brücke, das Rind auf der Weide, den Vogel, den Schmetterling. Wir lösen die Liebe vom Gegenstand, die Liebe selbst ist uns genug, ebenso wie wir im Wandern nicht das Ziel suchen, sondern nur den Genuß des Wanderns selbst, das Unterwegssein.

Junge Frau mit dem frischen Gesicht, ich will deinen Namen nicht wissen. Meine Liebe zu dir will ich nicht hegen und mästen. Du bist nicht das Ziel meiner Liebe, sondern ihr Antrieb. Ich schenke diese Liebe weg, an die Blumen am Weg, an den Sonnenblitz im Weinglas, an die rote Zwiebel des Kirchturms. Du machst, daß ich in die Welt verliebt bin.

Ach, dummes Gerede! Ich habe heut Nacht, in der Berghütte, von der blonden Frau geträumt. Ich war unsinnig in sie verliebt. Ich hätte den Rest meines Lebens samt allen Wanderfreuden darum gegeben, wenn sie bei mir gewesen wäre. An sie denke ich heut den ganzen Tag. Für sie trinke ich Wein und esse Brot. Für sie zeichne ich Dorf und Turm in mein Büchlein. Für sie danke ich Gott – daß sie lebt, daß ich sie sehen durfte. Für sie werde ich ein Lied dichten und mich an diesem roten Wein betrinken.

Und so war es mir bestimmt, daß meine erste Rast im heitern Süden der Sehnsucht nach einer hellblonden Frau jenseits der Berge gehört. Wie schön war ihr frischer Mund! Wie schön, wie dumm, wie verzaubert ist dies arme Leben!

(1919)

Tessiner Dorf. Aquarell 1923

Gehöft

Wenn ich diese gesegnete Gegend am Südfuß der Alpen wieder sehe, dann ist mir immer zumute, als kehrte ich aus einer Verbannung heim, als sei ich endlich wieder auf der richtigen Seite der Berge. Hier scheint die Sonne inniger, und die Berge sind röter, hier wächst Kastanie und Wein, Mandel und Feige, und die Menschen sind gut, gesittet und freundlich, obwohl sie arm sind. Und alles, was sie machen, sieht so gut, so richtig und freundlich aus, als sei es von Natur so gewachsen. Die Häuser, Mauern, Weinbergtreppen, Wege, Pflanzungen und Terrassen, alles ist weder neu noch alt, alles ist, als sei es nicht erarbeitet, erklügelt und der Natur abgelistet, sondern entstanden wie Fels, Baum und Moos. Weinbergmauer, Haus und Hausdach, alles ist vom selben braunen Gneisgestein gemacht, alles paßt brüderlich zueinander. Nichts sieht fremd, feindlich und gewaltsam aus, alles scheint vertraulich, heiter, nachbarlich.

Setze dich nieder, wo du willst, auf Mauer, Fels oder Baumstumpf, auf Gras oder Erde: überall umgibt dich ein Bild und Gedicht, überall klingt die Welt um dich her schön und glücklich zusammen.

Hier ist ein Gehöft, wo arme Bauern wohnen. Sie haben kein Rindvieh, nur Schwein, Ziege und Huhn, sie pflanzen Wein, Mais, Obst und Gemüse. Das ganze Haus ist aus Stein, auch Böden und Treppen, zum Hofe führt eine behauene Stufe zwischen zwei Steinsäulen. Überall blaut zwischen Gewächs und Gestein der See herauf.

Die Gedanken und Sorgen scheinen jenseits der Schneeberge liegengeblieben zu sein. Zwischen gequälten Menschen und häßlichen Sachen denkt und sorgt man so viel! Es ist dort so schwer, und so verzweifelt wichtig, eine Rechtfertigung des

Daseins zu finden. Wie sollte man denn sonst leben? Vor lauter Unglück wird man tiefsinnig. – Hier aber sind keine Probleme, das Dasein bedarf keiner Rechtfertigung, die Gedanken werden zum Spiel. Man empfindet: die Welt ist schön, und das Leben ist kurz. Nicht alle Wünsche ruhen; ich möchte ein paar Augen mehr, eine Lunge mehr haben. Ich strecke die Beine ins Gras und wünsche, sie möchten länger sein. Ich möchte ein Riese sein, dann läge ich mit dem Kopfe nah am Schnee auf einer Alp zwischen den Ziegen, und meine Zehen unten plätscherten im tiefen See. So läge ich und stünde nimmer auf, zwischen meinen Fingern wüchse Gesträuch, in meinem Haar Alpenrosen, meine Knie wären Vorgebirge, auf meinem Leibe stünden Weinberge, Häuser und Kapellen. So liege ich zehntausend Jahre, blinzle in den Himmel, blinzle in den See. Wenn ich niese, gibt es ein Gewitter. Wenn ich drüber hauche, schmilzt der Schnee, und Wasserfälle tanzen. Wenn ich sterbe, stirbt die ganze Welt. Dann fahre ich übers Weltmeer, eine neue Sonne zu holen.

Wo werde ich diesen Abend schlafen? Einerlei! Was macht die Welt? Sind neue Götter erfunden, neue Gesetze, neue Freiheiten? Einerlei! Aber daß hier oben noch eine Primel blüht und Silberpelzchen auf den Blättern trägt, und daß der leise süße Wind dort unten in der Pappel singt, und daß zwischen meinem Auge und dem Himmel eine dunkelgoldene Biene schwebt und summt – das ist nicht einerlei. Sie summt das Lied vom Glück, sie summt das Lied von der Ewigkeit. Ihr Lied ist meine Weltgeschichte.

(1919)

Blick nach Italien. Aquarell 1924

Mittagsrast

Wieder lacht der Himmel hell, über allem tanzt ein Überfluß von Luft. Das ferne fremde Land gehört mir wieder, die Fremde ist Heimat geworden. Beim Baume überm See ist heut mein Platz, ich habe eine Hütte mit Vieh und einige Wolken gezeichnet. Ich habe einen Brief geschrieben, den ich nicht absende. Jetzt packe ich mein Essen aus dem Sack: Brot, Wurst, Nüsse, Schokolade.

Nahe ist ein Birkengehölz, dort sah ich den Boden voll von dürren Zweigen liegen. Es kommt mir die Lust, ein Feuerchen zu machen, es zum Kameraden zu haben und bei ihm zu sitzen. Ich gehe hinüber, sammle einen guten Arm voll Reisig, lege Papier darunter und zünde an. Der dünne Rauch steigt leicht und freudig auf, die hellrote Flamme blickt sonderbar ins sonnige Mittagslicht.

Die Wurst ist gut, ich werde morgen wieder so eine kaufen. Wollte Gott, ich hätte ein paar Kastanien bei mir, um sie zu braten!

Nach der Mahlzeit breite ich meine Jacke ins Gras, lege den Kopf darauf und sehe zu, wie mein kleines Rauchopfer in die helle Höhe emporsteigt. Etwas Musik und Festgenuß gehört dazu. Ich besinne mich auf Lieder von Eichendorff, die ich auswendig weiß. Es fallen mir nicht viele ein, bei einigen fehlen mir Verse. Ich sage die Lieder halb singend her, nach den Melodien von Hugo Wolf und Othmar Schoeck. »Wer in die Fremde will wandern« und »Du liebe treue Laute«, das sind die schönsten. Die Lieder sind voll Wehmut, aber die Wehmut ist nur eine Sommerwolke, dahinter steht Sonne und Vertrauen. Das ist Eichendorff. Darin steht er über Mörike und Lenau.

Wenn jetzt meine Mutter noch lebte, würde ich an sie denken

und versuchen, ihr alles zu sagen und zu bekennen, was sie von mir wissen sollte.
Statt dessen kommt ein schwarzhaariges Mädchen gegangen, zehn Jahre alt, die schaut mir und meinem Feuerchen zu, nimmt eine Nuß und ein Stück Schokolade von mir, setzt sich zu mir ins Gras, und nun erzählt sie, von ihrer Ziege und von ihrem großen Bruder, mit der Würde und dem Ernst der Kinder. Was für Hanswurste sind wir Alten! Dann muß sie nach Hause, sie hat dem Vater das Essen hinausgebracht. Sie grüßt artig und ernsthaft und geht in ihren Holzsandalen und roten Wollstrümpfen weiter. Sie heißt Annunziata.
Das Feuer ist erloschen. Die Sonne ist unmerklich weiter gerückt. Ich will heut noch eine gute Strecke gehen. Im Einpakken und Zusammenschnallen meines Bündels fällt mir noch ein Eichendorff ein, und ich singe im Knien:

Bald, ach wie bald kommt die stille Zeit,
Da ruh' auch ich, und über mir
Rauschet die schöne Waldeinsamkeit,
Und keiner mehr kennt mich auch hier.

Ich empfinde zum erstenmal, daß auch in diesem lieben Vers die Wehmut nur ein Wolkenschatten ist. Diese Wehmut ist nichts als die sanfte Musik der Vergänglichkeit, ohne welche das Schöne uns nicht rührt. Sie ist ohne Schmerz. Ich nehme sie mit auf den Marsch und trabe zufrieden auf dem Bergsteig weiter, den See tief unter mir, an einem Mühlenbach mit Kastanienbäumen und eingeschlafenem Rad vorbei, in den stillen blauen Tag hinein.

(1919)

Rotes Haus

Rotes Haus, aus deinem kleinen Garten und Weinberg duftet mir der ganze Alpensüden! Mehrmals bin ich an dir vorbeigegangen, und schon beim ersten Mal hat meine Wanderlust sich zuckend ihres Gegenpols erinnert, und wieder einmal spiele ich mit den alten, oft gespielten Melodien: Heimat haben, ein kleines Haus im grünen Garten, Stille ringsum, weiter unten das Dorf. Im Stübchen nach Morgen hin stünde mein Bett, mein eigenes Bett, im Stübchen nach Süden mein Tisch, und dort würde ich auch die kleine alte Madonna aufhängen, die ich einmal, in früheren Reisezeiten, in Brescia gekauft habe.

Wie der Tag zwischen Morgen und Abend, so vergeht zwischen Reisetrieb und Heimatwunsch mein Leben. Vielleicht werde ich einmal so weit sein, daß Reise und Ferne mir in der Seele gehören, daß ich ihre Bilder in mir habe, ohne sie mehr verwirklichen zu müssen. Vielleicht auch komme ich noch einmal dahin, daß ich Heimat in mir habe, und dann gibt es kein Liebäugeln mit Gärten und roten Häuschen mehr. – Heimat in sich haben! – Wie wäre da das Leben anders! Es hätte eine Mitte, und von der Mitte aus schwängen alle Kräfte.

So aber hat mein Leben keine Mitte, sondern schwebt zuckend zwischen vielen Reihen von Polen und Gegenpolen. Sehnsucht nach Daheimsein hier, Sehnsucht nach Unterwegssein dort. Verlangen nach Einsamkeit und Kloster hier, und Drang nach Liebe und Gemeinschaft dort! Ich habe Bücher und Bilder gesammelt, und habe sie wieder weggegeben. Ich habe Üppigkeit und Laster gepflegt, und bin davon weg zu Askese und Kasteiung gegangen. Ich habe das Leben gläubig als Substanz verehrt, und kam dazu, es nur noch als Funktion erkennen und lieben zu können.

Aber es ist nicht meine Sache, mich anders zu machen. Das ist Sache des Wunders. Wer das Wunder sucht, wer es herbeiziehen, wer ihm helfen will, den flieht es nur. Meine Sache ist, zwischen vielen gespannten Gegensätzen zu schweben und bereit zu sein, wenn das Wunder mich ereilt. Meine Sache ist, unzufrieden zu sein und Unrast zu leiden.
Rotes Haus im Grünen! Ich habe dich schon erlebt, ich darf dich nicht nochmals erleben wollen. Ich habe schon einmal Heimat gehabt, habe ein Haus gebaut, habe Wand und Dach gemessen, Wege im Garten gezogen und eigene Wände mit eigenen Bildern behängt. Jeder Mensch hat dazu einen Trieb – wohl mir, daß ich ihm einmal nachleben konnte! Viele meiner Wünsche haben sich im Leben erfüllt. Ich wollte ein Dichter sein, und wurde ein Dichter. Ich wollte ein Haus haben, und baute mir eins. Ich wollte Frau und Kinder haben, und hatte sie. Ich wollte zu Menschen sprechen und auf sie wirken, und ich tat es. Und jede Erfüllung wurde schnell zur Sättigung. Sattsein aber war das, was ich nicht ertragen konnte. Verdächtig wurde mir das Dichten. Eng wurde mir das Haus. Kein erreichtes Ziel war ein Ziel, jeder Weg war ein Umweg, jede Rast gebar neue Sehnsucht.
Viele Umwege werde ich noch gehen, viele Erfüllungen noch werden mich enttäuschen. Alles wird seinen Sinn einst zeigen.
Dort, wo die Gegensätze erlöschen, ist Nirwana. Mir brennen sie noch hell, geliebte Sterne der Sehnsucht.

(1919)

Frühling in Locarno

Wipfel wehn in dunklem Feuer,
Im vertrauensvollen Blau
Zeigt sich kindlicher und neuer
Alles aufgetan zur Schau.

Alte oftbegangne Stufen
Schmeicheln klug den Berg hinan,
Von verbrannter Mauer rufen
Frühste Blumen zart mich an.

Bergbach wühlt in grünen Kressen,
Felsen tropft und Sonne leckt,
Sieht mich willig zu vergessen,
Daß die Fremde bitter schmeckt.

Sommertag im Süden

Im Frieden [vor dem Ersten Weltkrieg], als unsre reichgewordenen Landsleute noch unbehindert reisen konnten, da traf man im Sommer keinen von ihnen im Süden an. Im Sommer war der Süden, einem dunklen Gerücht zufolge, unerträglich heiß und von phantastischen Plagen erfüllt, und man zog es vor, in Nordland zu sitzen oder in einem Alpenhotel auf zweitausend Meter Höhe den Sommer durchzufrieren. Jetzt ist das anders, und wer einmal das Glück gehabt hat, seine Person und seine Kriegsgewinne nach dem Süden zu exportieren, der bleibt da und genießt, unter Gottes allesduldender Sonne, die Segnungen dieses Sommers mit. Wir alte Auslandsdeutsche treten sehr in den Hintergrund, sind auch mit unsren sorgenvollen Gesichtern und Fransen an unsern Hosen nicht recht präsentabel. Dafür wird unser Volk glanzvoll durch eben jene Herrschaften vertreten, die sich hier mit Hilfe der rechtzeitig weggeschmuggelten Gelder Häuser, Gärten und Bürgerrecht gekauft haben.

Aber unbekümmert um diese kleinen Dinge geht jeden Morgen die Sonne auf, und die Vögel in den unendlichen Kastanienwäldern fangen zu singen an. Ich stecke mir ein Stück Brot in die Tasche und ein Buch und einen Bleistift, und die Badehose, und verlasse mein Dorf, um einen langen Sommertag im Wald und See zu Gast zu sein. Der Wald hat abgeblüht und hängt schon voll kleiner stachliger Früchte, die Heidelbeeren sind schon vorüber, und die Brombeeren fangen an, deren die Welt hier voll ist.

Viele liebe kleine Blumen, Gräser, Moose und Pilze begegnen mir wieder, die ich nicht kenne und deren Namen kennenzulernen ich mir immer und immer wieder vorgenommen habe. Mit einem kleinen guten Botanikbuch in Ruhe mich

Sommerwiese vor einem Tessiner Bergdorf.
Aquarellierte Federzeichnung 1935

unter diese lieben Blumen zu setzen und sie zu studieren, das ist ein Entschluß von mir, ähnlich wie der Vorsatz, später einmal still in einem kleinen Garten zu leben, Gemüse zu bauen und nie mehr über meinen Gartenzaun hinweg zu denken. Sie sind schön, diese Vorsätze, und machen uns Freude, aber um sie einzuhalten, ist das Leben, wie es scheint, zu kurz. Jedenfalls der Sommer. In diesem Süden hier, wo man mehrere Monate des Jahres tatsächlich nicht an Frieren und Kohlen zu denken braucht, fliehen diese unglaublichen, goldenen Sommertage hin mit einer Fieberhast, mit einem kurzen, gierigen Flügelschlag, als wittre auch Sonne, Stern und Mond etwas von Untergang und Weltnot und eile sich, noch einmal sich umzudrehen. So tun auch wir, wir armen Menschen, und singen unser Lied und tanzen unsern Tanz mit in dieser raschen, vergänglichen Glut. Tief in den Wäldern schön und geheimnisvoll liegen unsre Schatzkammern, die kühlen kleinen Weinkeller der Bauern, wo am Feiertag und etwa auch am Abend bei der Boccia-Bahn freundliche Menschen ein Glas Landwein trinken, ein Stück Brot essen und miteinander plaudern. Hier verglühen mir manche warme, stille, nachdenkliche Abende voll Torheit und Sommerduft, voll Wehmut und Einsamkeit, voll Gedanken und Kinderei.

Im Waldschatten, nach der Mittagsrast, im Heidelbeerkraut und den Spiräen liege ich lang, singe die Lieder, die ich weiß, die deutschen und die welschen, und lese zwischenein in einem kleinen schwarzen Buch, das ich mithabe und das für den Augenblick für mich das schönste Buch der ganzen Welt ist. Es heißt »Almaide« und ist geschrieben von dem Franzosen Francis Jammes. Ein Buch aus Arkadien, selig und voller Liebe.

Gegen den Abend aber wird es Zeit, irgendwo den See aufzusuchen, ein Stück Sandstrand mit Gehölz dahinter, etwas Schilf und etwas Gras. Der See leckt mit warmer Zunge am abendlich verglühenden Sand, die Angler stehn mit langen

Ruten träumerisch auf dünnen Waden in den Bachmündungen, die Berge nehmen abendliche Färbungen an, der goldene Abendzauber geht über die Welt, und das Weh im Herzen wird für Stunden süß und wohlschmeckend. Auf den braunen Rücken brennt mir die Sonne, bis sie hinter einem der vielen, allzuvielen Berge vergeht, den hungrigen Leib kühlt mir der gute See, die Füße der Bach. Wie viel hätte man zu wünschen, und doch eigentlich nichts. Wie traurig ist uns das Leben geworden – und wie dumm sind wir, wenn wir es so traurig nehmen!

Im Dorf ein Teller Reis oder Makkaroni oder im Grotto ein Stück Brot mit Wein, dann wird es Zeit, sich zu besinnen, wo man ist, und langsam den Heimweg über die hellen nachleuchtenden Landstraßen einzuschlagen, die Fußwege bergauf durch den dunkelnden Wald, in dem die eingefangene Wärme des Tages wie Honig hängt, schwer und berauschend, die Wiesenwege an schon geschnittenem Korn und dickhängenden grünen Trauben vorbei, an den Gärten der Landhäuser hin, wo die reichen Milanesen wohnen und wo im aufgehenden Mond die vielen Hortensienbüsche zauberhaft in bleichen holden Farben scheinen. Man kommt in sein Dorf zurück, es ist fast Mitternacht, der Mond sieht aus den streifigen Wolken her, die großen Sommermagnolien in den schwarzen hohen Bäumen riechen heftig nach Zitronen, unten am See glitzern die Lichter der Dörfer.

Der Mond läuft und läuft am Himmel, wie gehetzt, wie das Werk einer Uhr, die man wieder zum Gehen bringen wollte und in die man mit einer Stricknadel gestochen hat, es läuft dann auf einmal rasselnd ab, und der Zeiger rennt besessen übers Blatt wie ein Schnelläufer. Das Leben ist kurz, und wir haben es uns mit vieler Mühe, mit vielen Schlauheiten, mit vielem Aufwand verdorben und schwer gemacht. Die paar guten Zeiten, die paar warmen Sommertage, die paar warmen Sommernächte wenigstens wollen wir austrinken, wollen wir genießen. Schon blühen die Rosen zum zweitenmal

und die Glyzinien, schon nehmen die Tage wieder ab, Vergänglichkeit seufzt hinter jedem Baum und Blatt.
Nachtwind rauscht in den Wipfeln vor meinem Fenster auf, Mondlicht fällt herein auf den roten Steinboden. Freunde in der Heimat, was macht Ihr? Habt Ihr Blumen in den Händen oder Handgranaten? Lebt Ihr noch? Schreibt Ihr liebe Briefe an mich oder wieder Schmähartikel? Liebe Freunde, tut was Ihr wollt, aber denkt je und je einen Augenblick daran, wie kurz das Leben ist!

(1919)

Klingsor zecht im herbstlichen Walde

Trunken sitz ich des Nachts im durchwehten Gehölz,
An den singenden Zweigen hat Herbst genagt;
Murmelnd läuft in den Keller,
Meine leere Flasche zu füllen, der Wirt.

Morgen, morgen haut mir der bleiche Tod
Seine klirrende Sense ins rote Fleisch,
Lange schon auf der Lauer
Weiß ich ihn liegen, den grimmen Feind.

Ihn zu höhnen, sing ich die halbe Nacht,
Lalle mein trunkenes Lied in den müden Wald;
Seiner Drohung zu lachen
Ist meines Liedes und meines Trinkens Sinn.

Vieles tat und erlitt ich, Wandrer auf langem Weg,
Nun am Abend sitz ich, trinke und warte bang,
Bis die blitzende Sichel
Mir das Haupt vom zuckenden Herzen trennt.

Winterbrief aus dem Süden

Liebe Freunde in Berlin!

Ja, im Sommer war es hier anders. Da saßen die Landsleute, welche die eleganten Hotels von Lugano füllen, beklommen in den kleinen Schattenkreisen der Platanen am See und dachten bekümmert an Ostende, während unsereiner mit einem Stück Brot im Rucksack den herrlichen Sommer genoß. Und wie liefen damals die glühenden Tage weg, wie waren sie flüchtig und vergänglich!

Immerhin, auch jetzt noch gibt es Sonne hier, und auch jetzt noch sind wir bei ihr zu Gast. Ich schreibe diese Zeilen an einem der letzten Dezembertage, vormittags elf Uhr, im dürren Laub an einer windgeschützten Waldecke an die Sonne gestreckt. Das dauert so bis drei Uhr, auch vier Uhr, aber dann wird es kalt, die Berge hüllen sich in Lila, der Himmel wird so dünn und hell wie nur im Winter hier, und man friert elend, man muß Holz in den Kamin stecken und ist für den Rest des Tages an den Quadratmeter vor der Kaminöffnung gebannt. Man geht früh zu Bett und steht spät auf. Aber diese Mittagsstunden an sonnigen Tagen, die hat man doch, die gehören uns, da heizt die Sonne für uns, da liegen wir im Gras und Laub und hören dem winterlichen Rascheln zu, sehen an den nahen Bergen weiße Schneerinnen niederlaufen, und manchmal findet sich im Heidekraut und welken Kastanienlaub auch noch ein wenig Leben, eine kleine verschlafene Schlange, ein Igel. Auch liegen da und dort noch letzte Kastanien unter den Bäumen, die steckt man zu sich und legt sie am Abend ins Kaminfeuer.

Jenen Schiebern, die im Sommer so bekümmert an Ostende dachten, scheint es recht gut zu gehen. Das Blatt hat sich gewendet, jetzt sind sie obenauf. Ich hatte neulich Gelegenheit,

mir das ein wenig anzusehen. Ich war in eines der großen Hotels zum Mittagstisch geladen.
Also ich kam in das große Hotel. Es war herrlich. Ich zog meinen besten Anzug an, meine Wirtin hatte mir schon tags zuvor das kleine Loch im Knie mit etwas blauer Wolle zugestochen. Ich sah gut aus und wurde tatsächlich vom Portier ohne Schwierigkeiten eingelassen. Durch gläserne lautlose Flügeltüren floß man sanft in eine riesige Halle wie in ein luxuriöses Aquarium, da standen tiefe, ernste Sessel aus Leder und aus Samt, und der ganze riesige Raum war geheizt, wohlig warm geheizt, man trat in eine Atmosphäre wie einst im Galle Face auf Ceylon. In den Sesseln da und dort saßen gutgekleidete Schieber mit ihren Gattinnen. Was taten sie? Sie hielten die europäische Kultur aufrecht. In der Tat, hier war sie noch vorhanden, diese zerstörte, vielbeweinte Kultur mit Klubsesseln, Importzigarren, unterwürfigen Kellnern, überheizten Räumen, Palmen, gebügelten Hosenfalten, Nackenscheiteln, sogar Monokeln. Alles war noch da, und vom Wiedersehen ergriffen, wischte ich mir die Augen. Freundlich lächelnd betrachteten mich die Schieber, sie haben das schon gelernt, unsereinem gerecht zu werden. In der Miene, mit der sie mich betrachteten, war Lächeln und leiser Spott sehr diskret mit Artigkeit, Schonung, sogar Anerkennung gemischt. Ich besann mich, wo ich diesen seltsamen Blick schon einmal gesehen habe? Richtig, ich fand es wieder. Diesen Blick, mit dem der Kriegsgewinner das Kriegsopfer betrachtet, hatte ich während des Krieges in Deutschland oft gesehen. Es war der Blick, mit dem damals die Kommerzienrätin auf der Straße den verwundeten Soldaten betrachtete. Halb sagte er »Armer Teufel!«, halb sagte er »Held!« Halb war er überlegen, halb war er scheu.
Mit der Heiterkeit und dem guten Gewissen des Besiegten betrachtete ich mir die Reihen der Schieber. Sie sahen prächtig aus, besonders die Damen. Man dachte an prähistorische Zeiten, an Zeiten vor 1914, wo wir alle diesen elegant-satu-

rierten Zustand für den selbstverständlichen und einzig wünschenswerten hielten.
Mein Gastgeber war noch nicht erschienen. So näherte ich mich einem der Schieber, um ein wenig zu plaudern.
»Grüß Gott, Schieber«, sagte ich. »Wie geht's?«
»Oh, recht gut, nur ein wenig langweilig zuzeiten. Manchmal könnte ich Sie beneiden mit Ihrem blauen Flicken auf dem Knie. Sie sehen aus wie ein Mann, der nichts von Langeweile weiß.«
»Ganz richtig. Ich habe unheimlich viel zu tun, da vergeht die Zeit schnell. Jeder hat eben seine Rolle.«
»Wie meinen Sie das?«
»Nun, ich bin Arbeiter, und Sie sind Schieber. Ich produziere, und Sie telephonieren. Letzteres bringt mehr Geld ein. Dafür ist das Produzieren weit lustiger. Gedichte zu machen oder Bilder zu malen ist ein Genuß; wissen Sie, eigentlich ist es gemein, dafür auch noch Geld zu verlangen. Ihr Beruf ist, angebotene Waren mit hundert Prozent Aufschlag weiter anzubieten. Das ist gewiß weniger beglückend.«
»Ach Sie! Sie haben immer so etwas Mokantes, wenn Sie mit mir reden. Geben Sie nur zu, Männeken, im Grunde beneiden Sie uns sehr, Sie mit Ihren geflickten Hosen!«
»Gewiß«, sagte ich, »ich bin oft neidisch. Wenn ich gerade Hunger habe und sehe euch hinterm Schaufenster Pasteten fressen, dann beneide ich euch. Ich halte viel von Pasteten. Aber sehen Sie, kein Genuß ist so flüchtig, ist so lächerlich vergänglich wie der des Essens. Und so ist es im Grunde auch mit den schönen Kleidern, den Ringen und Broschen, den ganzen Hosen! Es macht ja Spaß, einen schönen neuen Anzug anzuziehen. Aber ich zweifle, ob dieser Anzug Sie den ganzen Tag beschäftigt, erfreut und beglückt. Ich glaube, ihr denkt oft ganze Tage lang an eure Bügelfalten und Brillantknöpfe gerade so wenig wie ich an mein geflicktes Knie. Nicht? Also was habt ihr schon davon? Die Heizung allerdings, um die sind Sie zu beneiden. Aber wenn die Sonne

scheint, auch jetzt im Winter, weiß ich eine Stelle bei Montagnola, zwischen zwei Felsen, da ist es dann so windstill und so warm wie hier in Ihrem Hotel und viel bessere Gesellschaft, und kostet nichts. Oft findet man sogar noch eine Kastanie unterm Laub, die man essen kann.«

»Na, mag sein. Aber wollen Sie davon leben?«

»Ich lebe davon, daß ich produziere, daß ich Werte in die Welt setze, seien es noch so kleine. Ich mache zum Beispiel Aquarelle, ich wüßte niemand, der hübschere macht. Man kann von mir für eine Kleinigkeit Gedichtmanuskripte kaufen, die ich selber mit farbigen Zeichnungen schmücke. Ein Schieber kann nichts Klügeres tun, als solche Sachen kaufen. Wenn ich übers Jahr tot bin, sind sie das Dreifache wert.«

Ich hatte es im Scherz gesagt. Aber den Schieber ergriff die Angst, daß ich Geld von ihm haben wolle. Er wurde zerstreut, hustete viel und entdeckte plötzlich am fernsten Ende des Saals einen Bekannten, den er begrüßen mußte.

Liebe Freunde in Berlin, erspart es mir, das Mittagessen zu schildern, das ich nun mit meinem Gastgeber genoß! Weiß und gläsern leuchtete der Speisesaal, und wie hübsch wurde serviert, wie gut aß man, und was für Weine! Ich schweige davon. Es war ergreifend, die Schieber essen zu sehen. Sie legten Wert auf Haltung, sie beherrschten sich schön. Sie aßen die delikatesten Bissen mit Gesichtern voll ernster Pflichterfüllung, ja lässiger Verächtlichkeit, sie schenkten sich Gläser aus alten Burgunderflaschen voll mit gelassenen und etwas leidenden Mienen, als nähmen sie Medizin. Ich wünschte ihnen dies und jenes, während ich zusah. Eine Semmel und einen Apfel steckte ich mir ein, für den Abend.

Ihr fragt, warum ich denn nicht nach Berlin komme? Ja, es ist eigentlich komisch. Aber es gefällt mir tatsächlich hier besser. Und ich bin so eigensinnig. Nein, ich will nicht nach Berlin und nicht nach München, die Berge sind mir dort am Abend zu wenig rosig, und es würde mir dies und jenes fehlen.

(1919)

Bei Arcegno

Hier ist mir jeder Wegesrank vertraut,
Ich geh den alten Eremitensteig,
Der zage Frühlingsregen tröpfelt sacht,
Im kühlen Wind aufflimmert Birkenlaub,
Braunspiegelnd widerglänzt der nasse Fels . . .
O Fels, o Pfad, o Wind und Birkenlaub,
Wie duftet ihr den alten Zauber ernst,
Du keusches Land, wie flüchtet deine Anmut
Scheu hinter Fels und rauhe Schattenkluft!
Dazwischen blüht aus rötlich kahlem Wald
Der wilde Kirschbaum selbstvergessen hin.
Hier ist mein heiliges Land, hier bin ich hundertmal
Den stillen Weg der Einkehr in mich selbst
Im Sinnbild einsamen Geklüfts gegangen
Und geh ihn heute neu, mit anderem Sinn,
Doch altem Ziel, und geh ihn niemals aus.
Hier atmen falterhaft Gedanken fort,
Die ich vor Jahren hier in Fels und Ginster,
In Sonnenhauch und Regenwind erjagt –
Nimm hin, du Stein und Bach und Birkental,
Nimm wieder hin ein aufgetanes Herz,
Das nichts mehr will, als euern heiligen Stimmen
Mit willigen Sinnen dankbar offenstehn.

Häuser, Felder, Gartenzaun

Liebe Häuser, lieber Gartenzaun,
Weiher, Feld und Wiese, Straßenschlange,
Gelber Hügel, Äcker rot und braun,
Fett erblühte Telegraphenstange,
Müßt auch ihr, ihr alle, einst vergehn,
Sterben, modern, faulen, schwinden,
Hingemäht, verblasen von den Winden,
Und die gute Sonne nimmer sehn?
Baum, du Freund, wirst denn auch du zu Staub,
Fensterladen grün und rote Dächer?
O so rauscht doch heut noch Halm und Laub,
Glüht noch heut der volle Liebesbecher!
Trinken will ich euch, geht in mich ein,
Gras und See und Palme will ich sein!
Warum bin ich so von euch geschieden?
Lügt ihr? Seid ihr selig? Habt ihr Frieden?
Bin nur ich allein vom Brand verzehrt,
Der so süß und heiß und schmerzend loht,
Der mir Taumel gibt und Frieden wehrt,
Leide ich allein an Zeit, an Angst, an Tod?!
O ihr schweigt, ihr mahnt mich ohne Wort:
Leide, male, dichte, lebe fort!
Trinke uns und laß uns trinken dich,
Ehe dir und uns der Tag verblich!

Blick übers Tal. Aquarell 1919

Kirchen und Kapellen im Tessin

Zu den Zaubern des Südens, die den protestantischen Nordländer in den Gegenden südlich der Alpen begrüßen, gehört auch der Katholizismus. Mir ist es unvergeßlich, wie auf meiner ersten jugendlichen Italienfahrt dies auf mich wirkte, den Sohn eines streng protestantischen Hauses, wie erstaunt und bezaubert ich das mit ansah, dies selbstverständliche, naive Wohnen eines Volkes in seinen Tempeln, in seiner Religion, diese Zentralkraft Kirche, von welcher beständig ein Strom von Farbe, Trost, Musik, von Schwingung und Belebung ausstrahlte. Mag der Katholizismus in Italien und in den Alpenländern auch im Rückgang begriffen sein (im Tessin ist er es sichtlich, und die Mehrzahl der schönen alten Kirchenbauten wäre heute nicht mehr möglich), so ist doch immer noch, im Vergleich mit dem Norden, die Kirche in ihrer Sichtbarkeit vorhanden und mächtig-mütterlicher Mittelpunkt des Lebens. Und nichts wirkt auf den in Protestantismus und Gewissensplage aufgewachsenen Menschen stärker und rührender als der Anblick naiver, sich zeigender, sich schmückender Frömmigkeit. Einerlei, ob in einem Tempel Ceylons oder Chinas oder in einer Kapelle des Tessins, immer wirkt dieser Anblick auf unsereinen wie eine Erinnerung an verlorene Kindheiten der Seele, an ferne Paradiese, an eine selige Primitivität und Unschuld des religiösen Lebens, und nichts fehlt uns geistig unersättlichen Europäern mehr als eben diese Lust und Unschuld.
Beim Übergang über die Alpen fand ich mich jedesmal, wie vom Anhauch des wärmeren Klimas, den ersten Lauten der klangvolleren Sprache, den ersten Rebenterrassen, so auch vom Anblick der zahlreichen, schönen Kirchen und Kapellen zart und mahnend berührt, wie von Erinnerung an einen

sanfteren, milderen, mutternahen Zustand des Lebens; an kindlicheres, einfacheres, frömmeres, froheres Menschentum. Und mehr und mehr wurde es mir unmöglich, im Gefühl die katholische Frömmigkeit von der antiken zu trennen. Genau ebenso wie die uralte, römisch-mittelländische Art der Bodenkultur, der Terrassenbau mit Wein, Maulbeere, Olive, unzerstört in den alten, festen Formen hier unten weiterbesteht, so besteht etwas vom heidnisch-frommen, augenfrohen, bildergläubigen, gesunden Kult und Glauben der Antike in den Ländern südlich der Alpen noch heute fort. Wo in Römerzeiten ein Tempel stand, steht jetzt eine Kirche, wo damals die kleine primitive Steinsäule für einen Feldgeist oder Waldgott stand, steht jetzt ein Kreuz, wo damals das kleine ländliche Heiligtum einer Nymphe, einer Quellgöttin, eines Flurgottes stand, steht heute der Bildstock oder die Nische eines Heiligen. Wie vor alters spielen vor dieser Nische die Kinder, wie vor alters schmücken sie sie mit Blumen. Wanderer und Hirt rastet an diesem Ort, eine Cypresse oder Eiche steht dabei, und irgendeinmal an einem Sommersonntag kommt im schönen Zug mit blau und goldenen Kleidern der Bischof vorbei und segnet und weiht das kleine Heiligtum, daß es nicht vergessen werde, daß weiterhin Trost und Freude, Mahnung an das Göttliche und Erinnerung an unsre höchsten Ziele von diesem Ort ausgehen möge.
Im Tessin habe ich das immer besonders stark empfunden. Daß man am Südfuß der Alpen ist, daß man das Land der Sonne und der ältesten europäischen Kultur betritt, davon spricht nicht nur die Wärme der Sonne, der Klang der schönen Sprache, der kluge Terrassenbau der Weinberge, sondern ebensosehr all die frommen Bauten, alte und neue, all die Kirchen, Kapellen, Bildstöcke. Alle sind schön, ganz ohne Ausnahme, denn die Tessiner sind vorzügliche Architekten und Maurer von alters her und haben ja auch in Italien manche der größten Bauten errichten helfen. Schön ist auch immer und ausnahmslos der Standort einer Kirche, man denke

Kapelle am Hang. Aquarell 1922

an Lugano, an Tesserete, an Ronco, an St. Abbondio bei Gentilino, an Breganzona, an die Madonna del Sasso. Schön und wohlüberlegt ist auch immer der Zugang zum Heiligtum. Straße oder Brücke führt zwischen Mauern mit sanftem Zwang auf die Kirche zu, und immer empfängt uns vor dem Eintritt ein Vorplatz, man kommt nicht atemlos vom Steigen, oder rennend vom Bergablaufen, in eine Kirche hinein, erst nimmt ein ebener, wenn auch noch so kleiner Vorplatz den Pilger auf, ein paar Bäume stehen da, und meistens überschattet und schützt den Eingang eine Vorhalle. Von weitem schon ruft und ladet oft diese Vorhalle, mit drei oder fünf Bögen, schattig und ehrwürdig herüber.

Wie alle Gebäude in diesem steinreichen und holzarmen Lande sind die Kirchen und Kapellen ganz aus Stein. In kleinen Bergdörfern steht das Kirchlein roh und unverputzt, nackte Mauern, auch das Dach aus rohen Gneisplatten, ausgezeichnet nur durch den Giebel und den Glockenturm. An andern Orten ist der Bau verputzt und bemalt, nicht selten wunderschön, obwohl das Klima den Wandmalereien an Außenwänden nicht eben günstig ist. Man sieht wohl arme und schlichte Kirchen, aber kaum jemals eine verfallene.

Wie nun inmitten einer Stadt oder eines Dorfes die Kirche den stärksten Akzent bildet und der Campanile die Silhouette stempelt, so strahlt uralte Frömmigkeit überall ins Land und bis in verlassene und schwer zugängliche Täler und Berge hinein. Auch im entlegensten Gebiet, soweit noch Geißen weiden und Menschen ihren Unterhalt suchen, steht da und dort noch ein kleines Heiligtum, eine Kapelle an der Wegbiegung, unter deren Vordach die Straße durchläuft und wo sich im Regen rasten läßt, ein Bildstock kindlich und hübsch, zwischen altem Gemäuer unterm Steindach eine winzige Bildwand, bemalt mit alten, verblaßten Farben. Im Frühling steht vor jedem ein Glas, ein Becher, eine alte Blechbüchse, von Kindern mit Blumen gefüllt.

Auch ohne je eines der Gotteshäuser zu betreten, findet man

sich doch überall an sie gemahnt. Wer am steinigen Bergkamm eine Rast halten will, wer von brennender Landstraße in den Schatten begehrt, der genießt dankbar diese Bauten. Rein als Schmuck der Landschaft, als Rastorte, als Wegweiser, als Ruhepunkte des Auges im Auf und Ab des bergigen Landes kommen sie jedem zugute, sind jedem willkommen. Im Innern aber sind sie oft reich an schönen und seltenen Dingen. Von den Luini-Bildern in Lugano bis in unbekannte kleine Bergkapellen findet man überall in den Tessiner Kirchen irgendein Bild, ein Fresko, ein Altar-Relief, einen Taufstein, eine Stuckfigur, die vom innigen Zusammenhang dieses Berglandes mit der Kultur des klassischen Italien reden und von der alten Begabung der Tessiner für die bildende Kunst. Ich könnte hundert Beispiele nennen, aber ich möchte mit diesen Zeilen nicht auf dies und jenes Einzelne hinweisen und den Führer spielen. Es ist viel schöner, ohne Führer zu gehen, und wer im Tessin wandert, wird bald die beglükkende Erfahrung machen, wie überall mitten in den herrlichsten Landschaften noch stille, köstliche Funde an alter Kunst zu machen sind.

Liebe Kirchen im Tessin, liebe Kapellen und Kapellchen, wieviel gute Stunden habt ihr mich bei euch zu Gast gehabt! Wieviel Freude habt ihr mir gegeben, wieviel guten kühlen Schatten, wieviel Beglückung durch Kunst, wieviel Mahnung an das, was not tut, an eine frohe, tapfere, helläugige Lebensfrömmigkeit! Wie manche Messe habe ich in euch gehört, wie manchen Gemeindegesang, wie manche farbige Prozession sah ich aus euren Portalen quellen und in die lichte Landschaft sich verlieren! Ihr gehört zu diesem Lande wie Berge und Seen, wie die tiefgeschnittenen wilden Täler, wie das launisch spielerische Geläut eurer Glockentürme, wie der schattige Grotto im Wald und der alte Roccolo auf dem Hügel. Es lebt sich gut in eurem Schatten, auch für Menschen anderen Glaubens.

(1920)

Der kleine Weg

Ein kleiner Weg führt vom Dorf an den See hinunter, ein kleiner Fuß- und Geißenweg; den gehe ich oft, den Sommer über viele hundertmal, und manchmal auch im Winter.

Der Weg ist nicht ganz leicht zu finden. Er biegt von der Fahrstraße ab an einer Stelle, wo niemand es vermutet, und sein Eingang ist in der grünen Zeit des Jahres ganz mit Gestrüpp verwachsen, Brombeergerank und Farnkräutern. Man biegt durch diese Wildnis ein, dann fällt der Weg schnell, schnell, fast senkrecht durch einen dünnen und doch dichten Wald hinab, durch ein Gehölz von jungen Kastanienbäumchen, lauter dünnen, schlanken Stangen. Vielmehr, es sind nicht junge Bäume, sondern uralte, aber die sind seit Jahrzehnten abgeholzt, und was jetzt den Wald bildet und so struppig, lustig und launisch aussieht, das sind die vielen Tausend jungen, eiligen Triebe, die aus den alten mächtigen Wurzelstöcken kommen. Wunderbar sind sie im Mai und Anfang Juni, im ersten jungen Laub; sie haben riesig große Blätter, und ebenso wie diese sämtlichen jungen Kastanienstangen alle in einer und derselben Richtung wie gekämmt in den Himmel hinaufstechen, so gehen auch diese Blätter, mit denen die Stangen zu beiden Seiten befiedert sind, alle in einer Richtung, und der ganze lichte Wald wird zu einem Netz von hunderttausend Strichen, die sich alle im gleichen Winkel schneiden.

Nach Minuten ist man schon um eine Bergterrasse tiefer, und hier stehen, am Rande des Gehölzes, noch ein paar alte Kastanien, große, väterliche, edle Bäume mit Moos am Fuß und Efeu um den Stamm, mit gewaltigen Kronen, und unter ihnen liegen, in Haufen zusammengefegt, die Reste der letztjährigen Früchte, die stachligen Schalen der Kastanien vom vergangenen Herbst. Daneben wächst Gras, ein dünnes, sehr kurzes, trockenes Gras, eine kleine, steilabfallende Wiese, oben von den Kastanien beschattet, unten in der Sonne, und auf dieser kleinen trockenen und oft staubigen Wiese gibt es im allerersten Frühjahr stets etwas Hübsches zu sehen, nämlich Hunderttausende von ganz kurzen, ganz feinen und kleinen weißen Crocus, deren Schar wie ein Silberpelz, wie ein feiner weißer Hauch oder Schimmel den runden Grasrücken hinabläuft.

Jenseits beginnt gleich wieder der Wald. Zuerst wieder dünnes Kastaniengestrüpp, dann Akazien, die im Mai duften wie ein tropischer Traumgarten, dazwischen viel Stechpalmen, deren blechernes Laub so fett und beruhigend glänzt und deren rote Beeren im Winter durch den kahlen kleinen Wald leuchten. Der kleine Weg ist hier wieder sehr steil, und in Regenzeiten rennt hier ein wilder Bach talabwärts; darum ist das Wegchen hier so tief ausgespült. Man geht wie in einer tiefen Rinne, wie in einem Schützengraben, und hat die Wurzelstöcke der Kastanien vor den Augen, und neben ihnen, an Farbe gleich dem welken Laub, findet man da und dort im Herbst einen schönen Steinpilz. Man muß aber zeitig gehen und muß gut suchen, denn die Leute vom Dorf gehen fleißig auf diese Jagd, und mit dem Ende des Sommers rücken sie an günstigen Tagen bei zunehmendem Monde oft gesellig in ganzen Familien aus und haben ein bewundernswertes Geschick im Finden der Pilze, die sich doch so gut verstecken können.

Im Juni ist es hier voll von Heidelbeeren, und eine weite Lichtung, wo sie alles kahl geschlagen haben, duftet bei sonnigem Wetter das ganze Jahr hindurch heimlich nach Heidelbeeren und Erika. Hier fliegen im Spätsommer auch die vielen farbigen Falter, die spanische Flagge und der Distelfalter.

Jetzt wird der Weg weniger steil, er läuft eine Weile fast eben hin, und der Wald wird zugleich hoch und voll; alte schöne

Bäume stehen hier noch geschont beisammen, auch einige Eschen darunter; an dieser Stelle bleibt vom Bach bis in den Sommer hinein ein Rest und kleiner Tümpel übrig, und es wachsen ein paar Blumen, die man sonst an unserm Berge nicht findet. Der kleine schmale Weg erholt sich; auch er wird breiter, stellenweise verdoppelt er sich und hat einen kleinen Zwilling, einen fratello neben sich laufen. Und unversehens tut der alte Wald sich auf; unter seinen letzten Bäumen steht eine Hütte, ein Stall oder Schuppen, von warmem Gelbbraun mit rotem Dach, und wie man aus ihrem Schatten tritt, ist man auf einer kleinen grünen Terrasse angekommen, wo in kurzen Reihen Reben stehen, junge Pfirsichbäumchen dazwischen, und alte Maulbeerbäume, hundertmal beschnitten und mit ehrwürdigen Kröpfen. Auf einer kurzen Leiter, unten breit und oben spitz, sieht man hier fast immer einen alten Mann stehen und an diesen Bäumen schnipseln. Sein Leben lang hat der alte Mann sich bemüht, sie zurückzuschneiden, damit die Maulbeerblätter hübsch nahe bei der Erde bleiben und leicht gepflückt werden können. Und alle diese Jahre und Jahrzehnte hindurch haben die Bäume, Jahr für Jahr abgezwickt und abgeschnitten, neu getrieben und sind neu gewachsen, und mit der Zeit haben sie es doch gewonnen, sie sind doch höher geworden, und der alte Mann mit dem Messer und seiner Säge wird sterben, ohne daß er sie richtig bewältigt hätte.

Wenn man über diese kleine grüne Terrasse geht, aus dem Walde kommend, den Reben und Pfirsichen entlang und wieder dem Wald entgegen, dann kommt ein schöner Augenblick, wo durch den unteren Wald etwas Rotes und Weißes und Blaues schimmert, mehr oder weniger, je nach der Jahreszeit und der Belaubung. Dann sieht man, allmählich erkennend, steil unter sich rote Dächer brennen, ein Dörfchen, und hört die Hähne heraufkrähen; dahinter ist ein rosiger Strand und der blaue See mit weißen Rändern und ein matter wehender Schilfgürtel dazwischen. Hier bleibe ich immer einen Augenblick stehen, halte mich an den Stämmen fest und schaue hinab, fast senkrecht, dem eilig wegstürzenden Weglein nach, über die roten Dorfdächer, die aufgehängte Wäsche und eine rötliche Bocciabahn hinweg zum See und Schilf hinüber. Dann sind es ein paar Sprünge, wieder durch enge Rinnen und dichtdurchwurzelte Höhlungen, unter vereinzelten alten Bäumen hin ins Freie. Brombeergestrüpp verhüllt eine alte Mauer; man steigt drüber weg und hat die weiße blendende Straße erreicht, und jenseits der Straße liegt der See, wiegt sich Schilf und schwimmen Boote und stehen Buben auf braunen Beinen mit ihren Angelruten aus Bambus im seichten Wasser.

(1921)

Fabrik im Tal. Aquarell 1921

Der Maler malt eine Fabrik im Tal

Du auch bist schön, Fabrik im grünen Tal,
Ob auch verhaßter Dinge Sinnbild und Heimat:
Jagd nach Geld, Sklaverei, düstre Gefangenschaft.
Du auch bist schön! Oft erfreut
Deiner Dächer zärtliches Rot mir das Auge
Und dein Mast, deine Fahne: das stolze Kamin!
Sei gegrüßt auch du und geliebt,
Holdes verschossenes Blau an ärmlichen Häusern,
Wo es nach Seife, nach Bier und nach Kindern riecht!
In der Wiesen Grün, in das Violett der Äcker
Spielt das Häusergeschachtel und Dächerrot
Freudig hinein, freudig und doch auch zart,
Bläsermusik, Oboe und Flöte verwandt.
Lachend tauch ich den Pinsel in Lack und Zinnober.
Wische über die Felder mit staubigem Grün,
Aber schöner als alles leuchtet das rote Kamin,
Senkrecht in diese törichte Welt gestellt,
Ungeheuer stolz, ebenso schön wie lächerlich,
Zeiger an eines Riesen kindlicher Sonnenuhr.

Tessiner Sommerabend

Nach langer Glut und Dürre ist ein Regen gekommen, Donner hat den ganzen Nachmittag gekracht, ein paar Hagelkörner haben geknallt, nach dem ersten erstickend schwülen Dampf hat sanfte Kühle sich verbreitet, weithin riecht es nach Erde, Steinen und bitterem Laub, es ist Abend geworden.

Im Wald, an der Schattenseite des Berges, liegen die Grotti, die Weinkeller des Dorfes, ein kleines, zwerghaft phantastisches Märchendorf im Walde, lauter Stirnseiten kleiner steinerner Giebelhäuser, die keine Rückseite haben, denn Dach und Haus verliert sich im Boden, und tief in den Berg hinein sind die Felsenkeller gebohrt. Da liegt der Wein in grauen Fässern, Wein vom vorigen Herbst und auch noch Wein vom vorvorigen, älteren gibt es nicht. Es ist ein sanfter, sehr leichter, traubiger Wein, von roter Farbe, er schmeckt kühl und sauer nach Fruchtsaft und dicken Traubenschalen.

Wir sitzen bei einem Grotto am steilen Waldhang auf kleiner Terrasse, die man auf ungefügen Stufen erklimmt und die Raum für einen oder zwei Tische hat. Ungeheuer steigen die Stämme der Bäume empor, alte riesige Bäume, Kastanie, Platane, Akazie. Sie streben hoch hinan, durch ihr Gezweige blickt wenig Himmel, oft bin ich bei fallendem Regen hier gesessen, im Freien im Walde, stundenlang, und bin von keinem Tropfen berührt worden. Wir sitzen im Dunkel, schweigend, ein paar fremde Künstler, die hier wohnen. In kleinen irdenen Tassen, weiß und blau gestreift, steht der rosige Wein. Unter unserer kleinen Terrasseninsel, senkrecht unter uns, schimmert rötliches Licht in der Vorhalle des Kellers. Durchs dichte Laubgitter alter Buchsbäume blicken wir hinab. Messing blinkt dort freudig im Lampenlicht: ein Horn liegt auf den Knien eines Mannes, der die kleine Weintasse vor sich stehen hat. Er setzt das Horn an. Einer neben ihm, nur halb sichtbar, nimmt die Baßtrompete, und wie sie zu spielen anfangen, klingt auch noch eine dritte Stimme mit, ein zartes Holzinstrument, an das Fagott erinnernd. Sie spielen sachte, zurückhaltend, klug, wohl wissend, daß sie in kleiner, enger Vorhalle sitzen und wenig Zuhörer haben. Ihr gedämpftes Spiel ist ländlich, frohmütig, herzlich, nicht ohne Rührung und nicht ohne Humor, im Takt vollkommen sicher, ja beschwingt, die Stimmung aber nicht völlig rein. Diese Musik ist von ebenderselben Art wie der Wein, den wir trinken: gut, unschuldig, ländlich, zuverlässig, ohne heftige Reize und ohne Tücken.

Kaum haben die Klänge uns erreicht, kaum haben wir auf unserem schmalen Bankbrett uns umgewendet, um alle hinabzuschauen, so sind schon Tänzer da. In dem Rest von Tageslicht, der auf dem Plätzchen vor dem Kellereingang noch zögert, in dem Rest von Lampenlicht, der aus der Vorhalle sickert, tanzen drei Paare. Wir sehen sie durch das dichte Gitter der Buchsbäume, das sie oft ganz verdeckt.

Das erste Paar sind zwei kleine Mädchen, eine Zwölfjährige, eine Siebenjährige. Die Größere ist ganz schwarz, schwarze Schürze, schwarze Strümpfe, schwarze Schuhe. Die Kleine ist ganz hell, weiße Schürze, bloße Beine, bloße Füße. Die Zwölfjährige tanzt sehr richtig, taktstreng und gewissenhaft, sie kann es gut, unfehlbar schreitet sie im Takt, eilt und zögert am rechten Ort, ernst ist ihr Gesicht, ganz ernst, wie ein bleiches Blumenblatt schwimmt es, kaum kenntlich in der feuchten lauen Dunkelheit von Abend und Wald. Die Siebenjährige kann noch nicht richtig tanzen, sie will es erst lernen, ihre Schritte sind feierlich lang, sie blickt unverwandt auf die Füße ihrer Partnerin, die sie leise unterweist, die volle Unterlippe hält sie leicht mit den Zähnen emporgezogen. Beide Mädchen sind von Ernst und Glück erfüllt, kindliche Würde atmet ihr Tanz.

Das zweite Paar besteht aus zwei Jünglingen. Zwanzigjährigen. Einer, der größere, ist barhaupt und hat kurze krause Locken, der andere trägt den Filzhut schief auf dem Kopf. Beide lächeln ein wenig, beide geben sich dem Tanz mit etwas angestrengtem Willen hin und sind sehr bemüht, jede Bewegung nicht nur richtig zu machen, sondern sie auch mit dem irgend Möglichen an Ausdruck und Verzierung zu füllen. Sie strecken die vereinten Hände weit von sich ab, sie legen die Köpfe weit in die Nacken, sie gehen zuweilen tief in die Knie, und beide machen den Rücken hohl und versuchen das Äußerste im Schweben und in der Feinheit. Ihr eifriger Tanz befeuert den Bläser des Holzinstrumentes, er spielt zarter, bläst schwellender, schmachtender. Beide Tänzer lächeln: der große hingegeben, selig, in sich selbst und seinen Tanz verliebt, hoch über der Welt; der andere halb schelmisch, auch leicht verlegen, ebenso bereit, sich ein wenig belächeln zu lassen wie Lob zu ernten. Der große wird glatter durchs Leben gehen.

Die zwei Mädchen, die das dritte Paar bilden, sind Luigina und Maria, ich habe sie beide vor zwei Jahren noch in die Schule gehen sehen. Luigina ist vom südlichen Typ, leicht, sehr schlank, sehr mager, ihre hohen, zarten Beine und der lange dünne Hals sind voll herber Lieblichkeit. Anders, weicher und viel schöner ist Maria, die ich vor kurzem noch geduzt habe und jetzt nicht mehr recht zu duzen wage. Sie hat ein kräftiges Gesicht von frischer Farbe, mit kräftigem Wangenrot, hellblaue stählerne Augen, braunes volles Haar und ist schon voll und jungfrauenhaft in Formen und Bewegungen, scheint etwas träge, hat aber den Blick voll Kraft und Rasse. Wenn ich ein junger Bursch aus dem Dorfe wäre, ich würde keine andere nehmen als Maria. Sie trägt ein rotes Kleid, immer trägt sie Rot oder Rosa. Maria tanzt mit Luigina, ihr rotes Kleid erscheint da und dort und verschwindet wieder im Buchsbaumlaube. Diese beiden tanzen sehr schön, sie sind voll von Glück, nicht mehr vom tiefen Ernst der

Kindlichkeit gebannt wie die Kleinen, noch nicht losgebunden und eitel wie die beiden Burschen. Zu diesen beiden, zu Maria und Luigina, paßt am besten der holde zärtliche Ton des Bläsers, die frohe, an Vorschlägen und Kapriolen reiche Musik. Über ihre Scheitel spielt die grüne Walddämmerung, an ihren Stirnen glänzt ein kleiner Widerschein vom Lampenlicht der Halle, ihre Beine schreiten taktfest, eng und elastisch.

Dort unten, hinterm schwarzen Gewölk der Buchsbäume, fließt noch Licht, dort fließt Musik, dort tanzen die jungen Menschen, und andre lehnen am Pfeiler der Halle oder am Baumstamm, sehen zu, loben, nicken, lachen. Hier oben im Dunkel aber sitzen wir, wir Fremde und Künstler, in einem anderen Licht, in einer anderen Luft, von einer anderen Musik umflossen. Uns entzückt und begeistert, was jene dort nicht achten: ein Blattschatten auf dem Stein, ein verschossenes Blau an einer Bluse, der kleine ernste Knick im Knie der Siebenjährigen. Wir ersehnen und beneiden, was denen drüben wertlos und selbstverständlich ist. Sie aber sehen bei uns kuriose Dinge und Sitten, die sie ebenso beneiden und deren wir längst überdrüssig sind. Wir können, wenn wir wollen, zu jenen hinübergehen; es ist uns nicht verboten, uns unter sie zu mischen, uns zu ihrer Musik zu setzen, mit ihnen zu tanzen. Wir bleiben jedoch im Dunkel unter den alten Platanen sitzen, hören die Melodien der drei Bläser, beobachten das süße sterbende Licht auf den hellen Gesichtern, lauschen dem Rot Marias, wie es noch im einsinkenden Dunkel klingt und kämpft, atmen dankbar den Zauberhauch der Dämmerung und den holden Frieden einer kleinen ländlichen Welt, deren Spiel nur unser Auge berührt, deren Not nicht unsere ist, deren Glück nicht unseres ist.

Wir schenken rosigen Wein in die blauen Tonschalen, während unten die tanzenden Figuren mehr und mehr zu Schatten werden. Auch dein rotes Kleid, Maria, geht nun unter, ertrinkt in der Finsternis. Auch die hellen blumenblassen Gesichter löschen aus und sinken dahin. Nur das warme rote Licht in der Vorhalle atmet stärker, und wir gehen davon, ehe auch dies zerrinnt.

(1921)

Häuser in Montagnola. Gouache um 1920

Häuser am Abend

Im späten schrägen Goldlicht steht
Das Volk der Häuser still durchglüht,
In kostbar tiefen Farben blüht
Sein Feierabend wie Gebet.

Eins lehnt dem andern innig an,
Verschwistert wachsen sie am Hang,
Einfach und alt wie ein Gesang,
Den keiner lernt und jeder kann.

Gemäuer, Tünche, Dächer schief,
Armut und Stolz, Verfall und Glück,
Sie strahlen zärtlich, sanft und tief
Dem Tage seine Glut zurück.

Strand

Dieser Sommer ist von indischer Glut. Auch der See ist längst nicht mehr kühl, aber am Spätnachmittag weht jeden Tag ein Wind gegen unsern Strand, dann ist es Erfrischung, in den Wellen zu baden und dann nackt im Winde zu stehen. Um diese Zeit steige ich häufig den Berg hinab zum Strande. Manchmal nehme ich Zeichenblock und Wasserfarben mit und Proviant und eine Zigarre, um den ganzen Abend da zu bleiben.

Der Pfad führt schmal und jäh hinab, der Sonne entgegen, die von Mittag an auf diese Seite des Berges brennt. Im dünnen Leinenzeug renne ich hinab, Eidechsen stieben überall ins verbrannte Gras, schon stehen hier und da einzelne Akazienzweige goldgelb, alles brennt, alles neigt fiebernd schon dem Tod und Herbst entgegen, schweigt, wartet, dürstet, senkt das Haupt. Durch die kochende Luft renne ich hinabwärts, halte mich am zähen Ginster fest, sehe die Lüfte überm nahen Maisfeld silbrig zittern, fühle den Sand und Stein durch die Sohlen brennen, fühle den Schweiß über Wangen und Hals hinabrinnen. O wie werde ich an diese Stunde denken, wenn es Herbst, wenn es Winter sein wird, wenn die letzten lila Blumen fahl im Novembergras stehen, wenn der erste Schnee am kahlen Hügel blaßt!

Glühend breche ich durch Laub und Brombeergerank aus dem Gehölz gegen die Seestraße, biege um die Mauer, atme heranwehenden Duft von Wasser, Fisch und Schilf. Unter hohen Platanen und niederen wehenden Silberweiden auf kurzen, dicken, violetten Stämmen gehe ich den farbigen Strand entlang, auf glühendem Kiesgeröll blau und tiefgrün kommt Welle um Welle heran, leckt am rot und orangenen Strand, rückt am Steingeschiefer, spielt mit dem Schwemmholz, knistert im dünnen Schilf. In hellblauem Dunst jenseits der kristallenen Wasserbläue steht Berg hinter Berg, jeder fernere um einen leisen Ton heller, um einen leisen Gedanken duftiger, darüber hoch und grimmig die Sonne. Ich hänge den Rucksack an einen Ast, ich reiße die Kleider ab, kaum ertragen die nackten Fußsohlen den durchglühten Kies. Das seichte Wasser, in das ich trete, ist warm wie die Luft, erst draußen beim Schwimmen empfinde ich eine Ahnung von Kühle, tief tauche ich in den dunklen blauen Abgrund hinab. Ich lege mich auf den Rücken, treibe lang, jede Welle schlappt mir launaß über Augen und Mund, aber der Wind kühlt, langsam, mit leisem Saugen zieht er die Hitze aus meiner auf-atmenden Haut. Gestillt kehre ich zurück, rolle mich eine Weile im seichten Strandwasser, springe hoch und werfe mich in den brennenden Sand an die Sonne, liege lange tot, um nochmals heiß zu werden und das Spiel noch einmal zu spielen. Zweimal, dreimal spiele ich es, lasse mich braten, lasse mich kühlen. Alle Leidenschaft, alle Mühsal und aller Reiz des Lebens ist in diesem Spiel gespiegelt, alles Rennen und Ruhen, Brennen und Erlöschen, Rasen und Erschlaffen.

Tiefe Müdigkeit wäscht mir den Staub von der Seele, weht mir die Sorgen aus dem Gedächtnis. Faul und brummend liege ich hingestreckt, nicht mehr heiß, nicht mehr kühl, nur müde, nur sehr müde. Zuweilen höre ich einen Vogel flattern, einen Fisch springen, einen stärkeren Wind im Schilf aufrauschen, zuweilen höre ich sprechen, lachen, höre Wasser spritzen, höre nackte Füße im Sande laufen, manche gehen über mich hinweg. Buben und Jünglinge aus den nahen Dörfern sind zum Bad gekommen. Ich blinzle nur und brumme. Einmal schaue ich eine Weile auf. Der schöne Jüngling mit dem Hund ist da. Ein junger Athlet, stark, schön und braun, wunderbarer Schwimmer, ein rotes Tuch ums schwarze Haar, kommt jeden Tag, mit einem langhaarigen kleinen Hund, es muß eine Art Wachtelhund sein. Er schwimmt wie ein Fischotter, den Kopf fast immer unter Wasser, und überall schwimmt sein Hund ihm nach. Ich blicke ihm nach, sehe ihn wegschwimmen, sehe ihn untertauchen, laut bellend sucht ihn sein Hund, weit weg taucht er wieder empor, hänselt das Tier, spritzt und balgt sich mit ihm.

Die Sonne ist tiefer gesunken, viel Zeit ist vergangen, vielleicht habe ich geschlafen. Ich richte mich auf, wische mir Steinchen und Muschelscherben von den Schenkeln, bald werde ich Hunger spüren und gehen. Mit Mißvergnügen denke ich an den steilen Heimweg den Berg hinan. Und dann ist man wieder »zu Hause«, wieder in der Welt und Zeit, Abendbrot wartet, Post liegt da, Zeitungen, Briefe, unnütze Briefe, Bücher, unnütze Bücher, und all der Tand und Kram. Muß es denn sein?

Jenseits der kleinen Schilfbucht, zweihundert Schritte vielleicht entfernt, sehe ich am Ufer, bei der Bootshütte, etwas Blaues erscheinen, einen Flecken reines schönes Hellblau mitten im braunen, grünen, rosigen Farbengewühl des Strandes. Wie trinkt das Auge diese reine Farbe gierig! Weit reiße ich die trägen Augen auf, das Blau zu kosten, hold klingt es neben der grauen Rindenhütte und dem fahlen Schilfgrün auf. Und siehe, über dem Blau ist sanftes Weiß, darüber nochmals ein kleiner Fleck Blau, ein Kopftuch, eine Mütze. Das ist eine badende Frau.

Wie warm und köstlich geht das jedesmal durchs Blut! Selten sieht man hier Frauen baden, sie sind scheu, und ihre Scheu wird heilig gehalten. Niemand in diesem Lande hätte Sinn für den nackten Menschenmarkt eines Seebades. Nun baden sie da drüben, ein paar Dorfmädchen, versteckt und vorsichtig, ich kann nur etwas Blau und Rot sehen, und eine Schulter glitzern, und einen Haarbusch sich schütteln. Ich bleibe ruhig sitzen, ich darf nicht näher gehen. Ich blicke scharf hinüber. Warum ist das so schön und erregend und Liebe weckend? Ein paar badende Mädchen? Vielleicht sind sie ja gar nicht schön, vielleicht ist keine dabei, der ich auch nur einen Kuß geben möchte, wenn ich sie von nahem sähe. Aber diese paar kleinen fernen Figuren, halb vom Schilf verborgen, dieser winzige Schimmer von Fleisch und Haar, diese paar kleinen Farbflecke von blauem Kleid, weißem Hemd, rotem Kopftuch, sie reißen mich hin, sie machen mich froh und verliebt. Eine flämische Sage fällt mir ein, von einem Ritter Halewijn, der konnte ein Lied singen, daß jedes Mädchen, wenn es das Lied hörte, sofort zu ihm hinlaufen mußte. Gerne sänge ich Halewijns Lied. Ich sänge es, und die Blaue müßte alsbald zu mir herüberschwimmen, gerissen von Sehnsucht. Aber möglicherweise wäre ich dann in Verlegenheit, wie leicht konnte es sein, daß sie mir gar nicht gefiele – ich bin so heikel! –, daß sie plump und grob und gewöhnlich wäre. Und dann müßte ich ihr sagen: »Kind, schwimm wieder fort, mein Lied war nicht für dich gesungen.« Ich könnte nicht hinzufügen: »Dein blaues Hemdchen war von weitem so hübsch, daß ich dachte, es müsse die Richtige drinstekken.«

Inzwischen haben die Mädchen drüben sich ins Wasser gewagt und ihre Spiele begonnen. Laut hallt ihr gellender Aufschrei herüber, sie spritzen einander ins Gesicht, werfen sich mit Wasserpflanzen, aus denen man Kränze machen kann, suchen einander zu Fall zu bringen, streiten sich um ein schwimmendes Schilfrohr. Wie sind diese Menschen doch vergnügt, fabelhaft und urweltlich vergnügt! Bin ich jemals in meinem Leben so toll und dummvergnügt gewesen? Ja, ich war es, und ich werde es wieder sein, vielleicht nicht mehr so oft, nicht mehr so leicht, aber ich werde es wieder sein.

Wenn wir jetzt auf Ceylon wären, so würden diese Mädchen nach dem Bade Lotosblumen mitnehmen und sie zum Tempel bringen, und sie würden nichts als Lendentücher tragen, daß man ihre schmalen braunen Schultern und Brüste sehen könnte.

Plötzlich sehe ich Wasser, Strand und Badende mit einem

Ruck verändert, entfärbt, verschattet. Ich wende mich um. Die Sonne ist weggegangen. Still ist sie hinter dem Berg von Agno hinabgefallen, und der Wind ist abgeflaut. Ich stehe auf und greife nach meinen Kleidern. Und die Mädchen drüben sind stumm geworden und steigen alle aus dem Wasser – auch sie hat der Schauer berührt. In der Bootshütte verschwinden sie, und jetzt könnte ich hinübergehen und bei der Hütte warten, bis sie heimgehen. Ich will aber nicht, ich will sie nicht sehen wie sie sind, in Alltagskleidern, mit Alltagsgesichtern.

Da ich an der Hütte vorbeigehe, höre ich sie drinnen zwitschern. Wenn ich einen Stock hätte, würde ich an die Wand klopfen. Ich habe aber keinen; ich werde mir, für den Aufstieg, erst im Walde einen schneiden.

(1921)

Blick auf Caslano. Aquarell 1925

Südlicher Sommer

Kastanienblüte, abendlicher Hain,
Halbmond im Laub, im Wald wir stillen Zecher –
Im lauen Nachtwind läuten unsre Becher,
Zum dunkeln Himmel auf glüht unser Wein.

Wir flüchtige Blumen glühn den Sommer lang:
Trink mich, Geliebte! Holde, laß dich trinken!
Mit unsern heißen Sommerfackeln winken
Wir Liebende zum Sommernachtgesang.
O Eulenruf, o dunkles Herz der Nacht,
Nachtfalter du im lichten Oleander,
Wir glühn verbrennend, Bruder, ineinander,
Sind selige Opfer, Göttern dargebracht.
Kling auf, Gesang vom Leben und vom Tod,
Die Becher läuten, unsre Stunde loht!

Sommerabend vor einem Tessiner Waldkeller

An den Platanenstämmen spielt noch Licht.
Durchs hohe Astgewölbe blickt noch Blau
Und spiegelt sich im Wein. Im Walde spricht
Mit Kindern eine unsichtbare Frau.
Aus einem Dorf im Tale lärmt Musik
Sonntäglich her und klingt nach Schweiß;
Dort draußen unterm schrägen Sonnenblick
Dampft sommerliche Welt noch schwer und heiß.

Hier aber atmet Waldlaub und Gestein,
Weht Unschuld klösterlich und Feierabend,
Den Bissen Brot, die kühle Schale Wein
Mit holder Zaubertraumkraft fromm begabend.

Farnkraut am Wege duftet scharf und strenge,
Schon wird im Holz der Siebenschläfer wach,
Die erste Fledermaus jagt durchs Gestänge
Gekreuzter Äste ihrem Raube nach.
Und nun stirbt Laut um Laut und Licht um Licht
Der Tag dahin, und aus den Bäumen quillt,
Wie Harz und Honig duftend, schwer und dicht
Herab die Nacht, die mütterlich uns stillt.

Es löschen mit dem Tag die Namen aus,
Mit denen wir geordnet unsere Welt:
Platane, Ahorn, Esche, Felsen, Haus
Schmelzen in eines, hingegeben fällt
Die bunte Vielfalt an der Mutter Brust
Zurück und in der Kindheit dumpfe Lust.

Grotto im Kastanienwald.
Aquarellierte Federzeichnung um 1930

Kraut duftet bang und Pilz, ein Waldkauz schreit,
Das Laubgewirr der Bäume taumelt sacht . . .

Wie selig duftet doch Vergänglichkeit!
Wie sehnt sich Geist nach Blut, und Tag nach Nacht!

Madonna d'Ongero

Von Carona am Monte Salvatore ging ich sommerabends, gleich nach Sonnenuntergang, zur Madonna hinüber. Aus den letzten patrizisch stolzen Häusern des Dorfes steigt der steinige Weg etwas bergan, ein paar Gärten liegen zu beiden Seiten, Feigenbäume über ockerfarbne Mauer hängend, im fetten Laub die fetten, satten Früchte schwellend, rückwärts sieht man bald das Dorf gelagert, Dach in Dach gedrängt, uniform, einfarbig, primitiv und schön wie eine Negersiedlung, hier und dort Polentarauch aus einem Kamin, das Ganze ein brauner, großer Steinhaufen, in dem die gespeicherte Wärme des Julitages lang noch nachglüht. Die Gärten hören auf, Fußwege verlieren sich überall, launig, spielerisch, vielstrahlig in die Haine, ins gelbe Gerstenfeld, in die dunklen Pyramidenreihen der Bohnenäcker. Ein Grotto liegt am Sträßchen, stets geschlossen außer am Sonntagabend, er heißt *del pan perdü,* zum verlorenen Brot, eine leere Boccia-Bahn, darüber die Terrassenmauer, aus dem schön rosigen Stein dieses Berges, warm, schmelzend von Farbe, sanft im Grünen brennend, so wie bei Renoir die rosigen Frauen aus dem Grün hervorschimmern, warme Edelsteine auf untergelegtem Samt. Eine alte Skulptur schaut edel aus dem Gemäuer, von klassischer Haltung, aber durch Alter und Verwitterung hinüber ins Frühe, Gotische, Wildere und Innigere verwandelt, eine Gottesmutter mit dem toten Sohn im Schoß. Der Weg steigt, unter den Sohlen rollt das lose Gestein. Wunderlich schweigsam ist dieser Weg, so alt, so anders als gewohnt, so aus einer andern Zeit, einem andern Weltalter, einer andern Lebensstimmung. Um Lugano findet man selten solche Wege, so ernste, so in sich gekehrte, eingeschlafene, an welchen nichts von heute ist und an heute

Blick auf Carona. Aquarell 1927

erinnert. Eher noch findet man solche Streifen, solche verlorene Stücke Urwelt oder Mittelalter in den Gegenden um Locarno, im Onsernone, im Gebiet zwischen Losone und Golino, in Arcegno.

Dieser abendliche Weg tut wohl, er erregt die Seele nicht, noch erheitert er sie, er ruft ihr nichts zu, er ist schweigsam wie sie, dämmernd wie sie, fromm wie sie. Frömmigkeit, Vertrauen, Kindersinn spricht hier mich an, kindlich ist der bald breite, bald wieder schmale, launenvoll schweifende Weg, kindlich sind die Mäuerchen an seinem Rande, kindlich die kleinen, wie im Spiel angelegten Maisfelderchen, Rebenreihen, Bohnengärtchen. Überall verliert sich Feld und Wiese sachte ins Gehölz, überall kommt der Wald, licht und zum Hain gemildert, mir entgegen, mit einzelstehenden alten Kastanien, Bäumen voll Individualität und Schicksal, mit jung umgrünten Strünken, mit ginsterüberwehten kleinen Felsblöcken, neben denen sich Klee und Gras, Wicken und Espe unvermerkt in die Wald-Pflanzenwelt, in Maiblumenstengel, Ginster, Tausendgüldenkraut, Farren, Spiräen verlieren. Heu liegt da und dort gehäuft, der dritte Schnitt des Jahres, und neben frischgemähten, winzig kleinen Kornfeldern das sauber aufgehäufte, ausgeraufte Stoppelstroh, mit den sorgfältig ausgeschüttelten Wurzeln dran. Wie würde ein rumänischer, ein amerikanischer, kanadischer oder kalifornischer Landwirt lachen, wenn er diese arme, winzige, ganz und gar von Hand betriebene Zwergenwirtschaft sähe, diese von Hand mit dem Spaten geackerten, von Hand besäten, mit der Sichel geernteten Kornfeldchen – mit wieviel Überlegenheit, mit wieviel gutem Recht, wieviel gutem Unrecht würde er lächeln! Mir aber, dem rückwärts Gewandten, dem Romantiker, dem Infantilen, ist dies von Hand gerodete Stroh sehr lieb, ebenso lieb wie die unkorrigierten Bachläufe und irrationell beforsteten Wälder dieses Landes, wie die verfallenden, aber immerhin noch stehenden Bildstöcke und halb heidnischen Wald- und Feldkapellen mit dem abgebröckelten

Verputz und den zartfarbigen Resten alter gemalter Engel und Heiliger, die primitiven Feuerstätten und die Gesichter, Hände und Gebärden, die man hierzulande bei allen alten Leuten und sogar noch bei manchen Jungen findet und welche kindlich, fromm und innig sind wie alle diese zarten, alten, etwas hilflosen, etwas unzeitgemäßen Dinge hier am Weg. Ich liebe dies alles sehr, und ohne mich gegen den »Fortschritt« irgend zu wehren, ohne die lebendige Flut der Veränderungen anzuklagen, bedaure ich doch im Herzen jede neue Autostraße, jeden Betonbau, jeden korrigierten Lineal-Flußlauf, jeden eisernen Leitungsmast, die auch in diese zurückgebliebene Welt sich eindrängen und deren Geist längst schon die Wurzeln dieses Idylls bloßgelegt hat. Auch hier geht es zu Ende mit dieser alten Welt, es wird auch hier bald vollends die Maschine über die Hand, das Geld über die Sitte, die rationelle Wirtschaft über die Idylle siegen, mit gutem Recht, mit gutem Unrecht.

Uns Schwärmer wird das betrüben, es wird uns aber nicht hindern, unser ebenso gutes Recht, unser ebenso gutes Unrecht weiter zu üben, und mancher von uns weiß auch, mit dem Verstand oder mit dem Herzen, daß es sich hier nicht um Fortschritt und Romantik, um Vorwärts oder Rückwärts handelt, sondern um Außen und Innen, daß wir nicht die Eisenbahn und das Auto scheuen, nicht das Geld und die Vernunft, sondern nur das Vergessen Gottes, das Verflachen der Seelen und daß erst hoch über all diesen Gegensatzpaaren von Maschine und Herz, Geld und Gott, Vernunft und Frömmigkeit der Himmel wahren Lebens, echter Wirklichkeit sich wölbt. Manche von uns wissen mit Lächeln, daß dem Mangel unseres Sinnes für Rentabilität und Unternehmerlust bei unsern Antipoden, den Unternehmern und Rentablen, der Mangel einer seelischen Dimension entspricht und daß unsere romantisch-poetische Infantilität nicht infantiler ist als die kinderstolze Zuversicht des welterobernden Ingenieurs, der an seinen Rechenschieber glaubt wie wir an unsern Gott

und der in Zorn oder Angst gerät, wenn die Unbedingtheit seiner Weltregeln durch Einstein erschüttert wird. Wir Romantiker und Sentimentalen, als die wir von der großstädtischen Literatur meist verspottet werden, wir sind ja nicht alle bloß dumme Fanatiker, die wegen eines zum Fall verurteilten alten Gemäuers die Öffentlichkeit bemühen und die Heimatschutzgarden mobilisieren, manche von uns sind nahezu ebenso klug wie mancher von der Rentabilitätspartei und sind im Herzen vielleicht zukunftsgläubiger und nach der Zukunft begieriger als viele von den Frommen des Fortschritts. Denn wir glauben an die Vergänglichkeit der Maschine und die Unvergänglichkeit Gottes. Einer von uns, unser großer Bruder, einer der letzten wirklichen Dichter Europas, sitzt hoch im Norden, flieht die »Welt« und liebt sie doch gläubig und fruchtbar und heißt Knut Hamsun.
Ich bin abgeschweift. Es dämmert. Hinter den krummen sehnigen Stämmen, den Waldvorboten, Waldvorhallen, ist alle Farbe schon in bleiches Dunkel geschmolzen. Am Himmel glüht noch Überfülle von Licht, manche Mauer strahlt noch edelsteinhaften Schein aus. Rechts überm Sträßchen hinter stillen alten Bäumen still und alt steht Santa Marta, aus rotem Stein, Turm und Giebel noch vom Licht umspült, mit schiefgesunkenem Kreuz auf dem Turmdach. Links vom Wege durch das Gittertor einer Mauer sieht der Friedhof heraus, die Gräber umgeben von hohem Gras, hinten an die Rückmauer geklebt ein paar phantastisch blöde Bauten, Grabkapellen wohlhabender Familien aus jüngster Zeit, gottlos scheußliche Steinmetzarbeit, dumm und protzig, späte entartete Frucht am absterbenden Baum eines Glaubens, bei Tage Gift fürs Auge, jetzt aber mit in den Zauber der Abendstunde getaucht, ihre Flächen und Kanten dem spielenden letzten Tageslicht zum Spielzeug dienend. Vorüber. Auch euch liebt Gott, marmorne und blecherne Grabdummheiten, auch euer törichtes, euer verstimmtes Lied ist Gesang, ist kindliche Klage, kindliche Bitte für sein Ohr.

Ein Kauz ruft oben im Walde. Hier und da flüstert das feiste, glänzende Maislaub mit schilfenem Klang. Toll gebärden sich die Bohnengärten. All die am Stock emporgerankten Bohnenpflanzen, all diese hohen Kegel und Pyramiden beginnen für die kurze Zeit der Dämmerung phantastisch zu leben, bilden Kreuze, Haken, Fragezeichen, stehen steif und stolz wie gestelzte Eitelkeit, hängen schief und matt wie müdes Alter, gleichen Giraffen, gleichen alten Hexen, recken barockes irres Geranke scharfschwarz gegen den lichten Himmel.

Nun geht es durch Wald; schon am Geräusch des Laubes beim Vorüberstreifen fühle ich, daß hier zwischen den Kastanien auch Buchen stehen, hierzulande selten und schon darum stets willkommen und begrüßt. Plötzlich mündet der Weg in eine breite, stolze Rampe, die zwischen zwei Reihen von Stationenhäuschen zur Madonna hinaufführt. Feierlich leitet der begraste Anstieg zur Kirche empor, einer in hellem warmen Rotgelb dämmernden Vorhalle entgegen, und hinter Kirche und Bäumen blendet Himmelshelle und durchglänzte westliche Ferne ahnungsvoll herein, und aufatmend steh' ich oben. Da steht die alte Marienkirche schlafend mitten im schweigenden Walde, einsam am endlosen waldbewachsenen Berghang, und vor der bedachten Vorhalle ist Raum geblieben für eine halbrunde Schanze, eine von niederer Mauer umfaßte Pfalz, und von da fällt der Blick unendlich leicht, beschwingt und frei, unendlich erstaunt, gespannt, beglückt und sehnlich immer weiter gezogen über eine grenzenlos weitgebreitete Berglandschaft mit vielen hundert Gipfeln hin und darüber in eine noch weitere, noch mächtigere, noch lockendere Himmelslandschaft hinein. Es gibt viel Schönes auf der Erde, Schöneres als dies gibt es nicht. Zu Füßen, vor der kleinen Mauer, stürzt der waldige Berg steil in ein kleines, friedevolles, schon nächtiges Wiesental hinab, am jenseitigen Hang dieses nahen Tales kleben ein paar helle Dörfer und Kirchen, nach Südwest öffnet das schwarzgrüne

Tal sich gegen den See, mitten im silberspiegelnden abendblassen See steht thronend ein steiler, runder Kuppelberg, um den zu beiden Seiten das blaßschimmernde Wasser die Arme schließt, dort liegt Caslano, und hinter See und Kuppelberg steigen andere Berge auf, italienische und Schweizer Berge, Höhe hinter Höhe, Kette hinter Kette, zuhinterst und zuhöchst Monte Rosa und blasse Walliser Gipfel, dazwischen Täler mit Dörfern, Höhenzüge mit Kapellen, Waldrücken und Hütten auf sanften Hügelwellen schwebend, die herrliche Bergreihe des Lema, Gambarogno und Tamaro, und nach links und nach rechts, den ganzen sichtbaren Halbkreis füllend, blaue, schwarze, graue, rosige, luftige Berge und Bergzüge, endlos hintereinander aufgestellt, alles klar gegen den noch rot und golden leuchtenden Himmel gehoben, dessen Wölkchenflammen langsam erlöschen. Hier und da in der Talschwärze glimmen vertraulich kleine Lichter auf, unten im Tal, ganz tief und kaum mehr hörbar, bellt ein Hund. Und während am Himmel die Feuerspiele dunkler werden und versinken und am Turm der Kirche vorbei der Abendstern ins erkaltende Nachtblau tritt, spielen vor dem hingegebenen Auge die eindunkelnden tausend Formen der Gebirgszüge, Bergprofile und Kämme ein Riesen-Schöpfungstheater mit Drachen, Riesen und Walfischen, umschlingen sich Seeschlangen, wälzen sich Riesenschildkröten. Und das Letzte, was dem Nachtwerden noch widersteht und magisch aus der Schwärze geistert, ist die bleiche Fassade der Madonna.
Während meiner Rückkehr ist der Wald schwarz geworden, ein uralter, wasserloser Brunnen am Weg, mit Tierfratzen, kaum mehr erkennbar. Wo der Pfad aus dem Wald in die Pflanzungen zurückführt, geistert über den Wiesen erschrekkend eine fremde, kühle Helligkeit, und während ich noch hinüberstaune, erklärt sich das Wunder, jenseits zwischen den Baumwipfeln kommt der runde, strahlende Mond heraus, ein sanfter Nordwind hält den ganzen Himmel klar und musiziert leise in den Bäumen, über deren dicken, klumpigen

Schatten ein paar blühende Stauden silbern schweben. Auch im Friedhof scheint der Mond, und die schrecklichen Grabkapellen legen lange, schwere Schattenklüfte um das sanft wehende hohe Gras. Dies Gras vom Friedhof darf nicht genützt und keinem Tier gefüttert werden, es wird vom Mesner mit der Sichel geschnitten und dann verbrannt. Schlafend liegt der Grotto überm Dorf, die steinerne Maria blickt leer in den Mond, den toten Sohn auf den Knien. Nun stechen vom auftauchenden Dorfe da und dort scharfe, weißbestrahlte Wände und Lichtkanten hervor, starr zeichnen die Gartenmauer und der Feigenbaum ihre Schatten auf den Weg, und noch jeder unter den Füßen abrollende Stein rollt seinen Schatten mit. Aus einem dunklen Haus klagt laut eine eingesperrte Ziege, Katzen steigen hochbeinig über den Dorfplatz, tief in alle Winkel und Höfe hinein dringt das Licht- und Schattenspiel. Kein Mensch ist mehr unterwegs.

(1923)

Madonnenfest im Tessin

Hoch am Monte Arbostora, aus den endlosen Kastanienwäldern weiß hervorleuchtend, steht eine alte kleine Kirche, der Mutter Gottes geweiht, eine Wallfahrtskirche, deren Glocken man nur wenigemal im Jahr läuten hört. Von vielen Zaubern und Geheimnissen umgeben liegt diese Kirche, mit ihrem hellen Turm und der freundlichen Vorhalle, weit abgelegen an einem schwer aufzufindenden Waldpfad, nur ein einziges Dorf liegt in der Nähe, auch dies eine halbe Stunde von ihr entfernt. Diese Wald- und Wallfahrtskirche sucht die Menschen nicht und will nicht gekannt sein, das ist es, was ich an ihr so sehr liebe, sie sucht nicht Ruhm, sondern Verborgenheit, sie strebt nach Anonymität im Gegensatz zum Kram und Markt der Geschäfte, der Kunst, der Wissenschaft, der Literatur und all dieser Kinderbetriebsamkeiten, und darin ist sie den vollendeten Menschen, den Weisen und Heiligen, verwandt. Seit manchen Jahren kenne ich dies Heiligtum genau und habe oft meine Freude an den Spielen und Geheimnissen, mit denen es sich umgibt. In den Sommermonaten, und namentlich zur Zeit der Kastanienblüte, spielt die Kirche in ihrem Wald Verstecken, an manchen Tagen sucht das Auge sie den ganzen Vormittag vergeblich, sie ist weg, sie hat sich verloren und taucht erst später, wenn Westsonne auf ihre Mauern fällt, wieder empor, und nie ist man sicher, ob sie wieder genau am alten Orte steht. Vom nächsten Dorf aus ist sie leicht zu erreichen, aber dies Dorf selber will erst erreicht sein, es gehört zu den armen, rauhen Bergnestern der Gegend. Wer aber von einer anderen Seite her die Madonna besuchen will, und zwar gerade von der Seite her, von der man sie, vom Tale aus, so weiß und freundlich locken sieht, der mache sich auf lange rauhe Wege und auf Enttäuschungen gefaßt: auf steilen Ziegenpfaden muß er durch den Wald, und oben, schon in großer Höhe, läuft der kleine Pfad in drei, vier noch kleinere auseinander, und keiner ist der rechte, und am Ende hört, wenn man nicht besonderes Glück hat, jeder Weg auf, und man hat sich durch Schluchten mit Steingeröll und Ginstergestrüpp und Brombeergeranke zu schlagen, und die Kirche, die vom Tal aus so hell und deutlich zu sehen war und so leicht zu erreichen schien, duckt sich verkürzt hinter die Wipfel und ist nicht zu finden. Oft bin ich dort gewesen, und die meisten Male bin ich fehlgegangen, einige Male aber zog sie mich zu sich, ohne daß ich sie gesucht hätte, und ich stand verwundert auf einer einsamen Waldstreife plötzlich vor der rötlichen Stützmauer und der lichten Fassade mit dem friedevollen Vorbau und schaute durchs vergitterte Fensterchen neben der Almosenschale in die Dämmerung des heiligen Raumes hinein und sah hinten etwas Goldenes leise und ahnungsvoll glänzen und wußte, daß das die goldene Madonna war. An Sommerabenden um die Zeit des Sonnenuntergangs ist der kleine Platz vor der Waldkirche der schönste Platz in der ganzen weiten Gegend. Aber es geschieht sehr selten, daß um diese Stunde noch ein Mensch dort oben anzutreffen ist.

Hundertmal habe ich diese Madonna belauscht, tausendmal sie von ferne gesehen, manche Dutzend Male ihren grünen Vorplatz und ihre Mauerbrüstung mit der unglaublichen Aussicht besucht und durch das Fensterlein zu dem goldenen Bild hineingeäugt. Sie wäre so recht ein Heiligtum für Menschen von meiner Art, und es ist eigentlich schade, daß ich gar nicht Katholik bin und gar nicht richtig zu ihr beten kann. Was ich indessen dem heiligen Antonius und dem heiligen Ignatius nicht zutraue, das traue ich doch der Madonna zu: daß sie auch uns Heiden verstehe und gelten lasse. Ich erlaube mir mit der Madonna einen eigenen Kult und eine eigene Mythologie, sie ist im Tempel meiner Frömmigkeit neben der Venus und neben dem Krischna aufgestellt; aber als Sym-

bol der Seele, als Gleichnis für den lebendigen, erlösenden Lichtschein, der zwischen den Polen der Welt, zwischen Natur und Geist, hin und wider schwebt und das Licht der Liebe entzündet, ist die Mutter Gottes mir die heiligste Gestalt aller Religionen, und zu manchen Stunden glaube ich sie nicht weniger richtig und mit nicht kleinerer Hingabe zu verehren als irgendein frommer Wallfahrer vom orthodoxesten Glauben.
So verbindet vieles mich mit der kleinen Kirche am Berge, und am meisten liebe ich ihre Verborgenheit und magische Stille, ihr Sichverstecken, ihr Bestreben nach Unsichtbarkeit, ihre scheue Abwehr gegen Lärm und Menge, lauter Züge, in denen ich sie ganz und gar zu verstehen glaube. Aber einen Sonntag im Jahr gibt es, an dem gibt sie sich lächelnd her, lädt alle zu sich ein und segnet alle. Das ist ihr Jahresfest. Die goldene Madonna hat ihr Jahresfest nicht im Madonnenmonat, sondern jedes Jahr an einem Sonntag im September, um die Zeit, wo Grün und Fülle des Jahres zu Dunst und zartem Goldschimmer wird, wo in Traube und Apfel die Fruchtbarkeit und Lebensfreude sich siegreich ausdrückt und zugleich im gilbenden Laub das Lied der Vergänglichkeit so flehend klingt. In dieser Zeit des Jahres sind die Frommen der Gegend zur Madonna im Wald geladen, den ganzen Tag, an diesem Tag verläßt sie ihre dämmrige Kirche und kommt in den Wald zu den Menschen und Vögeln und Schmetterlingen heraus. Dies jährliche Fest muß vor Zeiten, vor Jahrzehnten noch, unendlich schön und würdig gewesen sein. Heute ist es ein Jahrmarkt, mit Lärm, Klimbim und Spielerei, und die Menschen knien nicht mehr vor der Madonna im Gras und Farnkraut, sie stehen in modernen Sonntagskleidern und kommen sich schon duldsam vor, wenn sie beim Erscheinen der Madonna den Hut vom Kopf nehmen. Nun, das ist nicht zu ändern, und ein Rest von Würde und Frömmigkeit ist immerhin noch da. Mir jedenfalls ist das Jahresfest dieser Madonna, trotz dem und je-

nem, ein echtes Fest. Einmal habe ich dort den Bischof empfangen helfen und eine zarte Rede von ihm angehört, ein andermal war es bei kühlem, feuchtem Wetter ein stilles Fest mit sehr wenigen Besuchern, aber schön war es immer, und jedesmal habe ich irgendein Bild, einen Klang, einen Duft mitgenommen und habe jedesmal den Augenblick des Festes, der für mich der große ist, dankbar und ergriffen mitgefeiert.

Auch dieses Jahr war ich drüben, stieg am Morgen durch den feuchten Wald hinauf, schreckte viele Eidechsen aus dem Heidekraut, fand im feuchten Moos noch eine späte Cyclame blühen und kam gegen Mittag zur Kirche, wo mich fröhlicher Lärm empfing. Im Walde waren Buden aufgeschlagen, Fahnen wehten, und rote Luftballons, Kränze und Girlanden schmückten den Kirchenaufgang. Eine Musikkapelle war da und Händler mit Backwerk und Spielzeug, ein Wirt schenkte Wein und Kaffee, viele Familien lagerten im Grase und aßen Mittag, packten aus Körben, Säcken und Papieren ihr Brot, ihren Käse, ihre Trauben. Für die richtig Frommen war der Hauptteil des Festes schon vorüber: die vormittäglichen Messen. Für mich stand der hohe Augenblick des Festes noch bevor.

Ich traf Freunde, wir saßen im Wald, bekamen Wein, Brot, kaltes Fleisch, Kuchen, Pfirsiche. Fröhlichkeit umgab uns und Töne und Gestalten, die mir seit Jahren von allen ländlichen Festen der Gegend hier vertraut waren. Mario mit der Gitarre war da, der in allen Sprachen der Welt singen kann; auch das Mädchen war da, das mit dem Mund die Töne einer Mandoline zum Täuschen nachahmen kann, und viele bekannte Figuren, auch Leute aus meinem Dorfe, denen gleich mir der Weg nicht zu weit gewesen war. Bei schallender Musik und im Lärm der Kindertrompeten tafelten wir unter den schon gelblich behauchten Bäumen, auf dieser schönen Waldterrasse, wo sonst das ganze Jahr eine so verzauberte Stille herrscht. Die meisten von diesen fröhlichen Menschen,

Aufgang zur Kapelle »Madonna d'Ongero«.
Aquarell 1923

welche da unter den Kastanien lagern, haben diesen Ort niemals in seiner Stille und Ewigkeit gesehen, sie kennen nur, Jahr um Jahr, diesen einen lauten Tag hier oben. Aber auch für mich bringt dieser Tag etwas Einziges, das Jahr um Jahr denselben tiefen Zauber hat.
Als die Tafelfreuden vorüber waren und die Menschen etwas stiller geworden, ordnete sich eine Prozession von Mädchen mit angehefteten Engelsflügeln. Ein großes Kreuz mit dem Heiland wird vorangetragen. Und nun kommt aus der Kirche hervor, aus dem Portal, das sie beinahe streift, und unter der aufstrahlenden Vorhalle hindurch, die Madonna gegangen, sie selber, die große Goldene, die sonst nur als warmer Goldschein im Kirchendämmer zu erblicken ist. Sie kommt gegangen, auf den Schultern der Träger leise schwankend, golden von der Krone im Haar bis zu den Füßen, aufleuchtend in der Herbstsonne, den kleinen Sohn auf den Armen, eine milde, schöne, innige Figur, Anmut und Würde, Hoheit und Zartheit strahlend. Dieser Augenblick ist mein Kirchenfest und Gottesdienst fürs ganze Jahr. Sie schwebt aus ihrem Hause, sie schwebt über den kleinen freien Platz, strahlt gleißend auf, daß es bis zum fernen See und den fernsten Schneebergen hinüberblitzt, und wendet sich, über all den entblößten Köpfen und Frauenkopftüchern, dem Walde zu, biegt unter den Girlanden hindurch auf den Farnkräutern waldeinwärts und entschwindet, goldglänzend, still in den Bäumen, die ihr heilig sind. Wir stehen, sehen sie verschwinden, halten die Hüte in der Hand und warten auf ihr Wiederkommen, und bald taucht sie wieder auf, von einer anderen Richtung her, kommt samt Musik, Engeln, Priestern, Fahnen strahlend aus dem Walde hervor und kehrt zu ihrem Heiligtum zurück. Strahlend lächelt sie im goldnen Mantel, unter der goldenen Krone, und im Sonnenlicht und blendenden Goldschimmer macht sie es ebenso, wie ihr Gehäuse es so oft getan hat, sie erscheint bald, verschwindet bald, ist bald übernah und überdeutlich in goldener Pracht vor unseren Sinnen,

bald im Geflimmer verschwunden und unsichtbar geworden. Ehe sie in die Kirche zurückkehrt, wird sie auf dem Rasen aufgestellt und angebetet, erst von Osten, dann von Süden, dann von Westen, dann von Norden. Und nun schwebt sie wieder hoch über den Menschen, biegt durch die Vorhalle ein, streift mit ihrer zitternden Goldkrone das Portal und taucht zurück in ihre Stille und heimatliche Dämmerung. Die jungen Mädchen lächeln, und wir Älteren sehen zu Boden und denken, während der goldene Wald nach Vergänglichkeit duftet: »Werden wir dich noch einmal wiedersehen, Goldene?«

Damit ist für mich das Fest zu Ende, nun ist es gut, sich auf den kleinen schmalen Ziegenpfad zu machen und heimzukehren, ehe die Dämmerung kommt, welche diese Wege ungangbar macht. Durch den Wald hinabsteigend, höre ich noch eine ganze Weile die Musik mir nachklingen, und im Zurückschauen sehe ich über den Baumwipfeln einen roten Kinderballon entfliegen, mit brennendem Rot am Himmel glühend.

(1924)

Gang am Abend

Spät auf staubiger Straße geh ich,
Mauerschatten fallen schräg,
Und durch Rebenranken seh ich
Mondlicht über Bach und Weg.

Lieder, die ich einst gesungen,
Stimm ich leise wieder an,
Ungezählter Wanderungen
Schatten kreuzen meine Bahn.

Wind und Schnee und Sonnenhitze
Vieler Jahre wehn mir nach,
Sommernacht und blaue Blitze,
Sturm und Reise-Ungemach.

Braungebrannt und vollgesogen
Von der Fülle dieser Welt,
Fühl ich weiter mich gezogen,
Bis mein Pfad ins Dunkle fällt.

Was der Dichter am Abend sah

Der südliche Julitag sank glühend hinab, die Berge schwammen im blauen Sommerdunst mit rosigen Gipfeln, im Gefilde kochte schwül das schwere Wachstum, strotzend stand der hohe fette Mais, in vielen Kornfeldern war das Korn schon geschnitten, in den lauen, mehlig satten Staubgeruch der Landstraße flossen aus Feldern und Gärten süß und überreif die vielen Blumendüfte. Im dicken Grün hielt die Erde noch die Tageswärme zurück, die Dörfer strahlten aus goldenen Giebeln warmen Nachglanz in die beginnende Dämmerung.

Von einem Dorfe zum andern ging auf der heißen Straße ein Liebespaar, ging langsam und ziellos, den Abschied verzögernd, manchmal lose Hand in Hand, manchmal umschlungen, Schulter an Schulter. Schön und schwebend gingen sie, in leichten Sommerkleidern schimmernd, auf weißen Schuhen, barhaupt, gezogen von Liebe, im leisen Abendfieber, das Mädchen mit weißem Gesicht und Hals, der Mann braun verbrannt, beide schlank und aufrecht, beide schön, beide im Gefühl der Stunde eins geworden und wie aus einem Herzen genährt und getrieben, beide doch tief verschieden und weit voneinander. Es war die Stunde, in der eine Kameradschaft zur Liebe und ein Spiel zum Schicksal werden wollte. Beide lächelten sie, und waren beide ernst bis fast zur Traurigkeit.

Kein Mensch ging zu dieser Stunde die Straße zwischen den beiden Dörfern, die Feldarbeiter hatten schon Feierabend. Nahe einem Landhaus, das hell durch Bäume schien, als stünde es noch in der Sonne, blieben die Liebenden stehen und umarmten sich. Sanft führte der Mann das Mädchen zum Rand der Straße, da lief eine niedere Mauer hin, auf die setzten sie sich, um noch beisammen zu bleiben, um nicht ins Dorf und zu Menschen zu müssen, um nicht den Rest des gemeinsamen Weges schon zu verbrauchen. Still saßen sie auf der Mauer, in Nelken und Steinbrech, Reblaub über sich. Durch Staub und Duft kamen Töne vom Dorf her, Kinderspiel, Ruf einer Mutter, Männergelächter, ein altes Klavier fern und schüchtern. Still saßen sie, lehnten aneinander, sprachen nicht, fühlten gemeinsam Laub über sich dunkeln, Düfte um sich irren, warme Luft in erster Ahnung von Tau und Kühle schauern.

Das Mädchen war jung, war sehr jung und schön, schlank und herrlich kam aus dem leichten Kleide der hohe lichte Hals, schlank und lang aus weiten kurzen Ärmeln die hellen Arme und Hände. Sie liebte ihren Freund, sie glaubte ihn sehr zu lieben. Sie wußte viel von ihm, sie kannte ihn so gut, sie waren lange Zeit Freunde gewesen. Oft hatten sie, einen Augenblick lang, sich auch ihrer Schönheit und ihres Geschlechts erinnert, hatten einen Händedruck zärtlich verzögert, hatten sich kurz und spielend geküßt. Er war ihr Freund gewesen, auch ein wenig ihr Ratgeber und Vertrauter, der Ältere, der Wissendere, und nur manchmal, für Augenblicke, war ein schwaches Wetterleuchten über den Himmel ihrer Freundschaft gezuckt, kurze holde Erinnerung, daß zwischen ihnen nicht bloß Vertrauen und Kameradschaft bestand, daß auch Eitelkeit, auch Machtbegierde, auch süße Feindschaft und Anziehung der Geschlechter spielte. Nun wollte das reif werden, nun brannte dies andere auf.

Schön war auch der Mann, doch ohne die Jugend und innige Blüte des Mädchens. Er war viel älter als sie, er hatte Liebe und Schicksal gekostet, Schiffbruch und neue Ausfahrt erlebt. Streng stand Nachdenken und Selbstbewußtsein in seinem magern braunen Gesicht geschrieben, Schicksal in Stirn und Wangen gefaltet. An diesem Abend aber blickte er sanft und hingegeben. Seine Hand spielte mit der Mädchenhand, lief leise und schonend über Arm und Nacken, über Schultern und Brust der Freundin, kleine spielende Wege der Zärtlichkeit. Und während ihr Mund ihm aus dem stillen dämmernden Abendgesicht entgegenkam, innig und wartend wie eine Blume, während Zärtlichkeit in ihm aufwallte und aufsteigender Hunger der Leidenschaft, dachte er doch immerzu daran und wußte davon, daß viele andere Geliebte ebenso mit ihm durch Sommerabende gegangen waren, daß auf anderen Armen, auf anderen Haaren, um andre Schultern und Hüften seine Finger dieselben zarten Wege gegangen waren, daß er Gelerntes übte, daß er Erlebtes wiederholte, daß für ihn das ganze strömende Gefühl dieser Stunde etwas anderes war als für das Mädchen, etwas Schönes und Liebes, aber nicht mehr Neues, nicht mehr Unerhörtes, nicht mehr Erstes und Heiliges.

Auch diesen Trank kann ich schlürfen, dachte er, auch er ist süß, auch er ist wunderbar, und ich kann diese junge Blüte vielleicht besser lieben, wissender, schonender, feiner als ein junger Bursch es könnte, als ich selber es vor zehn, vor 15 Jahren gekonnt hätte. Ich kann sie zarter, klüger, freundlicher über die Schwelle der ersten Erfahrung heben als irgendein andrer, ich kann diesen holden edlen Wein edler und dankbarer kosten als irgendein Junger. Aber ich kann ihr nicht verbergen, daß nach dem Rausch die Sattheit kommt, ich kann ihr nicht über den ersten Rausch hinaus einen Liebenden vorspielen, wie sie ihn träumt, einen nie Ernüchterten. Ich werde sie zittern und weinen sehen und werde kühl und heimlich ungeduldig sein. Ich werde mich vor dem Augenblick fürchten, fürchte mich jetzt schon vor dem Augenblick, da sie mit erwachenden Augen die Ernüchterung kosten muß, da ihr Gesicht keine Blume mehr sein und im aufzuckenden Schreck über das verlorene Mädchentum sich verziehen wird.

Sie saßen schweigend auf der Mauer im blühenden Gekräut, aneinander geschmiegt, hin und wieder von Wollust überschauert und enger aneinander getrieben. Sie sprachen nur

selten ein Wort, ein lallendes, kindisches Wort: Lieber – Schatz – Kind – hast Du mich lieb?
Da kam aus dem Landhause, dessen Schein im Laubdunkel nun auch zu erblassen begann, ein Kind gegangen, ein kleines Mädchen, vielleicht zehn Jahre alt, barfuß, auf schlanken bräunlichen Beinen, im kurzen dunklen Kleid, mit dunklem langem Haar überm bleichbräunlichen Gesicht. Spielend kam sie daher, unschlüssig, etwas verlegen, ein Springseil in der Hand, lautlos liefen die kleinen Füße über die Straße. Sie kam spielerisch daher, schrittwechselnd, gegen den Ort, wo die Liebenden saßen. Sie ging langsamer, als sie zu ihnen kam, als ginge sie ungern vorüber, als zöge etwas hier sie an, wie einen Abendfalter die Phloxblume anzieht. Leise sang sie ihren Gruß »buona sera«. Freundlich nickte das große Mädchen von der Mauer herüber, freundlich rief der Mann ihr zu: »Ciao, cara mia.«
Das Kind ging vorüber, langsam, ungern, und zögerte mehr und mehr, blieb nach 50 Schritten stehen, kehrte um, zögernd, kam wieder näher, ging nah an dem Liebespaar vorüber, blickte verlegen und lächelnd her, ging weiter, verschwand im Garten des Landhauses.
»Wie hübsch sie war!« sagte der Mann.
Wenig Zeit verging, wenig hatte die Dämmerung sich vertieft, da kam das Kind von neuem aus der Gartenpforte hervor. Es blieb einen Augenblick stehen, äugte heimlich die Straße entlang, erspähte die Mauer, das Reblaub, das Liebespaar. Dann begann das Kind zu rennen, lief in schnellem Trab auf nackten federnden Sohlen die Straße heran, am Paar vorbei, kehrte rennend um, lief bis zum Gartentor, machte eine Minute halt, und rannte nochmals und noch zweimal, dreimal ihren stillen einsamen Trab.
Schweigend sahen die Liebenden ihr zu, wie sie lief, wie sie umkehrte, wie der kurze dunkle Rock um die schlanken Kinderbeine schlug. Sie fühlten, daß dies Traben ihnen galt, daß Zauber von ihnen ausstrahlte, daß dies kleine Mädchen in

seinem Kindertraum die Ahnung von Liebe und schweigendem Rausch des Gefühls empfinde.
Der Lauf des Mädchens wurde nun zu einem Tanz, schwebend kam sie näher, wiegend, schrittwechselnd. Einsam tanzte die kleine Gestalt im Abend auf der weißen Straße. Ihr Tanz war eine Huldigung, ihr kleiner Kindertanz war ein Lied und Gebet an die Zukunft, an die Liebe. Ernst und hingegeben vollzog sie ihr Opfer, schwebte her, schwebte davon, und verlor sich am Ende in den dunklen Garten zurück.
»Sie war von uns bezaubert«, sagte die Liebende. »Sie spürt Liebe.«
Der Freund schwieg. Er dachte: Vielleicht hat dies Kind in seinem kleinen Tanzrausch von der Liebe Schöneres und Volleres genossen, als es je erleben wird. Er dachte: Vielleicht haben auch wir beide von unsrer Liebe das Beste und Innigste nun schon genossen, und was noch kommen kann, ist schale Neige.
Er stand auf und hob seine Freundin von der Mauer.
»Du mußt gehen«, sagte er, »es ist spät geworden. Ich begleite dich bis zum Kreuzweg.«
Umschlungen gingen sie bis zum Kreuzweg. Zum Abschied küßten sie sich heiß, rissen sich los, gingen auseinander, kehrten beide nochmals um, küßten sich nochmals, der Kuß gab kein Glück mehr, nur heißeren Durst. Das Mädchen begann rasch davonzugehen, lange sah er ihr nach. Und auch in diesem Augenblick stand Vergangenheit bei ihm, sah ihm Gewesenes in die Augen: andre Abschiede, andre nächtliche Küsse, andre Lippen, andre Namen. Traurigkeit überfiel ihn, langsam ging er seine Straße zurück, Sterne kamen über den Bäumen hervor.
In dieser Nacht, die er nicht schlief, kamen seine Gedanken zu diesem Schluß:
Es ist nutzlos, Gewesenes zu wiederholen. Noch manche Frau könnte ich lieben, noch manches Jahr vielleicht ist mein

Auge hell und meine Hand zärtlich, und mein Kuß den Frauen lieb. Dann muß Abschied genommen werden. Dann muß der Abschied, den ich heute freiwillig nehmen kann, in Niederlage und Verzweiflung genommen werden. Dann ist der Verzicht, der heut ein Sieg ist, nur noch schmählich. Darum muß ich heute schon verzichten, muß heut schon Abschied nehmen.

Viel habe ich heut gelernt, viel muß ich noch lernen. Von dem Kinde muß ich lernen, das uns mit seinem stillen Tanze entzückt hat. In ihm ist Liebe aufgeblüht, als es ein Liebespaar am Abend sah. Eine frühe Welle, eine bangschöne Vorahnung der Lust floß diesem Kind durchs Blut, und es begann zu tanzen, da es noch nicht lieben kann. So muß auch ich tanzen lernen, muß Lustbegierde in Musik verwandeln, Sinnlichkeit in Gebet. Dann werde ich immer lieben können, dann werde ich nie mehr Gewesenes unnütz wiederholen müssen. Diesen Weg will ich gehen.

(um 1924)

Gang im Spätherbst

Herbstregen hat im grauen Wald gewühlt,
Im Morgenwind aufschauert kalt das Tal,
Hart fallen Früchte vom Kastanienbaum
Und bersten auf und lachen feucht und braun.

In meinem Leben hat der Herbst gewühlt,
Zerfetzte Blätter zerrt der Wind davon
Und rüttelt Ast um Ast – wo ist die Frucht?

Ich blühte Liebe, und die Frucht war Leid.
Ich blühte Glaube, und die Frucht war Haß.
An meinen dürren Ästen reißt der Wind,
Ich lach ihn aus, noch halt ich Stürmen stand.

Was ist mir Frucht? Was ist mir Ziel! – Ich blühte,
Und Blühen war mein Ziel. Nun welk ich,
Und Welken ist mein Ziel, nichts andres,
Kurz sind die Ziele, die das Herz sich steckt.

Gott lebt in mir, Gott stirbt in mir, Gott leidet
In meiner Brust, das ist mir Ziel genug.
Weg oder Irrweg, Blüte oder Frucht,
Ist alles eins, sind alles Namen nur.

Im Morgenwind aufschauert kalt das Tal,
Hart fallen Früchte vom Kastanienbaum
Und lachen hart und hell. Ich lache mit.

In Locarno

Hier nahm mich ein Städtchen und eine Landschaft auf, wo ich vor Zeiten jedes kleine Bachtal und jede Feldmauer mit ihren Ritzen voll kleiner Farnkräuter und roter Steinnelken genau gekannt hatte, eine Landschaft, die mich auch während des Krieges dreimal für kurze Zeit beherbergt und getröstet und wieder froh und dankbar gemacht hatte. Die Locarnesen waren sehr guter Laune, es war soeben Locarno als Sitz für die Diplomatenkonferenz* erwählt worden, und die Stadt ging daran, sich zu erneuern und zu schmücken. Es war eine Pracht, und wenn Herr Stresemann sich während seines Locarneser Aufenthalts auf eine der hübschen Bänke auf der Piazza gesetzt hat, so ist sein Anzug verdorben, sie wurden sämtlich frisch mit Ölfarbe gestrichen.
Ich hatte wohlgetan, Locarno war ein guter Anfang meiner Reise**. Ich aß den Ministern noch einige Pfund von den süßen Trauben weg, an den besten sonnigsten Hängen von Brione und von Gordola, und genoß, nach langem Alleinsein, wieder das Vergnügen, bei Freunden zu sitzen, zu plaudern und mit Mund und Auge das auszudrücken, was von Augenblick zu Augenblick in einem lebt und was auf dem Umweg über die Feder immer sein Bestes und Eigentümlichstes verliert. In keiner Kunst bin ich so sehr Dilettant und Anfänger wie in der der Geselligkeit, aber keine entzückt mich mehr als sie in den seltenen Stunden, wo ich sie in wohl-

* Zwischen dem deutschen Außenminister Gustav Stresemann, Aristide Briand (Frankreich) und Austen Chamberlain (England) im Okt.-Dez. 1925, der u. a. die deutsche Westgrenze garantierte unter Verzicht auf Elsaß-Lothringen.

** Zu Lesungen in Ulm, Augsburg, München und Nürnberg (die sogenannte »Nürnberger Reise«).

wollender Umgebung üben darf. Über dem Tamaro* ging ein strahlender Tag um den andern auf, und wenn auch der wunderbare kleine Strandweg der Rivapiana den Zauber der Einsamkeit und Verlorenheit nicht mehr hat, den man dort vor zwanzig und selbst noch vor zehn Jahren genoß, so ist doch dieser Seewinkel noch immer eine freundliche Zuflucht. Und sobald man die Nähe der Hotels und die paar beliebtesten Ausflugstraßen hinter sich läßt und in das steile rauhe Bergland eindringt, dann ist man außerhalb Europas und außerhalb der Zeit, bei Stein und Busch, bei Eidechse und Schlange, in einem armen, aber warmen und freundlichen Land voll Farbe und kleiner zarter Reize und Lieblichkeiten. Hier habe ich in vergangenen Jahren die Eidechsen, Schmetterlinge und Heuschrecken studiert, den Skorpion und die Gottesanbeterin gefangen, meine ersten Malstudien gemacht und, von einem zugelaufenen Hunde namens Rio begleitet, heiße gute Tage auf weglosen Streifzügen hingebracht. Überall war noch ein Duft von damals erhalten, überall mahnten mich plötzlich kleine Erinnerungszeichen, eine Hausecke, ein Gartenzaun, an Stunden der Besinnung und Genesung, die ich in den schwersten Zeiten meines früheren Lebens dort gefunden hatte. Wirkliche Heimatgefühle habe ich, außer für meine Vaterstadt im Schwarzwald, mein Leben lang eigentlich nur für diese Gegend um Locarno gehabt, und etwas davon war noch in mir vorhanden und freute sich.

Vier oder fünf Tage blieb ich in Locarno, und schon am dritten Tag begann ich eine der Wohltaten des Reisens zu spüren, an die ich vorher gar nicht gedacht hatte. Ich bekam keine Post! All die Sorgen, die die Post bringt, all die Inanspruchnahmen, all die Zumutungen an meine Augen, an mein Herz, an meine Laune waren plötzlich nicht mehr da! Ich wußte ja zwar, daß es nur eine Schonzeit war und daß ich am

* Der fast 2000 m hohe Monte Tamaro südöstlich von Locarno.

nächsten Ort, wo ich mich etwas länger aufhielte, doch den ganzen Kram, wenigstens die Briefe, mir wieder müßte nachschicken lassen. Aber für heute, für heut und morgen und übermorgen kam nun eben keine Post, war ich ein Mensch, war ein Kind Gottes, meine Augen und Gedanken, meine Stunden und meine Stimmung gehörten mir, mir allein und meinen Freunden. Keine Redaktion, die mich mahnt, kein Verleger, der Korrekturen haben will, kein Autographensammler, kein junger Dichter, kein Gymnasiast mit der Bitte um Rat bei seinem Aufsatz, auch keine Droh- und Schmähbriefe irgendwelcher germanischer Berserkervereine, nichts von alledem, nichts als Stille, als Ruhe! Mein Gott, wenn man ein paar Tage ohne Post ist, dann sieht man erst, was für einen Haufen von Wust und unverdaulichem Ballast man sein Leben lang Tag für Tag herunterschlucken mußte. Es ist geradeso, wie wenn man eine Zeitlang keine Zeitung liest (ich halte es schon seit Jahren so) und sich dann beschämt darüber klar wird, mit was für Lumpereien man sonst täglich seine Morgenstunde vertut und sich Geist und Herz verdirbt, vom Leitartikel bis zum Kurszettel. Und wie angenehm, durch das Ausbleiben der Post in alledem unterstützt zu werden, woran zu denken, was zu vergessen, was mir einzubilden gerade in meiner Laune lag! Vor allem: nicht beständig an die Literatur erinnert zu werden, daran, daß man einem Stand und Berufe angehörte, einem suspekten und wenig anständigen, infolgedessen auch wenig geachteten Beruf, daran, daß man in einem unbegreiflichen Jugendwahn einst den Fehler begangen hatte, aus einem Talent seinen Beruf zu machen! Nun, diese Schonzeit, das kann ich wohl sagen, genoß ich mit Bewußtsein und Bedacht, spielte auch oft mit dem Gedanken, ob es nicht möglich wäre, sich diesen Zustand dauernd zu verschaffen, sich durch irgendwelche Schikanen unerreichbar und adresselos zu machen und jenes Glück wieder zu erreichen, das jeder arme Vogel unterm Himmel, jeder arme Wurm in der Erde, jeder Schusterlehrling ahnungslos genießt: nicht gekannt zu sein, nicht ein Opfer des idiotischen Persönlichkeitskults zu sein, nicht in jener dreckigen, verlogenen und erstickenden Luft der Öffentlichkeit leben zu müssen! Ach, oft schon hatte ich es versucht, mich diesem Schwindel zu entziehen, und hatte jedesmal erfahren müssen, daß die Welt unerbittlich ist, daß sie vom Dichter nicht Werke und Gedanken will, sondern die Adresse und die Persönlichkeit, um sie zu verehren, wieder wegzuschmeißen, zu schmücken und wieder auszuziehen, zu genießen und wieder auf sie zu spucken, wie es ein unartiges Mädel mit seiner Puppe macht. Einmal, mit Hilfe eines Pseudonymes, war es mir nahezu ein Jahr lang gelungen, meine Gedanken und Phantasien unter fremdem Namen auszusprechen, unbelästigt von Ruhm und Anfeindung, unbeirrt von Abstempelung – aber dann war es aus, dann wurde ich verraten, die Journalisten kamen dahinter, es wurde mir der Revolver vor die Brust gesetzt, und ich mußte bekennen. Es war aus mit der kurzen Freude, und seither war ich wieder der bekannte Literat Hesse, und das einzige, was ich tun konnte, um mich zu rächen, bestand darin, daß ich mir nun Mühe gab, nur noch solche Sachen zu schreiben, die bloß von sehr Wenigen goutiert werden können, so daß ich seither immerhin ein etwas ruhigeres Leben hatte.

(1925)

Locarno bei Nacht.
Ölkreidezeichnung vom April 1917

Blick nach Italien

Über dem See und hinter den rosigen Bergen
Liegt Italien, meiner Jugend gelobtes Land,
Meiner Träume vertraute Heimat.
Rote Bäume sprechen vom Herbst.
Und im beginnenden Herbst
Meines Lebens sitz ich allein,
Schaue der Welt ins schöne grausame Auge,
Wähle Farben der Liebe und male sie,
Die so oft mich betrog,
Die ich immer und immer noch liebe.
Liebe und Einsamkeit,
Liebe und unerfüllbare Sehnsucht
Sind die Mütter der Kunst;
Noch im Herbst meines Lebens
Führen sie mich an der Hand,
Und ihr sehnliches Lied
Zaubert Glanz über See und Gebirg
Und die abschiednehmende, schöne Welt.

Abendwolken

An der Ostwand meines Wohn- und Arbeitszimmers ist eine schmale Balkontüre, die steht vom Mai bis tief in den September hinein Tag und Nacht offen, und davor hängt ein winziger Steinbalkon, einen Schritt breit und einen halben Schritt tief. Dieser Balkon ist mein bester Besitz. Seinetwegen habe ich mich vor manchen Jahren entschlossen, mich hier niederzulassen, seinetwegen kehre ich nach allen Reisen immer wieder mit einer gewissen Dankbarkeit hierher in meine Tessiner Wohnung zurück. Es ist immer mein Stolz und meine Kunst gewesen, schön zu wohnen und eine ausgesucht schöne, weite Aussicht vor meinen Fenstern zu haben; so schön wie hier aber ist kaum eine meiner früheren Aussichten gewesen. Mag dafür der Kalk von den Wänden bröckeln, die Tapete in Fetzen hängen, mag es an vielen Bequemlichkeiten fehlen – dieser Aussicht wegen bleibe ich hier wohnen. Vor dem Balkon fällt ein alter, südlicher Baumgarten steil den Berg hinunter: Palmen mit dicken Fächerkronen, Kamelien, Rhododendren, Mimosen, Judasbaum, dazwischen einige hohe Eiben, von Glyzinien ganz überklettert, und schmale, schwebende Rosenterrassen. Dieser verschlafene alte Garten hängt zwischen mir und der Welt, er und ein paar stille Bachschluchten, mit Kastanienwald bestanden, auf dessen Wipfel ich hinab blicke. Ihre Kronen rauschen mir Tag und Nacht, aus ihnen tönt am Abend der traurige Eulenschrei herüber, sie schützen mich vor der Welt, vor den Häusern und Menschen, vor Lärm und Staub. So bin ich leidlich geschützt, wenn ich auch der Welt nicht ganz und gar entronnen bin, noch entrinnen will. Es kommt immerhin eine Straße zu unserem Dorf herauf, und auf ihr jeden Tag ein Postauto, das bringt viele entbehrliche Briefe und manche

Die Kirche von Agra. Aquarell 1925

entbehrliche Besucher hier herauf, doch mitunter auch willkommene.
In den Stunden, in denen ich meine Haustür geschlossen halte, kann kein Anruf der Welt mich erreichen. Es sind die Stunden am Nachmittag, und meist auch die des Abends. Dann ist das Haustor geschlossen, eine Glocke ist nicht da, und wenn ich nun auf meinem Zwergbalkon sitze, die vielen Terrassen des Gartens unter mir, dann kann kein Mensch mich stören. Dann sehe ich, über Garten und Waldschlucht hinweg, den Salvatore und hinter ihm den Generoso stehen, sehe den blitzenden Seearm von Porlezza und die hohen Berge jenseits des Comersees, die bis weit in den Frühsommer hinein noch Schnee in ihren Scharten liegen haben.
Manchmal, wenn ich so am Abend sitze und zu den Abendwolken hinüberschaue, die drüben gerade in meiner Höhe schwimmen, dann bin ich nahezu zufrieden. Ich sehe die Welt da unten liegen und denke: du kannst mir gestohlen werden. Ich habe kein Glück in dieser Welt gehabt, ich habe nicht gut zu ihr gepaßt, und sie hat mir meine Abneigung reich erwidert und vergolten. Aber umgebracht hat sie mich nicht. Ich lebe noch, ich habe ihr Trotz geboten und habe mich gehalten, und wenn ich auch kein erfolgreicher Fabrikant oder Boxer oder Filmstern geworden bin, so bin ich doch das geworden, was zu werden ich mir als Knabe von zwölf Jahren in den Kopf gesetzt habe: ein Dichter, und ich habe unter anderem gelernt, daß die Welt, wenn man nichts von ihr will und sie nur still und aufmerksam mit seinen Augen betrachtet, uns manches zu bieten hat, wovon die Erfolgreichen, die Lieblinge der Welt nichts wissen. Zuschauenkönnen ist eine vortreffliche Kunst, eine raffinierte, heilsame und oft sehr vergnügliche Kunst.
Ich habe diese Kunst an den Abendwolken gelernt. Immer, wenn ich so am Abend meine Stunde auf dem Balkönchen sitze, habe ich es mit den Wolken zu tun, denn mein hochgelegenes Vogelnest blickt ja mitten in die Wolken hinein. Bei

Regenwetter, bei den wilden leidenschaftlichen Unwettern dieses Klimas, kommen die Wolken bis in meine Stube herein, hängen in weißgrauen Fetzen am Balkongitter, kriechen mir bis um die Schuhe und winden sich draußen hinauf und hinab, in die grünen, triefenden Bergtäler, die bei jedem Blitz so erschrocken aufleuchten, in den frostigen, schwarzen See, in die blasse, saugende Himmelshöhe hinauf. Bei gutem Wetter aber, wenn der See blau blitzt und violette Abendschatten hat, wenn in den fernen Dörfern die Fensterscheiben golden aufbrennen und die Westkante der Berge wie aus durchscheinendem, rosigem Edelstein glüht, dann sind auch die Wolken sehr farbig und guter Laune und spielen stundenlang ihre absichtslosen, schweifenden Kinderspiele.
Einst, als Jüngling, hatte ich zu den Wolken ein frommes und etwas feierliches Verhältnis. Heute, im Altwerden, nehme ich sie nicht mehr so ernst, ohne sie doch weniger zu lieben. Sie sind Kinder, und Kinder werden nur von ihren Eltern ernst genommen, sonst von niemand. Die Großeltern, die Alten, die schon selbst wieder mit dem Kindwerden beschäftigt sind, nehmen die Kinder nicht ernst, so wenig als sie sich selbst ernst nehmen. Pathos ist eine schöne Sache, und jungen Menschen steht es oft wundervoll. Für ältere Leute eignet sich besser der Humor, das Lächeln, das Nichternstnehmen, das Verwandeln der Welt in ein Bild, das Betrachten der Dinge, als seien sie flüchtige Abendwolkenspiele.
Um aber die Hauptsache nicht zu vergessen, wegen der ich die Feder zur Hand genommen habe – gestern abend, am ersten schönen, feuchtklaren Tag nach einer Regenzeit, da war es mit den Wolken geradezu närrisch. Eben noch waren sie in langen Bänken über dem Himmel gelegen, in Wülsten niedergehangen, langsam vom auffrischenden Winde in sich selber aufgerollt und zusammengedreht, so daß sie allmählich alle zu langen, still in sich arbeitenden Walzen wurden. Eben war dies noch gewesen, eben noch war der ganze Himmel, soweit er nicht schon vom scharfen, kühlen Grünblau des

klaren Abends erobert war, ein System von Bändern und Wülsten gewesen, von langsam sich windenden, langsam an Körper und Dichtigkeit zunehmenden Riesenschlangen – und nun plötzlich, ich hatte kaum eine Minute weggeschaut, war der ganze Himmel in der Höhe frei und blitzend kühlklar, und alle Wolken waren klein und belanglos geworden, an den Horizont gedrückt, oben weiß und golden, mit blauen Bäuchen, alle langgezogen, Figuren wie Luftschiffe und wie Walfische, alle sehr plastisch, sehr fest zusammengepreßt und formig.
Gerade in dieser Minute verließ das letzte Rosenrot und Gold die edelsteinernen Berggipfel, und die ganze Erde war erloschen, nur am Himmel strahlte der Tag noch flüchtig nach. Die Wolkenschiffe lagerten, trotzdem ein scharfer Wind ging, scheinbar regungslos und unentschlossen dicht über den Bergrücken und hatten noch ein wenig Rot und Kupferbraun in ihre erkaltenden Farben gemischt, mit den Nasen gegen den Wind, aber man mußte sie gut im Auge behalten, um sie von Minute zu Minute noch wiederzuerkennen, denn während sie solide und träg zu sein und sich kaum zu rühren schienen, flossen von innen her ihre Formen immerzu um- und ineinander. Scheinheilig trieben sie ihren Feierabend-Schabernack, ganz wie die Knaben, die an der Schulmauer stehen und den Lehrer mit gezogenen Mützen grüßen, und kaum sieht er sich um, sind sie weg, und hinter den Zäunen schwirrt Gelächter.
Inzwischen war nun eine von den langen Wolken über die andern hinaufgeschwommen, schwebte (auch sie scheinbar regungslos und wie aus Metall gegossen) rosig allein im Himmelsgrün, ward plötzlich ganz und gar durchglüht, heller Zinnober, nahm gleichzeitig eine entzückende Fischform an und schwamm, ein riesiger, leuchtender Goldkarpfen mit einer kleinen bläulichen Bauchflosse, lächelnd und überaus vergnügt dem Tod entgegen, denn das Licht war im letzten Schwinden begriffen, und mein Goldfisch hatte keine Mi-

nute mehr zu leben. Schon wurde er vom Schwanze her brauner und schwerer, vom Bauche her blauer, schon brannten der lichte Zinnober und das Gold bloß noch am obersten Rand seines Rückens. Da zog er blitzschnell den Schwanz ein, blies den Kopf auf, daß er ganz rund wurde, und während er schon erlosch und sein letztes Gold verlor, ballte er sich zur Kugel zusammen, blies aus der Kugel heraus – als wollte er seine Seele ausblasen – zwei Fäden grauer Wolkenschleier, blies und blies, löste sich verwehend in die immer dünner werdenden Schleier auf, und war hinweg und verschwunden.

Nie hatte ich eine so witzige Art von Selbstmord gesehen. Duckt dieser Bursche von Goldfisch da sich zur Qualle zusammen, bläst seine eigene Seele, bläst seine eigene Substanz mit eigener Kraft durch einen Mund, durch einen Schlund, durch ein Loch, und bläst sich selber weg ins Wesenlose. Einst, als ich noch drunten in der Welt lebte und sie und mich ernst nahm, hatte ich mancherlei erlebt und mit angesehen, manches schwer zu Erleidende, darunter einen Weltkrieg – aber etwas so Verblüffendes, so Kindisch-Spielerisches an Benehmen hatte ich noch nie an einem Menschen, einer Nation oder einem Parlament gesehen. Und es war doch nicht wenig, was ich einst, solang ich sie ernst nahm, draußen in der Welt gesehen hatte.

Fort war der Goldfisch, und meine Freude war für heute erloschen. Es wartete zwar drinnen ein schönes Buch auf mich, aber viel lieber wäre ich noch eine Stunde mit meinem Goldfisch geschwommen.

(1926)

Malerfreude

Äcker tragen Korn und kosten Geld,
Wiesen sind von Stacheldraht umlauert,
Notdurft sind und Habsucht aufgestellt,
Alles scheint verdorben und vermauert.

Aber hier in meinem Auge wohnt
Eine andre Ordnung aller Dinge,
Violett zerfließt und Purpur thront,
Deren unschuldvolles Lied ich singe.

Gelb zu Gelb, und Gelb zu Rot gesellt,
Kühle Bläuen rosig angeflogen!
Licht und Farbe schwingt von Welt zu Welt,
Wölbt und tönt sich aus in Liebeswogen.

Geist regiert, der alles Kranke heilt,
Grün klingt auf aus neugeborener Quelle,
Neu und sinnvoll wird die Welt verteilt,
Und im Herzen wird es froh und helle.

Aquarell

Heute gegen Mittag sah und fühlte ich es schon, daß es heute einen Mal-Abend geben würde. Es war ein paar Tage windig gewesen, abends immer kristallklar, morgens bedeckt, und nun war diese weiche, etwas graue Luft gekommen, diese sanfte, träumende Verhüllung, oh, die kannte ich genau, und gegen Abend, wenn das Licht schräg fiel, würde es wunderschön werden. Es gab auch noch andere Mal-Wetter, natürlich, und schließlich konnte man bei jedem Wetter malen, schön war es immer, selbst bei Regen, selbst in der unheimlichen, glasigen Durchsichtigkeit eines Föhnvormittags, wenn man in einem Dorf, vier Stunden von hier, die Fenster zählen konnte. Aber Tage wie heute, das war etwas anderes und Besonderes, an diesen Tagen *konnte* man nicht malen, sondern *mußte* malen. Da blickte jedes Fleckchen Rot oder Ocker so klangvoll aus dem Grün, jeder alte Rebenpfahl mit seinem Schatten stand da so nachdenklich, schön und in sich versunken, und noch im tiefsten Schatten sprach jede Farbe klar und kräftig.

In meiner Kindheit kannte ich solche Tage in den Ferien. Da handelte es sich allerdings nicht ums Malen, sondern ums Angeln. Und auch angeln konnte man ja zur Not immer. Aber da gab es Tage mit einem gewissen Wind, einem gewissen Geruch, einer gewissen Feuchtigkeit, einer gewissen Art von Wolken und Schatten, da wußte ich schon gleich am Morgen genau und gewiß, daß es heute nachmittag am untern Steg Barben geben würde und daß am Abend bei der Walkmühle die Barsche beißen würden. Die Welt hat sich seither verändert, und mein Leben auch, und die Freude und satte Glücksfülle eines solchen Angeltages in der Knabenzeit ist etwas Sagenhaftes und kaum mehr Glaubliches gewor-

Garten in Montagnola. Aquarell 1925

den. Aber der Mensch selbst ändert sich wenig, und irgendeine Freude, irgendein Spiel will er haben, und so habe ich heute statt des Angelns das Aquarellmalen, und wenn die Wetterzeichen einen schönen, guten Maltag versprechen, dann spüre ich im altgewordenen Herzen wieder einen fernen, kleinen Nachklang jener Knaben-Ferienwonne, jener Bereitschaft und Unternehmungslust, und alles in allem sind das dann meine guten Tage, deren ich von jedem Sommer eine Anzahl erwarte.

So ging ich denn am Spätnachmittag aus, den Rucksack mit dem Malzeug auf dem Rücken, den kleinen Klappstuhl in der Hand, an den Platz, den ich mir schon um Mittag ausgedacht hatte. Es ist ein steiler Abhang über unserem Dorf, früher von dichtem Kastanienwald bedeckt, im letzten Winter aber kahlgeschlagen, dort zwischen den noch ein wenig duftenden Baumstrünken hatte ich schon mehrmals gemalt. Von hier aus sah man die Ostseite unseres Dorfes, lauter dunkle, alte Dächer aus Hohlziegeln, auch ein paar hellrote, neue, ein Gewinkel von nackten, unverputzten Mauern, überall Bäume und Gärtchen dazwischen, da und dort hing ein wenig weiße oder farbige Wäsche an der Luft. Jenseits die großen blauen Bergzüge, einer hinter dem andern, mit rosigen Spitzen und violetten Schattenzügen, rechts unten ein Stück See, jenseits winzig ein paar helle, schimmernde Dörfchen.

Nun hatte ich gegen 2 Stunden Zeit, während die Sonne langsam sank und das Licht über den Dächern und Mauern langsam wärmer, tiefer, goldener wurde. Ehe ich zu zeichnen begann, überblickte ich eine Weile das ganze vielfältige Tal bis zum See hinab, die fernen Dörfer, den Vordergrund mit den an der Schneide noch lichten Baumstümpfen, aus denen schon meterhohe, üppig grüne Seitensprossen trieben, dazwischen das rote, trockene Erdreich mit dem glimmerigen Gestein, mit den tief eingefressenen Wasserläufen aus der Regenzeit, und dann betrachtete ich unser Dorf, dies kleine, warme Genist von Mauern, Giebeln, Dächern, worin jede Linie und Fläche mir so lang und wohl bekannt ist, Formen, die ich manches Dutzendmal mit dem Auge studiert, mit dem Stift nachgezeichnet hatte. Ein großes Dach, früher Dunkelbraun, mit Caput mortuum zu malen, war neu gedeckt; es war das Haus von Giovanni, mit dem breiten, offenen Söller unterm Dach, wo im Herbst die goldgelben Maiskolben aufgehängt werden. Da hat er nun sein ganzes großes Dach neu decken lassen! Vor einigen Monaten ist sein Vater gestorben, der älteste Mann im Dorf, nun hat er geerbt und ist reich und legt sich ins Zeug, verbessert und baut, streicht und malt. Und weiter hinten das Häuschen des kleinen Cavadini ist neu angemalt, wenigstens auf einer Seite. Er will heiraten, der kleine Kerl, und gegen den Garten hat er eine Tür herausgebrochen.

Ja, es muß Leute geben, die Häuser haben und Häuser bauen, die heiraten und Kinder in die Welt setzen, die am Abend vor ihren Türen sitzen und rauchen, am Sonntag in die Grotti gehen und Boccia spielen, und in den Gemeinderat gewählt werden. Alle diese Häuser und Hütten gehören irgend jemand, sind von jemand gebaut, jemand wohnt darin, ißt und schläft und sieht die Kinder heranwachsen, verdient oder macht Schulden. Und auch alle die Gärtchen und jeder Baum und jede Wiese, jeder Weinberg und Lorbeerstrauch und jedes Stückchen Kastanienwald gehört irgendeinem, wird verkauft, wird geerbt, macht Freude, macht Sorgen. In das große, neue Schulhaus geht die Jugend, lernt das Notwendigste, hat im Sommer drei Monate Ferien und geht dann tapfer und hungrig auf das Leben los, baut, heiratet, reißt Mauern ein, pflanzt Bäume, macht Schulden, schickt neue Kinder ins Schulhaus.

Was diese Menschen an ihren Häusern und Gärten sehen, das sehe ich nicht oder wenig davon. Daß Wasser im Keller ist und der Speicher voll Ratten, daß der Kamin nicht zieht und daß im Garten die Bohnen zu viel Schatten haben, das sehe

ich alles nicht, es freut mich nicht, es macht mir keine Sorgen. Aber das, was ich hier an unserem Dorfe sehe, das sehen nun wieder die Leute nicht.
Keiner sieht, wie die bleiche, bröcklige Kalkwand dort hinten den Ton des Blau aus dem Himmel herüberzieht und auf Erden weiterschwingen macht. Keiner sieht, wie sanft und warm das verschossene Rosa jenes Giebels zwischen dem wehenden Grün der Mimosen lächelt, wie feist und prall das dunkle Ockergelb am Haus der Adamini vor dem schweren Blau des Berges steht, und wie witzig die Cypresse im Garten des Sindaco das Laubgekräusel überschneidet. Keiner sieht, daß die Musik dieser Farben gerade in dieser Stunde ihre reinste, bestgespannte Stimmung hat, daß das Spiel der Töne, die Stufenfolge der Helligkeit, der Kampf der Schatten in dieser kleinen Welt zu keiner Stunde die gleichen sind. Keiner sieht, wie unten in der bläulichen Muschel des Tales der abendliche Goldrauch einen dünnen Streifen zieht und die jenseitigen Berge tiefer in den Raum zurücktreibt. Und wenn es Menschen geben muß, welche Häuser bauen, Häuser einreißen, Wälder pflanzen, Wälder abhauen, Fensterläden anstreichen und Gärten besäen, dann wird es wohl auch einen Menschen geben müssen, der dies alles sieht, der all diesem Tun und Treiben ein Zuschauer ist, der diese Mauern und Dächer in sein Auge und Herz einläßt, der sie liebt, der sie zu malen versucht.
Ich bin kein sehr guter Maler, ich bin ein Dilettant; aber es gibt keinen einzigen Menschen, der in diesem weiten Tal die Gesichter der Jahreszeiten, der Tage und Stunden, der die Falten des Geländes, die Formen der Ufer, die launigen Fußwege im Grün so kennt und liebt und hegt wie ich, der sie so im Herzen hat und mit ihnen lebt. Dazu ist der Maler mit dem Strohhut da, mit seinem Rucksack und seinem kleinen Klappstuhl, der zu allen Zeiten diese Weinberge und Waldränder abstreift und belauert, über den die Schulkinder immer ein wenig lachen und der die anderen Leute zuweilen um

ihre Häuser und Gärten, Frauen und Kinder, Freuden und Sorgen beneidet.
Ich habe ein paar Bleistiftstriche auf mein weißes Blatt gemacht, die Palette herausgeholt und Wasser eingeschenkt. Und nun setze ich mit einem Pinsel voll Wasser und wenig Neapelgelb den hellsten Fleck meines Bildchens hin; es ist der bestrahlte Giebel dort zuhinterst über dem fetten, saftigen Feigenbaum. Und jetzt weiß ich nichts mehr von Giovanni und nichts von Mario Cavadini und beneide sie nicht und kümmere mich um ihre Sorgen so wenig wie sie sich um die meinigen, sondern kämpfe mich gespannt und angestrengt durch die Grün, durch die Grau, wische naß über den fernen Berg, tupfe Rot zwischen das grüne Laub, tupfe Blau dazwischen, sorge mich sehr um den Schatten unter Marios rotem Dach, mühe mich um das Goldgrün des runden Maulbeerbaumes über der schattigen Mauer. Für diese Abendstunde, für diese kurze, glühende Malstunde am Hang über unserem Dorf bin ich dem Leben der anderen kein Beobachter und Zuschauer mehr, beneide es nicht, beurteile es nicht, weiß nichts von ihm, sondern bin in mein Tun verbissen und in mein Spiel verliebt genauso hungrig, genauso kindlich, genauso tapfer wie die anderen in das ihre.

(1926)

Heißer Mittag

Im trocknen Grase lärmen Grillenchöre,
Heuschrecken flügeln am verdorrten Rain,
Der Himmel kocht und spinnt in weiße Flöre
Die fernen bleichen Berge langsam ein.

Es knistert überall und raschelt spröde,
Auch schon im Wald erstarren Farn und Moos,
Hart blickt im dünnen Dunst der Himmelsöde
Die Julisonne weiß und strahlenlos.

Einschläfernd laue Mittagslüfte schleichen.
Das Auge schließt sich müd. Es spielt das Ohr
Im Traum sich die ersehnten, gnadenreichen
Tonfluten kommender Gewitter vor.

Sommers Ende

Es war ein schöner, glänzender Hochsommer hier im Süden der Alpen, und seit zwei Wochen habe ich jeden Tag jene heimliche Angst um sein Ende gespürt, die ich als Beigabe und geheime stärkste Würze alles Schönen kenne. Vor allem fürchtete ich jedes leiseste Anzeichen eines Gewitters, denn von der Mitte des Augusts an kann jedes Gewitter leicht ausarten, kann tagelang dauern, und dann ist es zu Ende mit dem Sommer, selbst wenn das Wetter sich wieder erholt. Gerade hier im Süden ist es beinah die Regel, daß dem Hochsommer durch ein solches Gewitter das Genick gebrochen wird, daß er rasch, lodernd und zuckend erlöschen und sterben muß. Dann, wenn die tagelangen wilden Zuckungen eines solchen Gewitters am Himmel vorüber sind, wenn die tausend Blitze, die unendlichen Donnerkonzerte, das wilde rasende Sichergießen der lauen Regenströme verrauscht und vergangen sind, blickt eines Morgens oder Nachmittags aus dem verkochenden Gewölk ein kühler, sanfter Himmel, von seligster Farbe, alles voll Herbst, und die Schatten in der Landschaft sind ein wenig schärfer und schwärzer, haben an Farbe verloren und an Umriß gewonnen, so wie ein Fünfzigjähriger, der gestern noch rüstig und frisch aussah, nach einer Krankheit, nach einem Leid, nach einer Enttäuschung plötzlich das Gesicht voll kleiner Fäden und in allen Falten die kleinen Zeichen der Verwitterung sitzen hat. Furchtbar ist solch letztes Sommergewitter, und grauenvoll der Todeskampf des Sommers, sein wilder Widerwille gegen das Sterbenmüssen, seine tolle schmerzliche Wut, sein Umsichschlagen und Bäumen, das doch alles vergeblich ist und nach einigem Toben hilflos erlöschen muß.

Dorfeinfahrt im Tessin. Aquarell 1927

Dieses Jahr scheint der Hochsommer nicht jenes wilde, dramatische Ende zu nehmen (obwohl es noch immer möglich ist), er scheint diesmal den sanften, langsamen Alterstod sterben zu wollen. Nichts ist für diese Tage so charakteristisch, bei keinem andern Anzeichen empfinde ich diese besondere, unendlich schöne Art von Sommer-Ende so innig wie am späten Abend bei der Heimkehr von einem Gang oder von einem ländlichen Abendmahl: Brot, Käse und Wein in einem der schattigen Waldkeller. Das Eigene an diesen Abenden ist die Verteilung der Wärme, das stille langsame Zunehmen der Kühle, des nächtlichen Taues und das stille, unendlich biegsame Fliehen und Sichwehren des Sommers. In tausend feinen Wellen macht dieser Kampf sich spürbar, wenn man zwei oder drei Stunden nach Sonnenuntergang unterwegs ist. Dann sitzt in jedem dichten Walde, in jedem Gebüsch, in jedem Hohlweg die Tageswärme noch gesammelt und verkrochen, hält sich die ganze Nacht hindurch zäh am Leben, sucht jeden Hohlraum, jeden Windschutz auf. An der Abendseite der Hügel sind zu diesen Stunden die Wälder lauter große Wärmespeicher, rundum benagt von der Nachtkühle, und jede Bodensenkung, jeder Bachlauf nicht bloß, nein, auch jede Art und Dichtigkeit der Bewaldung drückt sich dem Wandernden genau und unendlich deutlich in den Abstufungen der Wärme aus. Genauso wie ein Skiläufer beim Durchfahren eines Berggeländes die ganze Bildung des Landes, jede Hebung und Senkung, jede Längs- und Seitenrippe der Gebirgsstruktur rein sinnlich in seinen wiegenden Knien spüren kann, so daß er nach einiger Übung aus diesem Knie-Gefühl das gesamte Bild eines Berghanges während der Abfahrt ablesen kann, so lese ich hier in der tiefen Dunkelheit der mondlosen Nacht aus den zarten Wärmewellen das Bild der Landschaft ab. Ich trete in einen Wald, schon nach drei Schritten von einer rasch zunehmenden Wärmeflut wie von einem sanft glühenden Ofen empfangen, ich fühle diese Wärme mit der Dichtigkeit des Waldes anschwellen und abnehmen; jeder leere Bachlauf, der zwar längst kein Wasser mehr, aber doch in der Erde noch einen Rest von Feuchtigkeit bewahrt hat, kündigt sich durch ausstrahlende Kühle an. Zu jeder Jahreszeit sind ja die Temperaturen verschiedener Punkte eines Geländes verschieden, aber nur in diesen Tagen des Übergangs vom Hochsommer zum Frühherbst spürt man sie so stark und deutlich. Wie im Winter das Rosenrot der kahlen Berge, wie im Frühling die strotzende Feuchtigkeit von Luft und Pflanzenwuchs, wie beim ersten Sommerbeginn das nächtliche Schwärmen der Glühwürmer, so gehört gegen das Ende des Sommers dies merkwürdige nächtliche Gehen durch die wechselnden Wärmewogen zu den sinnlichen Erlebnissen, die am stärksten auf Stimmung und Lebensgefühl wirken. Wie doch gestern nacht, als ich vom Waldkeller nach Hause ging, dort bei der Mündung des Hohlweges gegen den Friedhof von Sant' Abbondio mir die feuchte Kühle der Wiesen und des Seetals entgegenschlug! Wie die wohlige Waldwärme zurückblieb und sich scheu unter den Akazien, Kastanien und Erlen verkroch! Wie der Wald sich gegen den Herbst, wie der Sommer sich gegen das Sterbenmüssen wehrte! So wehrt sich der Mensch in den Jahren, wo sein Sommer sinkt, gegen das Welken und Sterben, gegen die eindringende Kühle des Weltraums, gegen die eindringende Kühle im eigenen Blut. Und mit erneuter Innigkeit gibt er sich den kleinen Spielen und Klängen des Lebens hin, den tausend holden Schönheiten seiner Oberfläche, den zärtlichen Farbenschauern, den huschenden Wolkenschatten, klammert sich lächelnd und angstvoll an das Vergänglichste, sieht seinem Sterben zu, schöpft Angst und schöpft Trost daraus, und lernt schaudernd die Kunst des Sterbenkönnens. Hier liegt die Grenze zwischen Jugend und Alter. Mancher hat sie schon mit vierzig Jahren oder früher überschritten, mancher spürt sie erst spät in den Fünfzigern oder Sechzigern. Aber es ist immer dasselbe: statt der Lebenskunst beginnt jene andere Kunst uns zu interessieren, statt der Bildung und Verfeinerung unserer

Persönlichkeit beginnt deren Abbau und Auflösung uns zu beschäftigen, und plötzlich, beinah von einem Tag auf den andern, empfinden wir uns als alt, empfinden wir die Gedanken, Interessen und Gefühle der Jugend als fremd. Diese Tage des Übergangs sind es, in welchen solche kleine zarte Schauspiele wie das Verglühen und Hinsterben eines Sommers uns ergreifen und bewegen können, uns das Herz mit Staunen und Schaudern erfüllen, uns zittern und lächeln machen.
Schon auch hat der Wald das Grün von gestern nicht mehr, und die Rebenblätter beginnen gelber zu scheinen, unter ihnen werden die Beeren schon blau und purpurn. Und die Berge haben gegen Abend das Violett, und der Himmel die smaragdenen Töne, die zum Herbst hinüberführen. Was dann? Dann wird es wieder zu Ende sein mit den Abenden im Grotto, und zu Ende mit den Badenachmittagen am See von Agno, und zu Ende mit dem Draußensitzen und Malen unter den Kastanienbäumen. Wohl dem, der dann eine Heimkehr zu geliebter und sinnvoller Arbeit, zu geliebten Menschen, zu irgendeiner Heimat hat! Wer das nicht hat, wem diese Illusionen zerbrochen sind, der kriecht alsdann vor der beginnenden Kälte ins Bett oder flieht auf Reisen, und sieht als Wanderer hier und dort den Menschen zu, welche Heimat haben, welche Gemeinschaft haben, welche an ihre Berufe und Tätigkeiten glauben, sieht ihnen zu, wie sie arbeiten, sich anstrengen und mühen, und wie über all ihrem guten Glauben und all ihrer Anstrengung langsam und ungesehen sich die Wolke des nächsten Krieges, des nächsten Umsturzes, des nächsten Untergangs zusammenzieht, nur den Müßiggängern, nur den Ungläubigen und Enttäuschten sichtbar – den Altgewordenen, die an Stelle des verlornen Optimismus ihre kleine, zärtliche Altersvorliebe für bittere Wahrheiten gesetzt haben. Wir Alten sehen zu, wie unter dem Fahnenschwenken der Optimisten jeden Tag die Welt vollkommener wird, wie jede Nation sich immer göttlicher, immer fehlerloser, immer berechtigter zu Gewalt und frohem Angriff fühlt, wie in der

Kunst, im Sport, in der Wissenschaft die neuen Moden und neuen Sterne auftauchen, die Namen glänzen, die Superlative aus den Zeitungen tropfen, und wie das alles glüht von Leben, von Wärme, von Begeisterung, von heftigem Lebenswillen, von berauschtem Nichtsterbenwollen. Woge um Woge glüht auf wie die Wärmewogen im Tessiner Sommerwald. Ewig und gewaltig ist das Schauspiel des Lebens, ohne Inhalt zwar, aber ewige Bewegung, ewige Abwehr gegen den Tod.

Manche gute Dinge stehen uns noch bevor, ehe es wieder in den Winter hineingeht. Die bläulichen Trauben werden weich und süß werden, die jungen Burschen werden bei der Ernte singen, und die jungen Mädchen in ihren farbigen Kopftüchern werden wie schöne Feldblumen im vergilbenden Reblaub stehen. Manche gute Dinge stehen uns noch bevor, und manches, was uns heute noch bitter scheint, wird uns einst süß munden, wenn wir erst die Kunst des Sterbens besser werden gelernt haben. Einstweilen warten wir noch auf das Reifwerden der Trauben, auf das Fallen der Kastanien, und hoffen, den nächsten Vollmond noch zu genießen, und werden zwar zusehends alt, sehen aber den Tod doch noch recht weit in der Ferne stehen. Wie ein Dichter gesagt hat:

Herrlich ist für alte Leute
Ofen und Burgunder rot,
Und zuletzt ein sanfter Tod –
Aber später, noch nicht heute!

(1926)

Augenblick vor dem Gewitter

Noch einmal im verfinsterten Gewühle
Der Wetterwolken zuckt die Sonne vor,
Erhitzt den Dunst zu schauerlicher Schwüle
Und lächelt irr im bangen Gartenflor.

Vor tiefem Schwarzblau flammt das rote Haus
Grell wie Zinnober, und die Fenster funkeln . . .
Der nächste Augenblick löscht alles aus,
Das Licht verwelkt, ein Sausen singt im Dunkeln.

Jetzt jagen weiße Schauer aus der Nacht,
Mit schwerer Schleppe peitscht den Wald der Regen,
Blitz blendet, Hagel trommelt, höhnend kracht
Der Donner auf mit knatternd hellen Schlägen.

Herbst

Natur und Literatur

Für eine Stunde bin ich dem Haus entronnen, dem kühlen schattigen Zimmer, wo am Boden mein Reisekoffer liegt, schon dreiviertel vollgepackt mit Büchern, Schreibzeug, Schuhen, Wäsche, Briefschaften; denn es ist Herbst geworden, und ich trete wie jedes Jahr die Flucht vor dem Winter an, nicht südwärts zur wärmeren Sonne, sondern nordwärts zu den Häusern, wo man warme Öfen und warme Badezimmer findet, wo es zwar Nebel, Schnee und andere Übel gibt, aber auch befreundete Menschen, Aufführungen von Mozart und Schubert und dergleichen geliebte Dinge.

O wie schnell ist das wieder gegangen mit dem Herbstwerden! Dies Jahr war es ja ein Spätsommer ohnegleichen, er schien nie enden zu können, Tag um Tag wartete man, nach scheinbar sicheren Anzeichen, auf Regen, auf Wind, auf Nebel, aber Tag um Tag stieg klar, golden und warm aus dem Seetal herauf, nur ging die Sonne Tag für Tag eine Idee später auf und kam nicht mehr über denselben Bergen herangestiegen, wie die Sommersonne es tat, sondern ihr Aufgangspunkt war weit verschoben, gegen Como hin – aber all dies bemerkte man nur, wenn man nachrechnete und kontrollierte. Die Tage selbst waren einer wie der andere Sonnentage, die Morgen kräftig leuchtend, die Mittage heiß und brennend, die Abende farbig verglühend. Und nun ist, nach einem ganz kurzen Wetterwechsel, der bloß zwei Tage dauerte, doch auf einmal der Herbst hereingeschlichen, und nun kann es am Mittag noch so warm und am Abend noch so golden strahlend werden, es ist doch längst kein Sommer mehr, es ist Sterben und Abschied in der Luft.

Abschied nehmend – denn morgen will ich für Monate fortreisen – schlenderte ich durch den Wald. Von weitem sieht dieser Wald noch ganz grün aus, in der Nähe aber sieht man, daß auch er alt geworden und nah am Sterben ist, das Laub der Kastanien knistert trocken und wird immer gelber, das feine spielende Laub der Akazien blickt zwar an manchen feuchten kühlen Waldstellen und Schluchten noch tief und bläulich, aber überall schon durchstreift und durchglänzt von welken Zweigen, an denen die grellgoldenen Blättchen einzeln schimmern und bei jedem Hauch herabzutropfen beginnen.

Hier beim Graben, wo das welke Laub sich schon häuft, obwohl die Wipfel alle noch voll scheinen, hier habe ich im vergangenen Frühling, in der Zeit vor Ostern, die ersten zweifarbigen Blüten des Lungenkrautes gefunden, und große Flächen voll von Waldanemonen, wie roch es damals feucht und krautig hier, wie gärte es im Holz, wie tropfte und keimte es in den Moosen! Und jetzt ist alles trocken, tot und starr, das welke holzige Gras und die welken, dürren Brombeerranken, alles klirrt, wenn der Wind anhebt, dünn und spröde aneinander. Nur pfeifen überall in den Bäumen noch die Siebenschläfer; die werden im Winter schweigen.

Ich besinne mich über allerlei unnütze Dinge. Ich komme vom Packen und stecke mit den Gedanken noch im halbgepackten Reisekoffer. Ob ich ein paar Bände von der deutschen Kipling-Ausgabe mitnehme, die mir der Verlag Paul List geschickt hat, von der ich einen Band mit Befriedigung gelesen habe und die so viel Lob verdient – aber ist es eigentlich notwendig, Kipling zu lesen? Ach, es wird auch ohne ihn gehen, und der Koffer wird weniger schwer. Dagegen nehme ich das Buch »Alte und neue Lieder« vom Insel-Verlag bestimmt mit, das gehört zu den schönsten deutschen Büchern unserer Zeit, ein Volksliederbuch mit Melodien und mit Bildern, alten und neuen (von den neuen passen aber bloß die von Slevogt und die von Hans Meid wirklich hinein), ein

Kleinod, altem Muster nachgebildet, aber nicht ohne neuen Geist. Vielleicht nehme ich auch die sehr hübsche und gut getroffene Auswahl aus Johann Peter Hebel mit, die Philipp Witkop im Herderschen Verlag in Freiburg herausgebracht hat, mit den alten Richter-Zeichnungen. Und ganz gewiß nehme ich Bernoullis Bachofen-Ausgabe mit, bei Reclam erschienen, und wahrscheinlich auch die »Zwölf Briefe über das Erdleben« von Carl Gustav Carus, dessen »Psyche« ich seit meiner Jugend kenne, und der jetzt, einer der großen Geister der deutschen Romantik, von Christof Bernoulli und Hans Kern wieder neu ediert wird (bei Kampmann in Celle). Ach Gott, was weiß unsere Zeit noch vom Geist der Romantik! Diese kühne große Woge deutschen Geistes scheint im Sand verlaufen, und das Wort »Romantik« ist eine Art von Schimpfwort geworden, mit dem der heutige Deutsche alles das bezeichnet, was ihm unrentabel, verstiegen und jugendlich-idealistisch erscheint. Und grade die, die sich am lautesten Patrioten nennen, wenden das Schimpfwort fast auf alle einigermaßen edleren Regungen des heutigen jungen Deutschland an, beinahe auf alle Bestrebungen, die anderes und Edleres bezwecken als einen nächsten Krieg!
Ach, lassen wir das! Lassen wir alle Bücher daheim, und lassen wir alle Gedanken ungedacht, Denken ist heute kein anerkannter Sport. Lieber will ich die Nasenflügel weiten und mich bemühen, noch so viel wie möglich von diesem gestorbenen Sommer, von diesem schnell gekommenen Herbst in mich einzuatmen! Ah, da rieche ich etwas, das Freude macht. Ein feuchter, dicklicher, fettlicher, etwas dumpfer Geruch zeigt mir Pilze an, Steinpilze, die man hier nicht allzu häufig findet, denn auch der Tessiner ißt Steinpilze sehr gern (im Risotto schmecken sie wunderbar) und sucht sie mit Eifer. Eben habe ich einen angetroffen, der schlich gespannt und lauernd wie ein Jäger an mir vorbei durchs Gehölz, den Blick scharf am Boden, in der Hand eine leichte schlanke Gerte, mit der er an jeder Stelle, die ihm etwas zu versprechen

scheint, das dürre Laub beiseite fegt. Aber diesen hübschen Steinpilz hier mit dem kräftigen dicken Kopf hat er also nicht gefunden, der gehört mir, heute abend wird er gegessen. Und morgen also reise ich davon, kleide mich nach Monaten wieder einmal städtisch, ziehe nach Monaten einmal wieder einen Kragen, eine Krawatte, eine Weste, einen Mantel an und bringe dann in solcher Verkleidung den Winter unter den Menschen zu, in den Städten, in den Restaurants und Konzert- und Tanzsälen, wo es keine Steinpilze gibt, wo im Frühling kein rotes und blaues Lungenkraut blüht, im Herbst kein braunes Farnkraut rauscht. Nun, in Gottes Namen!
Gestern war ein fremder Herr bei mir, der machte mich darauf aufmerksam, daß im nächsten Jahr mein fünfzigster Geburtstag sei, darum sei er gekommen, um sich von mir allerlei aus meinem Leben erzählen zu lassen, für einen Gratulationsartikel, den er dann schreiben werde. Diesem Herrn sagte ich, es sei rührend von ihm, daß er sich so viel Mühe um mich gebe, ich hätte aber nichts zu erzählen, und daß er mich auf dies Jubiläum aufmerksam mache, sei gerade so nett, wie wenn zu einem Sterbenden ein fremder Herr käme, ihn auf die Nähe seines Ablebens aufmerksam machte und ihm den Katalog seiner bestempfohlenen Sargfabrik in die Hand drückte. Den fremden Herrn bin ich losgeworden, den üblen Geschmack auf der Zunge nicht. Es ist Herbst, es riecht nach Welke, nach grauem Haar, nach Jubiläen, nach Friedhof.
Überall blühen noch die kleinen roten Steinnelken, feurig nicken sie aus dem welken Gras, hinter dem braunen Laub, sie singen das Lied vom Untergang nicht mit, sie lachen und brennen und lassen ihre kleine rote Flagge wehen, erst vom ersten Frost lassen sie sich umbringen. Euch liebe ich, kleine Brüder, ihr gefallt mir. Eine von euch, kleine brennende Nelken, nehme ich mit mir, stecke sie an und bringe sie mit dort hinüber in die andere Welt, in die Städte, in den Winter, in die Zivilisation.

(1926)

Seetal im Februar

O dünne Sonnenluft im Februar!
Braun schleicht und gelb der fahle Strand dahin,
See starrt und Himmel glasig, kühl und klar,
In Trauerzügen kahle Bäume ziehn.

Ach, graue Haare fand ich jüngst im Bart!
Alt wird und müd, was einst so hell gebrannt,
Zu Ende neigt, o Maler, deine Fahrt
Und führt durch Friedhofluft und Winterland.

Doch leis im Nacken brennt die Sonne schon,
Die zärtlich mir vom künftigen Sommer singt:
Noch einmal schreite glühend und beschwingt
Durch einen Sommer, du verlorener Sohn!

Wintermorgen. Aquarell 1933

Wiedersehen mit Nina

Wenn ich nach Monaten der Abwesenheit auf meinen Tessiner Hügel zurückkehre, jedesmal wieder von seiner Schönheit überrascht und gerührt, dann bin ich nicht ohne weiteres einfach wieder zu Hause, sondern muß mich erst umpflanzen und neue Saugwurzeln treiben, muß Fäden wieder anknüpfen, Gewohnheiten wiederfinden und da und dort erst wieder Fühlung mit der Vergangenheit und Heimat suchen, ehe das südliche Landleben wieder zu munden beginnt. Es müssen nicht bloß die Koffer ausgepackt und die ländlichen Schuhe und Sommerkleider hervorgesucht werden, es muß auch festgestellt werden, ob es während des Winters tüchtig ins Schlafzimmer geregnet hat, ob die Nachbarn noch leben, es muß nachgesehen werden, was sich während eines halben Jahres hier wieder verändert hat, und wieviel Schritte der Prozeß vorwärts gegangen ist, der allmählich auch diese geliebte Gegend ihrer lang bewahrten Unschuld entkleidet und mit den Segnungen der Zivilisation erfüllt. Richtig, bei der unteren Schlucht ist wieder ein ganzer Waldhang glatt abgeholzt, und es wird eine Villa gebaut, und an einer Kehre ist unsere Straße verbreitert worden, das hat einem zauberhaften alten Garten den Garaus gemacht. Die letzten Pferdeposten unserer Gegend sind eingegangen und durch Autos ersetzt, die neuen Wagen sind viel zu groß für diese alten, engen Gassen. Also nie mehr werde ich den alten Piero mit seinen beiden strotzenden Pferden sehen, wie er in der blauen Postillionsuniform mit der gelben Kutsche seinen Berg heruntergerasselt kommt, nie mehr werde ich ihn beim Grotto del Pace zu einem Glas Wein und einer kleinen außeramtlichen Ruhepause verführen. Ach, und niemals mehr werde ich über Liguno an dem herrlichen Waldrand sitzen,

meinem liebsten Malplatz: ein Fremder hat Wald und Wiese gekauft und mit Draht eingezäunt, und wo die paar schönen Eschen standen, wird jetzt seine Garage gebaut.
Dagegen grünen die Grasstreifen unter den Reben in der alten Frische, und unter den welken Blättern hervor rascheln wie immer die blaugrünen Smaragdeidechsen, der Wald ist blau und weiß von Immergrün, Anemonen und Erdbeerblüte, und durch den junggrünen Wald schimmert kühl und sanft der See herauf. Ich habe die Koffer ausgepackt, habe mir die Dorfneuigkeiten erzählen lassen, habe der Witwe des verstorbenen Cesco kondoliert und der Ninetta zu ihrer schwarzäugigen Bambina Glück gewünscht, ich habe auch meine Malsachen herausgesucht und bereitgelegt, den Rucksack, das Stühlchen, das hübsche körnige Aquarellierpapier, die Bleistifte, die Farben. Das ist immer das hübscheste bei dieser Arbeit: all die kleinen Vertiefungen meiner Palette mit den frischen, froh leuchtenden Farben anzufüllen, dem beglückenden Kobaltblau, dem lachenden Zinnober, dem zarten Zitrongelb, dem durchsichtigen Gummigutt. Das wäre nun getan. Aber mit dem Wiederbeginn des Malens ist es so eine Sache, ich schiebe es gern noch ein wenig hinaus, bis morgen, bis zum Sonntag, bis zur nächsten Woche. Wenn man nach sechs Monaten zum erstenmal wieder im Grünen sitzt und seinen Pinsel ins Wasser taucht und sich jetzt wieder daran machen will, ein Stück vom Sommer aufs Papier zu bringen, dann sitzt man mit dem entwöhnten Auge und der ungeübten Hand recht hilflos und traurig da, und Gras und Stein, Himmel und Gewölk sind schöner, als sie jemals waren, und unmöglicher und gewagter als je scheint es, sie malen zu wollen. Nein, ich warte damit noch ein wenig.
Immerhin, ein ganzer Sommer und Herbst liegt vor mir, noch einmal hoffe ich es ein paar Monate lang gut zu haben, lange Tage im Freien dahinzuleben, die Gicht wieder ein wenig loszuwerden, mit meinen Farben zu spielen und das Leben etwas fröhlicher und unschuldiger zu leben, als es im

Tessiner Bergdorf. Aquarell 1924

Winter und in den Städten möglich ist. Schnell laufen die Jahre weg – die barfüßigen Kinder, die ich vor Jahren bei meinem Einzug in dies Dorf zur Schule laufen sah, sind schon verheiratet oder sitzen in Lugano oder Mailand an Schreibmaschinen oder hinter Ladentischen, und die damaligen Alten, die Dorfgreise, sind inzwischen gestorben.

Da fällt mir die Nina ein – ob die noch am Leben ist? Lieber Gott, daß ich erst jetzt an sie denke! Die Nina ist meine Freundin, eine der wenigen guten Freundinnen, die ich in der Gegend habe. Sie ist 78 Jahre alt und wohnt in einem der hintersten kleinen Dörfchen der Gegend, an welches die neue Zeit noch nicht die Hand gelegt hat. Der Weg zu ihr ist steil und beschwerlich, ich muß in der Sonne einige hundert Meter den Berg hinab und jenseits wieder hinaufsteigen. Aber ich mache mich sofort auf den Weg und laufe erst durch die Weinberge und den Wald bergab, dann quer durchs grüne schmale Tal, dann steil jenseits bergan über die Hänge, die im Sommer voll von Zyklamen und im Winter voll von Christrosen stehen. Das erste Kind im Dorf frage ich, was denn die alte Nina mache. O, wird mir erzählt, die sitze am Abend noch immer an der Kirchenmauer und schnupfe Tabak. Zufrieden gehe ich weiter: sie ist also noch am Leben, ich habe sie noch nicht verloren, sie wird mich lieb empfangen und wird zwar etwas brummen und klagen, mir aber doch wieder das aufrechte Beispiel eines einsamen alten Menschen geben, der sein Alter, seine Gicht, seine Armut und Vereinsamung zäh und nicht ohne Spaß erträgt und vor der Welt keine Faxen und Verbeugungen macht, sondern auf sie spuckt und gesonnen ist, bis zur letzten Stunde weder Arzt noch Priester in Anspruch zu nehmen.

Von der blendenden Straße trat ich an der Kapelle vorbei in den Schatten des uralten finsteren Gemäuers, das da verwinkelt und trotzig auf dem Fels des Bergrückens steht und keine Zeit kennt, kein anderes Heute als die ewig wiederkehrende Sonne, keinen Wechsel als den der Jahreszeiten, Jahrzehnt um

Jahrzehnt, Jahrhundert um Jahrhundert. Irgendeinmal werden auch diese alten Mauern fallen, werden diese schönen, finsteren, unhygienischen Winkel umgebaut und mit Zement, Blech, fließendem Wasser, Hygiene, Grammophonen und anderen Kulturgütern ausgestattet sein; über den Gebeinen der alten Nina wird ein Hotel mit französischer Speisekarte stehen oder ein Berliner seine Sommervilla bauen. Nun, heute stehen sie noch, und ich steige über die hohe Steinschwelle und die gekrümmte steinerne Treppe hinauf in die Küche meiner Freundin Nina. Da riecht es wie immer nach Stein und Kühle und Ruß und Kaffee und intensiv nach dem Rauch von grünem Holz, und auf dem Steinboden vor dem riesigen Kamin sitzt auf ihrem niederen Schemel die alte Nina und hat im Kamin ein Feuerchen brennen, von dessen Rauch ihr die Augen etwas tränen, und stopft mit ihren braunen gichtgekrümmten Fingern die Holzreste ins Feuer zurück.

»Hallo, Nina, grüß Gott, kennt Ihr mich noch?«

»Oh, Signor poeta, caro amico, sono contenta di rivederla!«

Sie erhebt sich, obwohl ich es nicht dulden will, sie steht auf und braucht lange dazu, es geht mühsam mit den steifen Gliedern. In der Linken hat sie die hölzerne Tabaksdose zittern, um Brust und Rücken ein schwarzes Wolltuch gebunden. Aus dem alten schönen Raubvogelgesicht blicken traurig-spöttisch die scharfen gescheiten Augen. Spöttisch und kameradschaftlich blickt sie mich an, sie kennt den Steppenwolf, sie weiß, daß ich zwar ein Signore und ein Künstler bin, daß aber doch nicht viel mit mir los ist, daß ich allein da im Tessin herumlaufe und das Glück ebensowenig eingefangen habe wie sie selber, obwohl ohne Zweifel wir beide ziemlich scharf darauf aus waren. Schade, Nina, daß du für mich vierzig Jahre zu früh geboren bist. Schade! Zwar scheinst du nicht jedem schön, manchen scheinst du eher eine alte Hexe zu sein, mit etwas entzündeten Augen, mit etwas gekrümmten Gliedern, mit dreckigen Fingern und mit Schnupftabak an der Nase. Aber was für eine Nase in dem faltigen Adlergesicht! Was für eine Haltung, wenn sie sich erst aufgerichtet hat und in ihrer hagern Größe aufrecht steht! Und wie klug, wie stolz, wie verachtend und doch nicht böse ist der Blick deiner schöngeschnittenen, freien, unerschrockenen Augen! Was mußt du, greise Nina, für ein schönes Mädchen, was für eine schöne, kühne, rassige Frau gewesen sein! Nina erinnert mich an den vergangenen Sommer, an meine Freunde, an meine Schwester, an meine Geliebte, die sie alle kennt, sie späht dazwischen scharf nach dem Kessel, sieht das Wasser sieden, schüttet gemahlenen Kaffee aus der Lade der Kaffeemühle hinein, stellt mir eine Tasse her, bietet mir zu schnupfen an, und jetzt sitzen wir am Feuer, trinken Kaffee, spucken ins Feuer, erzählen, fragen, werden allmählich schweigsam, sagen dies und jenes von der Gicht, vom Winter, von der Zweifelhaftigkeit des Lebens.

»Die Gicht! Eine Hure ist sie, eine verfluchte Hure! Sporca puttana! Möge sie der Teufel holen! Möge sie verrecken. Na, lassen wir das Schimpfen! Ich bin froh, daß Ihr gekommen seid, ich bin sehr froh. Wir wollen Freunde bleiben. Es kommen nicht mehr viele zu einem, wenn man alt ist. Achtundsiebzig bin ich jetzt.«

Sie steht nochmals mit Mühe auf, sie geht ins Nebenzimmer, wo am Spiegel die erblindeten Photographien stecken. Ich weiß, jetzt sucht sie nach einem Geschenk für mich. Sie findet nichts und bietet mir eine der alten Photographien als Gastgeschenk an, und als ich sie nicht nehme, muß ich wenigstens noch einmal aus ihrer Dose schnupfen.

Es ist in der verrauchten Küche meiner Freundin nicht sehr sauber und gar nicht hygienisch, der Boden ist vollgespuckt, und das Stroh am Stuhl hängt zerrissen herunter, und wenige von Euch Lesern würden gern aus dieser Kaffeekanne trinken, dieser alten blechernen Kanne, die schwarz von Ruß und grau von Aschenresten ist und an deren Rändern seit Jahren der vertrocknete eingedickte Kaffee eine dicke Kruste gebildet hat. Wir leben hier außerhalb der heutigen Welt und Zeit, etwas ruppig und schäbig zwar, etwas verkommen und gar nicht hygienisch, aber dafür nahe bei Wald und Berg, nahe bei den Ziegen und Hühnern (sie laufen gackernd in der Küche herum), nahe bei den Hexen und Märchen. Der Kaffee aus der krummen Blechkanne schmeckt wundervoll, ein starker tiefschwarzer Kaffee mit einem leisen, aromatischen Anflug vom bittern Geschmack des Holzrauches, und unser Beisammensitzen und Kaffeetrinken und die Schimpfworte und Koseworte und das tapfere alte Gesicht der Nina sind mir unendlich viel lieber als zwölf Tee-Einladungen mit Tanz, als zwölf Abende mit Literaturgespräch im Kreise berühmter Intellektueller – obwohl ich gewiß auch diesen hübschen Dingen ihren relativen Wert nicht absprechen möchte.

Draußen geht jetzt die Sonne weg. Ninas Katze kommt herein und ihr auf den Schoß gesprungen, wärmer leuchtet der Feuerschein an den gekalkten Steinwänden. Wie kalt, wie grausam kalt muß der Winter in dieser hohen, schattigen, leeren Steinhöhle gewesen sein, nichts drin als das winzige offene Feuerchen, im Kamin flackernd, und die alte einsame Frau mit der Gicht in den Gelenken, ohne andere Gesellschaft als die Katze und die drei Hühner.

Die Katze wird wieder fortgejagt. Nina steht wieder auf, groß und gespenstisch steht sie im Zwielicht, die hagere knochige Gestalt mit dem weißen Schopf über dem streng blikkenden Raubvogelgesicht. Sie läßt mich noch nicht fort. Sie hat mich eingeladen, noch eine Stunde ihr Gast zu sein, und geht nun, um Brot und Wein zu holen.

(1927)

Föhnige Nacht

Schaukelt im wehenden Föhnwind der Feigenbaum
Wieder wie Schlangen wirr die gewundenen Äste,
Steigt übers kahle Gebirg zu einsamem Feste
Vollmond empor und beseelt mit Schatten den Raum,
Spricht zwischen gleitenden Wolkenschiffen der Lichte
Träumerisch mit sich selber und zaubert die Nacht
Über dem Seetal still zum Seelenbild und Gedichte,
Daß mir im Herzen zuinnerst Musik erwacht,
Dann erhebt sich in drängender Sehnsucht die Seele,
Fühlt sich jung und begehrt ins flutende Leben zurück,
Kämpft mit dem Schicksal und ahnt, woran es ihr fehle,
Summt sich Lieder und spielt mit dem Traume vom Glück,
Möchte noch einmal beginnen, noch einmal der fernen
Jugend heiße Gewalten beschwören ins kühlere Heut,
Möchte wandern und werben und bis zu den Sternen
Dehnen der schweifenden Wünsche dunkles Geläut.
Zögernd schließ ich das Fenster, entzünde das Licht,
Seh die weißglänzenden Kissen des Bettes warten,
Weiß den Mond um die Welt und das wehende
Wolkengedicht
Draußen lebendig im Föhn überm silbrigen Garten,
Finde zurück mich langsam zu meinen gewohnten Dingen,
Höre bis in den Schlaf das Lied meiner Jugend klingen.

Rückkehr aufs Land

Gott sei Dank, ich bin der Stadt entflohen, ich habe das Kofferpacken und das Reisen hinter mir und bin wieder zu Hause, nach einer Abwesenheit von sechs Monaten. Es war hübsch, wieder durch den Gotthard zu fahren – ich mag diese Fahrt wohl mehr als hundertmal gemacht haben und kann sie noch immer genießen. Es war sehr hübsch, es in Göschenen noch einmal tüchtig schneien zu sehen, in Airolo vom Schnee Abschied zu nehmen, in Faido die ersten Wiesenblumen, vor Giornico die ersten blühenden Aprikosenbäume und Birnbäume zu erblicken.

Die Ankunft in Lugano allerdings war nicht entzückend. Die Übervölkerung der Erde hat mir seit langem nicht mehr so übel entgegengeschrien wie hier, wo um die Zeit der Ostern sich die Fremden zusammenscharen wie die Heuschrecken. In dem kleinen Lugano sind ein Viertel der Einwohner von Berlin, ein Drittel von Zürich, ein Fünftel von Frankfurt und Stuttgart anzutreffen, auf den Quadratmeter kommen etwa zehn Menschen, täglich werden viele erdrückt, und dennoch spürt man keine Abnahme, nein, jeder ankommende Schnellzug bringt 500 bis 1000 neue Gäste. Es sind selbstverständlich reizende Menschen, sie nehmen mit unendlich wenigem vorlieb, zu dreien schlafen sie in einer Badewanne oder auf dem Ast eines Apfelbaumes, atmen dankbar und ergriffen den Staub der Autostraßen ein, blicken durch große Brillen aus bleichen Gesichtern klug und dankbar auf die blühenden Wiesen, welche ihretwegen mit Stacheldraht umzäunt sind, während sie noch vor einigen Jahren frei und vertraulich in der Sonne lagen, von kleinen Fußwegen durchzogen. Es sind reizende Menschen, diese Fremden, wohlerzogen, dankbar, unendlich bescheiden, sie überfahren einander gegenseitig

Häuser mit gestreiftem Sonnendach. Aquarell 1921

mit ihren Autos ohne zu klagen, irren tagelang von Dorf zu Dorf, um noch ein freies Bett zu suchen, vergebens natürlich, sie photographieren und bewundern die in längst verschollene Tessiner Trachten gekleideten Kellnerinnen der Weinlokale und versuchen italienisch mit ihnen zu reden, sie finden alles reizend und entzückend, und merken gar nicht, wie sie da, Jahr um Jahr mehr, eine der wenigen im mittlern Europa noch vorhandenen Paradiesgegenden eiligst in eine Vorstadt von Berlin verwandeln. Jahr um Jahr vermehren sich die Autos, werden die Hotels voller, auch noch der letzte, gutmütigste alte Bauer wehrt sich gegen die Touristenflut, die ihm seine Wiesen zertritt, mit Stacheldraht, und eine Wiese um die andre, ein schöner, stiller Waldrand um den andern geht verloren, wird Bauplatz und eingezäunt. Das Geld, die Industrie, die Technik, der moderne Geist haben sich längst auch dieser vor kurzem noch zauberhaften Landschaft bemächtigt, und wir alten Freunde, Kenner und Entdecker dieser Landschaft gehören mit zu den unbequemen altmodischen Dingen, welche an die Wand gedrückt und ausgerottet werden. Der Letzte von uns wird sich am letzten alten Kastanienbaum des Tessins, am Tag eh der Baum im Auftrag eines Bauspekulanten gefällt wird, aufhängen.
Einstweilen allerdings genießen wir noch einen bescheidenen Schutz. Erstens gibt es im Lande noch einige Gegenden, in welchen der Typhus häufig auftritt (im vorigen Jahr ist ein Freund von mir samt seiner Frau in seinem Tessiner Dorf daran gestorben), und zweitens geht noch immer die Sage, die Luganer Landschaft sei am schönsten im April (wo meistens die alljährliche Regenzeit ist), und im Sommer sei es hier vor Hitze nicht auszuhalten. Nun, den Sommer mit seiner schönen Hitze gönnt man uns vorerst noch, und wir sind dessen froh. Jetzt aber, im Frühling, drücken wir ein Auge zu, oft auch beide, halten unsre Haustüren gut verschlossen und sehen hinter geschlossenen Läden hervor der schwarzen Menschenschlange zu, die sich, ein fast ununterbrochener

Heerwurm, Tag für Tag durch alle unsre Dörfer zieht und ergreifende Massenandachten vor den Resten einer einst wahrhaft schön gewesenen Landschaft begeht.
Wie voll es doch auf der Erde geworden ist! Wohin ich blicke neue Häuser, neue Hotels, neue Bahnhöfe, alles vergrößert sich, überall wird ein Stockwerk aufgebaut; irgendwo auf Erden eine Stunde lang zu spazieren, ohne auf Menschenscharen zu stoßen, scheint nicht mehr möglich. Auch nicht in der Wüste Gobi, auch nicht in Turkestan.
Ach, und ebenso geht es mir im Kleinen, in meinem kleinen, engen Junggesellenhaushalt; alles ist voll und wird immer voller, nirgends ist Platz! Die Wände habe ich längst vollgemalt, es ist kein Platz mehr für Bilder. Die Bücherschäfte krachen und hängen schief, so sehr sind sie mit doppelten Bücherreihen überlastet. Und immer kommen neue dazu, immer wieder liegt mein Studierzimmer voll von Paketen, vorsichtig und langbeinig muß ich zwischen ihnen meinen Weg suchen. Und, das ist das Komische, auf einige Pakete Schund kommt immer wieder ein Treffer, die guten Bücher sterben nicht aus; immer wieder wird mein Entschluß, überhaupt nichts Neues mehr zu lesen, umgeworfen durch Sendungen von Verlegern, die ich nur bewundern kann. So bleiben auch jetzt, nachdem ich einige hundert Bände Ballast entfernt habe, eine Anzahl ganz wundervoller Bücher übrig, die ich trotz allem eben doch liebe und bei mir behalten möchte, und so werden sie denn mit Gewalt in die krachenden Bücherborde gezwängt . . .
In diesen köstlichen Büchern lese ich, in meiner Klause eingeschlossen, während draußen die Primeln und Anemonen blühen und der dunkle Schwarm der Fremden sich durchs Gefilde bewegt. Weil es heute Mode ist, zu Ostern in Lugano zu sein, sind sie hier. In zehn Jahren werden sie in Mexiko oder Honduras sein. Wenn es Mode wäre, schöne Gedichte und Geschichten zu lesen und zu kennen, würden sie sich auf die obengenannten Bücher stürzen. Das überlassen sie jedoch

mir, ich funktioniere als stellvertretender Leser für Millionen. Dafür werde ich dann im Sommer, wenn hier die berüchtigte Hitze ausbricht, auf unsern kleinen Wald- und Wiesenwegen wieder Raum haben und gehen und atmen können. Dann sind die Fremden zu Hause in Berlin oder im Hochgebirge oder weiß Gott wo, immer aber da, wo sie sich mit ihresgleichen ums letzte leere Bett streiten und im Staub ihrer eignen Autos husten und blinzeln müssen. Sonderbare Welt!

(1927)

Mai im Kastanienwald

Jetzt, in den ersten Maitagen und dann wieder im Spätherbst, hat die südliche Berglandschaft ihre schönsten Tage. Den ganzen Sommer hindurch sind alle Hügel und niedrigen Berge mit Wald bedeckt. Das ganze Land ist um diese Zeit grün, grün, grün, und wenn nicht überall die farbigen, blank hervorleuchtenden Dörfer dazwischen lägen und von weitem ein paar Schneeberge in die Landschaft hereinblickten, so wäre es beinahe langweilig. Jetzt dagegen, wo die Kastanien eben erst beginnen Blätter zu bekommen, wo der ganze Wald noch leicht durchsichtig ist, wo die letzten wilden Kirschbäume verblühen und die ersten Akazien zu blühen anfangen, jetzt ist der südliche Wald entzückend mit seinem brennend frischen, ins Rötliche spielenden Grün, das noch so dünn und schwebend ist und noch den Himmel und die Sterne und die fernen Gebirge überall hereinblicken läßt.

König des Waldes ist um diese Zeit der Kuckuck, überall in den stillen einsamen Tälern, auf den sonnigen Waldkuppen, in den schattigen Schluchten hört man seine tiefe Stimme werben. Sein Ruf bedeutet Frühling, sein Lied singt Unsterblichkeit, nicht umsonst ist er es, den man um die Zahl der Lebensjahre fragt. Warm und tief klingt seine Stimme durch die Wälder, sie klingt hier im Alpensüden nicht anders, als sie einst zu meinen Kinderzeiten im Schwarzwald und im Rheintal geklungen hat, nicht anders als sie einst in den Jahren am Bodensee klang, wo meine Söhne sie als Kinder zum erstenmal hörten. Sie ist die gleiche geblieben wie die Sonne, wie der Wald, wie das Grün der jungen Blätter und das Weiß und Violett der ziehenden Maiwolken. Jahr um Jahr ruft der Kuckuck, und niemand weiß, ob es noch der vom vorigen

Jahr sei, und was aus den Kuckucken geworden ist, die wir als Kinder, als Knaben, als Jünglinge einst gehört haben. Diese holde tiefe Stimme klang einst wie Verheißung und Zukunft, wie Liebeswerben, wie Sturmruf, dem Glück entgegen, und klingt jetzt wie Vergangenheit; und dem Kuckuck gilt es gleich, ob wir es sind, denen er seine Mahnung zuruft, oder schon unsere Kinder und Enkel, ob er uns mit seinem Schrei in der Wiege weckt oder ob er über unsern Gräbern singt. Selten sieht man ihn, den scheuen Bruder, schon darum liebe ich ihn. Er zeigt sich nicht leicht, er will für sich bleiben. Für die allermeisten Menschen ist der Kuckuck nichts als diese schöne, tiefe, lockende Stimme im Grünen – gehört haben sie ihn viele tausendmal, gesehen haben sie ihn nie. Ich habe gestern ein ganzes Rudel von etwa zwölfjährigen Schulknaben gefragt, ob sie den »Kück« schon gesehen hätten, und bloß ein einziger sagte ja.

Ich aber habe ihn oft gesehen, den scheuen Bruder, meinen frohen Waldvetter, der den meisten unsichtbar bleibt, und von dem so entzückend frische und heimatlose Geschichten erzählt werden. Unsichtbar, beherrscht er doch zwei Monate lang den ganzen Wald als König. Ein tönender, herausfordernder Herold der Liebe, hält er von Ehe, Heim und Kinderzucht wenig. Rufe weiter, Bruder Kuckuck, du gehörst zu meinen Lieblingstieren. Ich stehe ja mit allen Tieren gut, obwohl ich selbst zu den Raubtieren gehöre, ich komme mit allen gut aus, kenne viele, habe an vielen meinen Spaß, auch an scheuen und wenig bekannten, sogar das kleine, angstvolle und doch so freche Hochlandfüchschen* ist mir nicht entgangen. Und dieser Tage ist es mir wieder einmal geglückt, den Kuckuck zu sehen, und nicht einen allein, sondern ein Paar, ihn und sie. Ich sah sie vom Grunde eines Tobels aus, in dem ich Maiblumen pflückte, und ich stand eine

* Anspielung auf Friedrich Fuchs, den Redakteur der Zeitschrift »Hochland«.

gute Weile still wie ein verdorrter Baum, sie merkten mich nicht. Spielend jagten sie sich in den hohen Wipfeln (es stehen dort zwischen dem Kastanienwald auch hohe Eschen) auf und ab, in jubelnden Girlanden ging ihr froher, geschmeidiger Flug, langgestreckt sausten die großen, dunklen Vögel von Baum zu Baum, in immer überraschenden, plötzlichen, wilden Wendungen, plötzlich senkrecht zur Erde, plötzlich wie Raketen in die Wipfel, und alle Augenblicke saßen sie ab, kürzer als eine Sekunde, und stießen scharf und erregt ihren Schrei hervor.

Nicht in jedem Jahr meines Lebens habe ich den Kuckuck zu Gesicht bekommen, alles in allem vielleicht ein dutzendmal, und nun wird er mir nicht mehr oft begegnen, die Beine wollen nicht mehr so recht, bald wird der scheue Bruder Kück nur noch meinen Söhnen und Enkeln singen. Hört ihm gut zu, ihr Enkel, er weiß viel, lernt von ihm! Lernt von ihm den kühnen, freudebebenden Frühlingsflug, den werbenden, warmen Lockruf, das schweifende Wanderleben, die Verachtung des Philisters, das Füchslein vom Hochland inbegriffen!

Jeden Tag bringe ich einige Stunden im Walde zu, schon blühen neben Anemone und Lungenkraut auch Salomonsiegel und Maiblume und die fleckige Orchis. Ich male zuweilen im Wald, zuweilen liege ich im Gras und schlafe, zuweilen liege ich und lese. Als Frühlingsfutter für diese schönen Tage habe ich mir aus dem Bücherhaufen, den die Verleger bei mir abladen, einige Goldkörner gepickt, die liegen bereit, häufig nehme ich eins dieser lieben Bücher mit zu den Maiblumen, zur Orchis und zum Kuckuck.

Dazu gehört »Im Schatten junger Mädchenblüte« von Marcel Proust, deutsche Ausgabe im Verlag »Die Schmiede« in Berlin. Vor drei Jahren noch, als Proust endlich anfing, auch in Deutschland beachtet zu werden, sprachen unsere Kritiker von ihm flüsternd und geheimnisvoll wie von einem vergrabenen Schatz – heut' sind sie schon wieder mit ihm fertig und

Grotto am Berg. Aquarellierte Federzeichnung 1930

finden, er sei doch eben nur ein schwächlicher, entnervter Mensch mit Gefühlen zweiten Ranges. Möge den Kerls Schimmel auf der Zunge wachsen! Ich kümmere mich den Teufel um sie, ich bin froh, daß es etwas so beseelt Schönes, etwas so Warmes, Blumiges und Liebenswertes gibt wie die Gespinste dieses zarten Dichters, der nun schon lange den Kuckuck nicht mehr rufen hört.
Ich las auch mehrere Novellen von Gorki wieder, in der schönen Gesamtausgabe des Dichters, die im Malik-Verlag in Berlin erscheint und der schon acht Bände herausgebracht hat. Gorki ist mir nicht seiner proletarischen Herkunft wegen lieb, noch auch wegen seines schönen und edlen Gesinnungsprogramms – das alles kann man haben, auch ohne ein Dichter zu sein –, sondern wegen einiger unvergeßlicher Bilder, die so brennend gesehen, so schmerzvoll sprechend hingezeichnet sind, wie nur die Großen es können.
Dicht daneben stelle ich die Bilderbücher von Frans Masereel, die der Münchener Verlag Kurt Wolff jetzt zum Teil auch in billigen kleinen Volksausgaben gebracht hat. »Mein Stundenbuch« oder »Die Sonne«, das sind lebendigere, echtere Zeugen unserer Zeit und des Menschentums in seiner heutigen Not und heutigen Ekstase, als tausend Dichtungen und Schilderungen, ihr Schwung und frohes Pathos, ihre Nachdenklichkeit und Mahnung spricht zu Tausenden, denen Worte nicht beikommen. Kein anderer Künstler spricht das Lebensgefühl unserer Zeit so kräftig und so allgemeinverständlich aus.
Eine glänzende Novelle fand ich in dem Buch »Ein Pfeil vom Himmel« von Chesterton (deutsch im Verlag »Die Schmiede« in Berlin). Ein ganz famoser Kopf, dieser Chesterton, es ist jedesmal eine Freude, ihm zu begegnen. Aber so ein klein wenig schade ist es vielleicht doch, daß ein solcher Mann nichts anderes macht als solche geistvolle Scherze. Nun, möge es das Spiel einer Arbeitspause sein!
Gerne lese ich zu Zeiten auch einige Seiten der kleinen Prosa

von Polgar, die so scheinbar anspruchslos in ihrem kleinen Format daherkommt und so voll guter Rasse ist. Es ist von ihm ein neuer Band »Orchester von oben« erschienen, bei E. Rowohlt in Berlin.
Zwei Nachmittage verbrachte ich auch im Moos unter einer alten, noch kahlen Kastanie, mit den »Künstlerbriefen über Kunst«, einer Auswahl von Briefen von Malern und anderen Künstlern aus fünf Jahrhunderten, die Uhde-Bernays zusammengestellt hat (Verlag von Wolfgang Jeß, Dresden), von den fünf Jahrhunderten hat allerdings das neunzehnte den Löwenanteil abbekommen. Ich werde dies schöne Buch voll von Künstlerbekenntnissen einem jungen Maler schenken, als Begleiter auf seiner ersten Reise nach Paris.
Und dann habe ich da noch »Das Schloß« von Franz Kafka, einen Roman aus dem Nachlaß dieses verkannten Dichters, eine Dichtung voll tiefen, magischen Spiels (bei Kurt Wolff, München). Es soll in Deutschland noch immer einige Personen geben, welche fähig sind, einer Dichtung genießend gerecht zu werden – mag es auch nur eine Legende sein, ich wende mich an diese legendäre Gemeinde und verspreche ihr, sie werde in Kafkas »Schloß« einen echten Edelstein finden. Sollten jene paar echten Leser wirklich noch existieren, so werden sie in diesem Roman nicht bloß den Zauber und Beziehungsreichtum eines Traumes, mit echter Traumlogik, finden, sondern auch deutsche Prosa von ganz einziger Sauberkeit und Strenge.
Bald wird es hier Sommer sein. Bald wird der Wald dichtgrün zusammenwachsen, und in den Lichtungen wird das dünne, zarte Waldgras hochschießen, und nachts werde ich die Eulen rufen hören – und auch die Eule ist ein Vogel, vor dem ich große Hochachtung habe, nicht minder als vor dem Kuckuck. Auch sie ist scheu und selten sichtbar, und versteht so weich und traumhaft lautlos zu fliegen wie eine Wolke, außerdem ist sie ein Raubvogel, mit scharfem, festem Fang und Schnabel, und gescheiter als viele andere Tiere, von

Menschen gar nicht zu reden. Bald wird es Sommer sein, neue Töne werden den Wald erfüllen, neue Düfte, neue Farben, und was heut' grün und klein und keimend aus dem Boden ragt, wird dann alt und starr und braun geworden sein. Und auch der Kuckuck wird verstummen, auch er, und nur die Sonne scheint weiter, und die Sterne, und auch die Verleger schicken nach wie vor ihre vortrefflichen Bücher.

(1927)

Magie der Farben

Gottes Atem hin und wider,
Himmel oben, Himmel unten,
Licht singt tausendfache Lieder,
Gott wird Welt im farbig Bunten.

Weiß zu Schwarz und Warm zum Kühlen
Fühlt sich immer neu gezogen,
Ewig aus chaotischem Wühlen
Klärt sich neu der Regenbogen.

So durch unsre Seele wandelt
Tausendfalt in Qual und Wonne
Gottes Licht, erschafft und handelt,
Und wir preisen Ihn als Sonne.

Aquarellmalen

Wieder einmal ist es mir geglückt, einen Vormittag für mich zu retten und zu entwischen. Die Pflichten mögen ein wenig warten. Der ganze Kram meiner täglichen Existenz mag ein wenig liegenbleiben; bin ich denn wirklich verpflichtet, diesen langweiligen und rostigen Apparat immer wieder in Gang zu halten? Warten mögen die Korrekturen vom Verleger, warten mag der Herr in Bochum oder Dortmund, der mich für den Winter zu einem Vortrag einlädt, warten mögen die Briefe der Studenten und der Backfische, warten die Besuche aus Berlin und Zürich –, mögen sie vor meinem Hause auf und ab wandeln und sich einmal auch die schöne Gegend betrachten, statt immer nur Literatur zu schwatzen! In einem günstigen Moment bin ich entronnen, mindestens für einen halben Tag, vielleicht für einen ganzen.

Dem allen bin ich davongelaufen, es gibt jetzt für ein paar Stunden keine Bücher, kein Studierzimmer mehr. Es gibt nur die Sonne und mich, und diesen hellzarten, apfelgrün durchschimmernden Septembermorgenhimmel, und das strahlende Gelb im herbstlichen Laub der Maulbeerbäume und Reben.

Ich habe mein Malstühlchen in der Hand, das ist mein Zauberapparat und Faustmantel, mit dessen Hilfe ich schon tausendmal Magie getrieben und den Kampf mit der blöden Wirklichkeit gewonnen habe. Und auf dem Rücken habe ich den Rucksack, darin ist mein kleines Malbrett und meine Palette mit Aquarellfarben und ein Fläschchen mit Wasser fürs Malen und einige Blatt schönes italienisches Papier und auch eine Zigarre und ein Pfirsich. Ich ziehe aus, grade noch ehe der Briefträger mich erwischen kann, der in zehn Minuten da sein muß, ich marschiere zum Dorf hinaus und singe das alte italienische Soldatenlied vor mich hin: Addio la caserma, non ci vedremo piu!

Weit komme ich nicht. Kaum bin ich in einen kleinen Wiesenfußweg eingebogen, wo im Schatten eines Rebenhügels das Gras noch triefend naß vom Tau steht, da ruft mich schon ein Bild an, das unbedingt gemalt werden muß, so schön und geheimnisvoll strahlend blickt es mich an: ein alter Baumgarten, der mit Eiben, Palmen, Zypressen, Magnolien und vielem Gebüsch steil den Berg hinan strebt, wie Flammen steigen, mit leicht gebogenen, nadelspitzen Wipfeln, die Zypressen in den Himmel, und unten brennt in dem Meer von dunklem Grün ein rotes Hohlziegeldach mit entzückenden, zackigen Schatten, und hoch oben aus dem schlafenden Garten- und Baumparadies blickt zart und kokett ein helles Landhaus mit scharfen Schattenkanten. Eigentlich paßt es mir gar nicht, mich schon hier, beinahe noch im Dorf, aufzuhalten und mir im hohen Grase nasse Füße zu holen, aber da ist nun nichts zu machen, das rote Dach und der Schatten unterm Kamin und die paar tiefen, mysteriösen Blau im Laubmeer der Terrasse lassen mich nicht los, das muß ich malen.

Ich stelle mein Klappstühlchen auf, den Freund und Kameraden meiner Ausflüge aus dem Haus ins Freie, aus den Pflichten in das Vergnügen, aus der Literatur in die Malerei. Vorsichtig setze ich mich, der tuchene Sitz kracht ein wenig und warnt mich, ich muß neue Nägel hineinschlagen, natürlich habe ich es gestern wieder vergessen! Warum? Weil wieder ein Herr aus Deutschland da war, der sich für Ferientage im Süden aufhielt und nichts Klügeres mit diesen Tagen anzufangen wußte, als Landsleute aufzusuchen und von Literatur zu schwatzen! Na, möge er sich die Beine brechen! Nein, das eigentlich doch nicht – aber möge er künftig in Berlin bleiben! Leise kracht mein Stühlchen. Und ich lege den Rucksack ins Gras und packe aus, die Malschachtel, den Bleistift, das

Blick von Carabbietta. Aquarell 1925

Papier, ich lege den Karton auf meine Knie und fange an aufzuzeichnen, das Dach, den Kamin mit dem Schatten, die Hügellinie, die hohe, strahlende Villa, die dunklen Raketen der Zypressen, den besonnten lichten Kastanienbaum, der so wunderbar im tiefen Blauschatten des Gehölzes schimmert. Bald bin ich fertig, es kommt mir heute nicht auf Kleinigkeiten an, bloß auf die Farbflächen. Andere Male wieder kann ich mich ins Kleine und Einzelne verlieren und die Blätter am Baum abzählen, aber heute nicht! Heute kommt es mir bloß auf die Farbe an, auf dies satte schwere Rot des Daches, auf alle die Blaurot und Violett darin, auf das Herausleuchten des lichten Hauses aus dem Baumdunkel.
Schnell reiße ich die Farben heraus, schenke etwas Wasser in den winzigen Becher, tauche den Pinsel ein – aber da erschrecke ich sehr. Mehrere von den Farbenhöhlen meiner Palette sind leer, sind vollkommen leer und sauber ausgekratzt, auch nicht ein Rest von Farbe mehr drin, und unter den Farben, die da fehlen, ist der Krapplack! Es fehlt also ausgerechnet die Farbe, auf die ich mich so sehr gefreut hatte, wegen deren tiefem Klang ich überhaupt diese Skizze aufgezeichnet hatte! Wie sollte ich das herrliche Hohlziegeldach ohne Krapplack malen?!
Und, lieber Gott, *warum* diese leeren, ausgekratzten Löcher ohne Farbe? Ach, ich wußte es sofort wieder. Es war vor zwei, drei Tagen. Ich war vom Malen zurückgekommen und hatte zu Hause, noch ehe ich mich wusch und ausruhte, alsbald mich darangemacht, einige von den Farbgruben neu aufzufüllen, ich hatte den Kobalt, den Krapplack, einige von den Grün weggekratzt, hatte die Hände voll Farben gehabt und eben die Farbtuben zum Nachfüllen aus dem Schrank holen wollen, da hatte es geklopft, und es war wieder so ein Besucher gekommen, ein Herr in einem sehr schönen Tennisanzug, der nach Grand Hotel und eigenem Auto roch, der, da er sich gerade etwas in Lugano aufhielt, auf die Idee gekommen war, zu mir herauf zu fahren, um mir mitzuteilen,

daß er meinen »Steppenwolf« gelesen habe und daß im Grunde auch er so eine Art von Steppenwolfnatur sei. Er sah gerade so aus! Nun, ich hatte meine Malsachen schnell in den Rucksack zurückgestopft und den Herrn eine Viertelstunde lang angehört und ihn dann an die Haustür gebracht und die Tür doppelt hinter ihm geschlossen und verriegelt – aber die Farben hatte ich über seiner Unterhaltung vergessen, und jetzt saß ich da voll Maleifer, verliebt in dies rote Dach, und hatte keinen Krapplack! Nein, man sollte keine fremden Leute bei sich empfangen! Und man sollte keine Bücher schreiben! Das hatte man davon! Ich war wütend.

Indessen, mit dem Temperament allein wird keine Kunst gemacht, es gehört auch Klugheit dazu. Daran erinnerte ich mich und sagte mir: »Wenn du nicht fähig bist, den gewollten Klang auf deinem Bild auch ohne Krapplack zu erreichen, dann gib das Malen lieber auf!« Und machte mich daran, den Krapplack zu ersetzen. Ich nahm Zinnober und mischte ein wenig von einem Blaurot hinein, und als das mit allem Mischen nicht die ersehnte Farbe geben wollte, tönte ich die Umgebung des Daches aus dem Blau mehr ins Gelbgrüne, um wenigstens den Kontrast herauszukriegen. Und ich mischte, verbiß mich, strengte mich an und vergaß den Lack, vergaß die Fremden, die Literatur, die Welt, es gab nichts mehr als den Kampf mit diesen paar Farbflächen, die miteinander eine ganz bestimmte Musik ergeben mußten. Und schließlich war mein Blatt vollgemalt, eine Stunde war vergangen.

Aber nachdem ich das Papier ein wenig hatte trocknen lassen und es nun im Grase vor mir aufstellte, sah ich sofort, daß nichts erreicht, nichts geglückt war. Einzig der Schatten unterm Dach der Villa war schön, der saß, der war richtig und stand fein zum Himmel, obwohl ich ihn ohne Kobalt hatte malen müssen. Der ganze Vordergrund war verschmiert und verunglückt. Ich war nicht fähig gewesen, den Krapplack zu ersetzen. Ich hatte nichts gekonnt. Ach, und auf das Können kam es ja einzig an in der Kunst! Mochte man sagen, was man wollte, es war nur das Können, die Potenz, oder meinetwegen das Glückhaben, was in der Kunst entschied! Oft hatte ich ja selbst das Gegenteil gedacht und behauptet, daß es nicht darauf ankomme, was ein Mensch könne und wie virtuos er seine Kunst betreibe, sondern bloß darauf, ob er wirklich etwas in sich trage und wirklich etwas zu sagen habe. Dummes Zeug! Jeder Mensch hatte etwas in sich, jeder hatte etwas zu sagen. Aber es nicht zu verschweigen und nicht zu stammeln, sondern es auch wirklich zu sagen, sei es nun mit Worten oder mit Farben oder mit Tönen, darauf einzig kam es an! Eichendorff war kein großer Denker, und Renoir war vermutlich kein außerordentlich tiefer Mensch, aber sie hatten ihre Sache gekonnt! Sie hatten das, was sie zu sagen hatten, sei es nun viel oder wenig, vollkommen zum Ausdruck gebracht. Wer das nicht konnte, der mochte Feder und Pinsel wegwerfen! Oder aber er mochte hingehen und sich weiter üben, immer und immer wieder, und nicht nachgeben, bis auch er etwas konnte, bis auch ihm etwas glückte.

(1927)

Klage um einen alten Baum

Seit bald zehn Jahren, seit dem Ende des frischen, fröhlichen Krieges, hat meine tägliche Gesellschaft, mein dauernder vertraulicher Umgang nicht mehr aus Menschen bestanden. Zwar fehlt es mir nicht an Freunden und an Freundinnen, aber der Umgang mit ihnen ist eine festliche, nicht alltägliche Angelegenheit, sie besuchen mich zuweilen, oder ich besuche sie: das dauernde und tägliche Zusammenleben mit anderen Menschen habe ich mir abgewöhnt. Ich lebe allein, und so kommt es, daß im kleinen und täglichen Umgang an die Stelle der Menschen für mich mehr und mehr die Dinge getreten sind. Der Stock, mit dem ich spazierengehe, die Tasse, aus der ich meine Milch trinke, die Vase auf meinem Tisch, die Schale mit Obst, der Aschenbecher, die Stehlampe mit dem grünen Schirm, der kleine indische Krischna aus Bronze, die Bilder an der Wand und, um das Beste zuletzt zu nennen, die vielen Bücher an den Wänden meiner kleinen Wohnung, sie sind es, die mir beim Aufwachen und Einschlafen, beim Essen und Arbeiten, an guten und bösen Tagen Gesellschaft leisten, die für mich vertraute Gesichter bedeuten und mir die angenehme Illusion von Heimat und Zuhausesein geben. Noch sehr viele andere Gegenstände zählen zu meinen Vertrauten. Dinge, deren Sehen und Anfühlen, deren stummer Dienst, deren stumme Sprache mir lieb ist und unentbehrlich scheint, und wenn eines dieser Dinge mich verläßt und von mir geht, wenn eine alte Schale zerbricht, wenn eine Vase herunterfällt, wenn ein Taschenmesser verlorengeht, dann sind es Verluste für mich, dann muß ich Abschied nehmen und mich einen Augenblick besinnen und ihnen einen Nachruf widmen.

Auch mein Arbeitszimmer mit seinen etwas schiefen Wänden, seiner alten, ganz erblaßten Goldtapete, mit den vielen Sprüngen im Bewurf der Decke gehört zu meinen Kameraden und Freunden. Es ist ein schönes Zimmer, ich wäre verloren, wenn es mir genommen würde. Aber das Schönste an ihm ist das Loch, das auf den kleinen Balkon hinausführt. Von da aus sehe ich nicht nur den See von Lugano bis nach San Mamette hin, mit den Buchten, Bergen und Dörfern, Dutzenden von nahen und fernen Dörfern, sondern ich sehe, und das ist mir das Liebste daran, auf einen alten, stillen, verzauberten Garten hinab, wo alte, ehrwürdige Bäume sich im Wind und im Regen wiegen, wo auf schmalen, steil abfallenden Terrassen schöne hohe Palmen, schöne, üppige Kamelien, Rhododendren, Magnolien stehen, wo die Eibe, die Blutbuche, die indische Weide, die hohe, immergrüne Sommermagnolie wächst. Dieser Blick aus meinem Zimmer, diese Terrassen, diese Gebüsche und Bäume gehören noch mehr als die Zimmer und Gegenstände zu mir und meinem Leben, sie sind mein eigentlicher Freundeskreis, meine Nächsten, mit ihnen lebe ich, sie halten zu mir, sie sind zuverlässig. Und wenn ich einen Blick über diesen Garten werfe, so gibt er mir – nicht nur das, was er dem entzückten oder gleichgültigen Blick jedes Fremden gibt, sondern unendlich viel mehr, denn dies Bild ist mir durch Jahre und Jahre zu jeder Stunde des Tages und der Nacht, zu jeder Jahreszeit und Witterung vertraut, das Laub jedes Baumes sowie seine Blüte und Frucht ist mir in jedem Zustande des Werdens und Hinsterbens wohlbekannt, jeder ist mein Freund, von jedem weiß ich Geheimnisse, die nur ich und sonst niemand weiß. Einen dieser Bäume zu verlieren, heißt für mich, einen Freund verlieren.

Wenn ich vom Malen oder vom Schreiben, vom Nachdenken oder vom Lesen müde bin, ist der Balkon und der Blick in die zu mir heraufblickenden Wipfel meine Erholung. Hier las ich neulich, mit Bedauern, daß das herrliche Buch schon ein Ende nahm, »Die chymische Rose« von Yeats (deutsch bei J. Hegner in Hellerau), diese zauberhaften Erzählungen aus der gälischen Welt, so voll von alter halbheidnischer Mythik, so geheimnisvoll und dunkelglühend. Hier durchblätterte ich Joachim Ringelnatzens »Reisebriefe eines Artisten« (bei Rowohlt), und freute mich an diesem Mann und seinem Humor, der so gar nicht golden ist, sondern echter Galgenhumor, schwebend zwischen Spaß und Not, zwischen Rausch und Verzweiflung. Sei gegrüßt, Bruder Ringelnatz! Und hier blättere ich auch zuweilen eine halbe Stunde in den zwei Bänden der »Sittengeschichte Griechenlands« von Hans Licht (bei P. Aretz in Dresden erschienen), wo zwischen all den erstaunlichen Bildern, und am meisten durch die Bilder selbst, viel Wissenswertes und viel Beneidenswertes vom Liebesleben der Griechen erzählt wird.

Im Frühling gibt es eine Zeit, da ist der Garten brennend rot von der Kamelienblüte und im Sommer blühen die Palmen, und hoch in den Bäumen klettern überall die blauen Glyzinien. Aber die indische Weide, ein kleiner, fremdartiger Baum, der trotz seiner Kleinheit uralt aussieht und das halbe Jahr zu frieren scheint, die indische Weide traut sich erst spät im Jahr mit den Blättern hervor, und erst gegen Mitte August fängt sie an zu blühen.

Der schönste jedoch von allen diesen Bäumen ist nicht mehr da, er ist vor einigen Tagen durch den Sturm gebrochen worden. Ich sehe ihn liegen, er ist noch nicht weggeschafft, einen schweren alten Riesen mit geknicktem und zerschlissenem Stamm, und sehe an der Stelle, wo er stand, eine große breite Lücke, durch welche der ferne Kastanienwald und einige bisher unsichtbare Hütten hereinschauen.

Es war ein Judasbaum, jener Baum, an dem der Verräter des Heilands sich erhängt hat, aber man sah ihm diese beklommene Herkunft nicht an, o nein, er war der schönste Baum des Gartens, und eigentlich war es seinetwegen, daß ich vor manchen Jahren diese Wohnung hier gemietet habe. Ich kam damals, als der Krieg zu Ende war, allein und als Flüchtling in

diese Gegend, mein bisheriges Leben war gescheitert, und ich suchte eine Unterkunft, um hier zu arbeiten und nachzudenken und die zerstörte Welt mir von innen her wieder aufzubauen und suchte eine kleine Wohnung, und als ich meine jetzige Wohnung anschaute, gefiel sie mir nicht übel, den Ausschlag aber gab der Augenblick, wo die Wirtin mich auf den kleinen Balkon führte. Da lag plötzlich unter mir der Garten Klingsors, und mitten darin leuchtete hellrosig blühend ein riesiger Baum, nach dessen Namen ich sofort fragte, und siehe, es war der Judasbaum, und Jahr für Jahr hat er seither geblüht, Millionen von rosigen Blüten, die dicht an der Rinde sitzen, ähnlich etwa wie beim Seidelbast, und die Blüte dauerte vier bis sechs Wochen, und dann erst kam das hellgrüne Laub nach, und später hingen in diesem hellgrünen Laube dunkelpurpurn und geheimnisvoll in dichter Menge die Schotenhülsen.
Wenn man ein Wörterbuch über den Judasbaum befragt, dann erfährt man natürlich nicht viel Gescheites. Vom Judas und vom Heiland kein Wort! Dafür steht da, daß dieser Baum zur Gattung der Leguminosen gehört und Cercis siliquastrum genannt wird, daß seine Herkunft Südeuropa sei und daß er da und dort als Zierstrauch vorkomme. Man nenne ihn übrigens auch »falsches Johannisbrot«. Weiß Gott, wie da der echte Judas und der falsche Johannes durcheinandergeraten sind! Aber wenn ich das Wort »Zierstrauch« lese, so muß ich lachen, noch mitten in meinem Jammer. Zierstrauch! Ein Baum war es, ein Riese von einem Baum, mit einem Stamm so dick, wie ich es auch in meinen besten Zeiten nie gewesen bin, und sein Wipfel stieg aus der tiefen Gartenschlucht beinahe zur Höhe meines Balkönchens herauf, es war ein Prachtstück, ein wahrer Mastbaum! Ich hätte nicht unter diesem Zierstrauch stehen mögen, als er neulich im Sturm zusammenbrach und einstürzte wie ein alter Leuchtturm.
Ohnehin schon war die letzte Zeit nicht sehr zu rühmen. Der Sommer war plötzlich krank geworden und man fühlte sein

Sterben voraus, und am ersten richtig herbstlichen Regentag mußte ich meinen liebsten Freund* (keinen Baum, sondern einen Menschen) zu Grabe tragen und seither war ich, bei schon kühlen Nächten und häufigem Regen, nicht mehr richtig warm geworden und trug mich schon sehr mit Abreisegedanken. Es roch nach Herbst, nach Untergang, nach Särgen und Grabkränzen.

Und nun kommt da eines Nachts, als späte Nachwehe irgendwelcher amerikanischer und ozeanischer Orkane, ein wilder Südsturm geblasen, reißt die Weinberge zusammen, schmeißt Schornsteine um, demoliert mir sogar meinen kleinen Steinbalkon und nimmt, noch in den letzten Stunden, auch noch meinen alten Judasbaum mit. Ich weiß noch, wie ich als Jüngling es liebte, wenn in herrlichen romantischen Erzählungen von Hauff oder Hoffmann die Aequinoktialstürme so unheimlich bliesen! Ach, genauso war es, so schwer, so unheimlich, so wild und beengend preßte sich der dicke warme Wind, als käme er aus der Wüste her, in unser friedliches Tal und richtete da seinen amerikanischen Unfug an. Es war eine häßliche Nacht, keine Minute Schlaf, außer den kleinen Kindern hat im ganzen Dorf kein Mensch ein Auge zugetan, und am Morgen lagen die gebrochenen Ziegel, die zerschlagenen Fensterscheiben, die geknickten Weinstöcke da. Aber das Schlimmste, das Unersetzlichste, ist für mich der Judasbaum. Es wird zwar ein junger Bruder nachgepflanzt werden, dafür ist gesorgt: aber bis er auch nur halb so stattlich werden wird wie sein Vorgänger, werde ich längst nicht mehr da sein.

Als ich neulich im fließenden Herbstregen meinen lieben Freund begraben habe und den Sarg in das nasse Loch verschwinden sah, da gab es einen Trost: er hatte Ruhe gefunden, er war dieser Welt, die es mit ihm nicht gut gemeint hatte, entrückt, er war aus Kampf und Sorgen heraus an ein

* Hugo Ball, der am 14. 9. 1927 in Certenago/Montagnola gestorben war.

anderes Ufer getreten. Bei dem Judasbaum gibt es diesen Trost nicht. Nur wir armen Menschen können, wenn einer von uns begraben wird, uns zum schlechten Troste sagen: »Nun, er hat es gut, er ist im Grunde zu beneiden.« Bei meinem Judasbaum kann ich das nicht sagen. Er wollte gewiß nicht sterben, er hat bis in sein hohes Alter hinein Jahr für Jahr überschwenglich und prahlend seine Millionen von strahlenden Blüten getrieben, hat sie froh und geschäftig in Früchte verwandelt, hat die grünen Schoten der Früchte erst braun, dann purpurn gefärbt und hat niemals jemand, den er sterben sah, um seinen Tod beneidet. Vermutlich hielt er wenig von uns Menschen. Vielleicht kannte er uns, schon von Judas her. Jetzt liegt seine riesige Leiche im Garten und hat im Fallen noch ganze Völker von kleineren und jüngeren Gewächsen zu Tode gedrückt.

(1927)

Durchblick ins Seetal

Zwischen grau behaarten Fichtenzweigen,
Zwischen roten rauhen Kiefernästen,
Blauen Zedern, die sich würdig neigen,
Zwischen Lindenstämmen mit den Resten
Gelben Laubes sinkt der Blick hinunter,
Berghinab durch klamme Perspektiven
In des Seetals freundlich-ferne Tiefen.
Sanft scheint alles dort und dennoch bunter,
Glasig schwebt der See, der licht umsäumte,
Dörfer lächeln hell mit sonnigen Dächern,
Felder wie von Malergeist geträumte
Farbenfolgen breiten sich in Fächern.
Selig scheint dies Tal und ohne Schatten,
Fest zugleich und luftig gleich Kristallen,
Festlich ordnen Dörfer, Haine, Matten
Sich ins Bild, es scheint um Wohlgefallen,
Scheint um Schönheit einzig hier zu gehen,
Um den Reigen bunt getönter Lichter:
Spielzeug einem Maler oder Dichter,
Scheint die Welt aus Licht nur zu bestehen,
Das sich selbst erlebt, sich selbst gestaltet.
Uns bezaubern Bühne und Kulissen,
Und wir weigern uns vom Leid zu wissen,
Das auch diese holde Welt durchwaltet.

Blick nach Porlezza. Aquarell 1926

Gegensätze

Es ist hoher Sommer, und seit Wochen schon steht der große Sommermagnolienbaum vor meinen Fenstern in Blüte; er ist ein Sinnbild des südlichen Sommers in seiner scheinbar lässigen, scheinbar gleichmütig langsamen, in Wirklichkeit aber rapiden und verschwenderischen Art zu blühen. Von den schneeweißen, riesigen Blütenkelchen stehen immer nur ein paar, höchstens acht oder zehn, zugleich offen, und so zeigt der Baum während der zwei Monate seiner Blüte eigentlich im Großen immer den gleichen Anblick, während doch diese herrlichen Riesenblüten so sehr vergänglich sind: keine von ihnen lebt länger als zwei Tage. Aus der bleichen, grünlich angeflogenen Knospe öffnet sich diese Blüte meist am frühen Morgen, rein weiß und zauberhaft unwirklich schwebt sie, das Licht wie schneeiger Atlas widerspiegelnd, aus den dunkelglänzenden, harten, immergrünen Blättern, schwebt einen Tag lang jung und glänzend, und beginnt dann sachte sich zu verfärben, an den Rändern zu gilben, die Form zu verlieren, und mit einem rührenden Ausdruck von Ergebung und Müdigkeit zu altern, und auch dies Altern dauert nur einen Tag. Dann ist die weiße Blüte schon verfärbt, sie ist hell zimtbraun geworden, und die Blütenblätter, gestern wie Atlas, fühlen sich heute an wie feines, zartes Wildleder: ein traumhafter, wunderbarer Stoff, zart wie ein Hauch und doch von fester, ja derber Substanz. Und so trägt mein großer Magnolienbaum Tag für Tag seine reinen, schneeigen Blüten, und es scheinen immer dieselben zu sein. Ein feiner, erregender, köstlicher Duft, an den von frischen Zitronen erinnernd, aber süßer, weht von den Blüten herüber in mein Studierzimmer. Der große Sommermagnolienbaum (nicht zu verwechseln mit der auch im Norden be-

kannten Frühlingsmagnolie) ist nicht immer mein Freund, so schön er auch sei. Es gibt Jahreszeiten, in denen ich ihn mit Bedenken, ja mit Feindschaft ansehe. Er wächst und wächst, und in den zehn Jahren, in denen er mein Nachbar war, hat er sich so gestreckt, daß die spärliche Morgensonne in den Herbst- und Frühlingsmonaten meinem Balkon verlorengeht. Ein Riesenkerl ist er geworden, oft kommt er mir in seinem heftigen, saftigen Wuchs so vor wie ein derber, rasch emporgeschossener, etwas schlaksiger Junge. Jetzt aber, während seiner hochsommerlichen Blütezeit, steht er feierlich voll zarter Würde, klappert im Winde mit seinen steifen, glänzenden, wie lackierten Blättern und trägt behutsam Sorge um seine zarten, allzu schönen, allzu vergänglichen Blüten.
Diesem großen Baum mit seinen bleichen Riesenblüten steht ein andrer gegenüber, ein Zwerg. Er steht auf meinem kleinen Balkönchen, in einen Topf gepflanzt. Es ist ein gedrungener Zwergbaum, eine Zypressenart, keinen Meter hoch, aber schon bald vierzig Jahre alt, ein kleiner knorriger und selbstbewußter Zwerg, ein wenig rührend und ein wenig komisch, voll von Würde und doch kauzig und zum Lächeln reizend. Ich habe ihn erst neuerdings geschenkt bekommen, zum Geburtstag, und nun steht er da, reckt seine charaktervollen, wie von jahrzehntelangen Stürmen geknorrten Äste, die aber nur fingerlang sind, und schaut gleichmütig zu seinem Riesenbruder hinüber, von welchem zwei Blüten genügen würden, um den würdigen Zwerg zuzudecken. Ihn stört das nicht, er scheint den großen feisten Bruder Magnolie gar nicht zu sehen, von dem ein Blatt so groß ist wie bei ihm ein ganzer Ast. Er steht in seiner merkwürdigen kleinen Monumentalität, tief nachdenklich, ganz in sich versunken, uralt aussehend, so wie auch die menschlichen Zwerge oft so unsäglich alt oder zeitlos aussehen können.
Bei der gewaltigen Sommerhitze, die uns seit Wochen belagert, komme ich sehr wenig hinaus, ich lebe in meinen paar

Zimmerchen, hinter geschlossenen Läden, und die beiden Bäume, der Riese und der Zwerg, sind meine Gesellschaft. Die Riesenmagnolie erscheint mir als Sinnbild und Lockruf alles Wachstums, alles triebhaften und naturhaften Lebens, aller Sorglosigkeit und geilen Fruchtbarkeit. Der schweigsame Zwerg dagegen, daran ist nicht zu zweifeln, gehört zum Gegenpol: er braucht nicht so viel Raum, er vergeudet nicht, er strebt nach Intensität und nach Dauer, er ist nicht Natur, sondern Geist, er ist nicht Trieb, sondern Wille. Lieber kleiner Zwerg, wie wunderlich und besonnen, wie zäh und uralt stehst du da!

Gesundheit, Tüchtigkeit und gedankenloser Optimismus, lachende Ablehnung aller tiefern Probleme, feistes feiges Verzichten auf aggressive Fragestellung, Lebenskunst im Genießen des Augenblicks – das ist die Parole unsrer Zeit – auf diese Art hofft sie die lastende Erinnerung an den Weltkrieg zu betrügen. Übertrieben problemlos, imitiert amerikanisch, ein als feistes Baby maskierter Schauspieler, übertrieben dumm, unglaubhaft glücklich und strahlend (»smiling«), so steht dieser Mode-Optimismus da, jeden Tag mit neuen strahlenden Blüten geschmückt, mit den Bildern neuer Filmstars, mit den Zahlen neuer Rekorde. Daß alle diese Größen Augenblicksgrößen sind, daß alle diese Bilder und Rekordzahlen bloß einen Tag dauern, danach fragt niemand, es kommen ja stets neue. Und durch diesen etwas allzu hochgepeitschten, allzu dummen Optimismus, welcher Krieg und Elend, Tod und Schmerz für dummes Zeug erklärt, das man sich nur einbilde, und nichts von irgendwelcher Sorge oder Problematik wissen will – durch diesen überlebensgroßen, nach amerikanischem Vorbild aufgezogenen Optimismus wird der Geist zu ebensolchen Übertreibungen gezwungen und gereizt, zu verdoppelter Kritik, zu vertiefter Problematik, zu feindseliger Ablehnung dieses ganzen himbeerfarbenen Kinder-Weltbildes, wie es die Modephilosophien und die illustrierten Blätter spiegeln.

So zwischen meinen beiden Baum-Nachbarn, der wundervoll vitalen Magnolie und dem wunderbar entmaterialisierten und vergeistigten Zwerge, sitze ich und betrachte das Spiel der Gegensätze, denke darüber nach, schlummere in der Hitze ein wenig, rauche ein wenig und warte, bis es Abend wird und etwas kühle Luft vom Walde weht.
Und überall in dem, was ich tue, lese, denke, überall begegnet mir derselbe Zwiespalt der heutigen Welt. Täglich kommen ein paar Briefe zu mir, Briefe von Unbekannten meistens, wohlmeinende und gutherzige Briefe meistens, manchmal zustimmende, manchmal anklagende, und alle handeln vom gleichen Problem, alle sind sie entweder von einem hanebüchenen Optimismus und können mich, den Pessimisten, nicht genug tadeln oder auslachen oder bedauern – oder sie geben mir recht, aus tiefer Not und Verzweiflung heraus.
Natürlich haben beide recht, Magnolie und Zwergbaum, Optimisten und Pessimisten. Nur halte ich erstere für gefährlicher, denn ich kann ihr heftiges Zufriedensein und sattes Lachen nicht sehen, ohne mich an jenes Jahr 1914 zu erinnern und an jenen angeblich so gesunden Optimismus, mit welchem damals ganze Völker alles herrlich und entzückend fanden, und jeden Pessimisten an die Wand zu stellen drohten, der daran erinnerte, daß Kriege eigentlich ziemlich gefährliche und gewaltsame Unternehmungen seien, und daß es vielleicht auch betrüblich enden könnte. Nun, die Pessimisten wurden teils ausgelacht, teils an die Wand gestellt, und die Optimisten feierten die große Zeit, jubelten und siegten jahrelang, bis sie sich und ihr ganzes Volk gründlich müde gejubelt und müde gesiegt hatten und plötzlich zusammenbrachen, und nun von den einstigen Pessimisten getröstet und zum Weiterleben ermuntert werden mußten. Ich kann jene Erfahrung nie ganz vergessen.
Nein, natürlich haben wir Geistigen und Pessimisten nicht recht, wenn wir unsre Zeit nur anklagen, verurteilen oder

belächeln. Aber sollten nicht am Ende auch wir Geistigen (man nennt uns heute Romantiker, und meint damit nichts Freundliches) ein Stück dieser Zeit sein, und ebensogut das Recht haben, in ihrem Namen zu sprechen und eine Seite von ihr zu verkörpern, wie die Preisboxer und die Automobilfabrikanten? Unbescheiden bejahe ich mir diese Frage.
Die beiden Bäume in ihrem wunderlichen Gegensatz stehen, wie alle Dinge der Natur, unbekümmert um Gegensätze, jeder seiner selbst und seines Rechts sicher, jeder stark und zäh. Die Magnolie schwillt vor Saft, ihre Blüten duften schwül herüber. Und der Zwergbaum zieht sich tiefer in sich selbst zurück.

(1928)

Zinnien

Mein lieber Freund!

Auch dieser wunderliche und etwas exzentrische Sommer muß einmal zu Ende gehen, schon jetzt haben die Berge jenes edelsteinerne Licht, jene überklare Modellierung und jenes luftige, dünne, süße Kobaltblau, das eigentlich für den September charakteristisch ist. Schon wieder sind am Morgen die Wiesen so schwer naß, und im Laub der Kirschbäume fängt schon ganz sachte der Purpur, im Akazienlaub das Goldgelb an, spürbar zu werden. Da es in diesem Sommer sogar dort oben in Ihren Eskimo-Ländern nördlich des Mains ganz hübsch warm gewesen ist, können Sie sich denken, daß wir hier unten im Süden auch nicht zu frieren brauchten. Es ist ein ungewöhnlicher Sommer, auch hier im Süden, wir haben ganz außergewöhnliche Gewitter gehabt, darunter eines, das vier Tage gedauert hat, und viel Sturm, und so schön es oft fürs Auge war, bekömmlich war es nicht, ich habe mich schlecht befunden.

Verloren aber habe ich den Sommer keineswegs. Ich habe jenes Glück genossen, das aus lauter Sorgen zu bestehen scheint, und doch so heftig und erregend ist, unzerstörbar durch Wetter und durch körperliche Schmerzen, das beste und eigentlich einzige Glück für unsereinen: mit Leidenschaft an der Arbeit zu sitzen, etwas zu schaffen, produktiv zu sein. Näheres über diese Arbeit kann ich Ihnen nicht sagen, in ein paar Jahren werden wir dann darüber reden. Ich beneide immer jene Dichter und bin erstaunt über sie, von welchen Jahr für Jahr die wohlunterrichtete Presse zu melden weiß: Herr X, unser großer Dramatiker, arbeitet zur Zeit auf seinem Landgut am Rhein an einer Komödie, deren höchst aktueller Stoff usw. Wenn mir das einmal geschähe, daß Name und

Zinnienstrauß. Aquarellierte Federzeichnung 1928

Inhalt einer Dichtung, noch während ich an ihr arbeite, schon von den Zeitungen gewußt und verkündet würden, ich glaube, dann würde ich meine ganzen Papiere in den Kamin stecken und anzünden. Ohnehin geschieht es mir allzuleicht, daß eine Arbeit, die mir wochen- und monatelang wichtig und lieb war, plötzlich ihren Zauber für mich verliert, oder daß ich plötzlich meine Unzulänglichkeit an ihr bis zur Verzweiflung erkenne, so daß ich sie liegenlasse und schließlich vernichte.

Neben der Arbeit her habe ich auch einiges Schöne gelesen, das Schönste von allem war ein friedliches Wiederlesen von Stifters »Feldblumen« an einigen warmen Juliabenden. Lieber Freund, was ist das für ein holdes, bezauberndes kleines Buch!

Sie begreifen, daß ich mir nach den heißen und arbeitsvollen Wochen des Sommers jetzt einige Beschaulichkeit und Ruhe gönne. Sie besteht zwar leider nicht im Nichtstun – zu diesem Glück fehlt mir alles Talent –, aber doch in einem gewissen Langsamerleben, in einem Bedürfnis, dem Ausklingen des Sommers mit einer gewissen Andacht beizuwohnen.

Es gibt um diese Zeit des allmählich sich neigenden Sommers in der Luft eine gewisse Klarheit, die ich »malerisch« nennen würde, wenn die Maler nicht unter »malerisch« das verstehen würden, was leicht zu malen ist. Diese Klarheit aber wäre außerordentlich schwer zu malen und reizt doch unendlich dazu, sie mit dem Pinsel zu bewältigen und zu verherrlichen, denn nie haben die Farben diese tiefe magische Leuchtkraft, dies Juwelenhafte, niemals sonst haben die Schatten diese Zartheit, ohne doch dünn zu werden, nie auch sind in der Pflanzenwelt schönere Farben vorhanden als jetzt, wo alles schon von Herbstahnungen gestreift ist und doch noch nicht die etwas grelle und harte Farbenfreude des eigentlichen Herbstes begonnen hat. Aber in den Gärten stehen jetzt die leuchtendsten Blumen des Jahres, es blühen da und dort noch brennrot die Granaten und dann die Dahlien und Georginen, die Zinnien, die Frühastern, die zauberhaften Korallenfuchsien! Aber der Inbegriff hochsommerlicher und vorherbstlicher Farbenfreude sind doch die Zinnien! Diese Blumen habe ich jetzt immer im Zimmer stehen, sie sind ja zum Glück sehr haltbar, und ich verfolge die Verwandlungen eines solchen Zinnienstraußes von seiner ersten Frische bis zur Welke mit einem Gefühl von Glück und Neugierde ohnegleichen. Strahlenderes und Gesünderes gibt es nicht in der Blumenwelt als ein Dutzend frisch geschnittener Zinnien von lauter verschiedenen Farben. Das knallt nur so von Licht und jauchzt von Farbe. Die grellsten Gelb und Orange, die lachendsten Rot und die wunderlichsten Rotviolett, die oft wie die Farben an Bändern und Sonntagstrachten naiver Landmädchen aussehen können – und man kann diese heftigen Farben nebeneinanderstellen und miteinander vermengen, wie man will, immer sind sie entzückend schön, immer sind sie nicht bloß heftig und leuchtend, sondern nehmen auch einander an, halten Nachbarschaft, reizen und steigern einander.

Ich erzähle Ihnen ja damit nichts Neues. Ich bilde mir nicht ein, der Entdecker der Zinnien zu sein. Ich erzähle Ihnen bloß von meiner Verliebtheit in diese Blumen, weil sie zu den angenehmsten und bekömmlichsten Gefühlen gehört, von denen ich seit langem heimgesucht worden bin. Und zwar entzündet sich diese vielleicht etwas senile, aber keineswegs schwächliche Verliebtheit ganz besonders am Verwelken dieser Blumen! An den Zinnien, die ich in der Vase langsam erblassen und sterben sehe, erlebe ich einen Totentanz, ein halb trauriges, halb köstliches Einverstandensein mit der Vergänglichkeit, weil eben das Vergänglichste das Schönste, weil das Sterben selbst so schön, so blühend, so liebenswert sein kann.

Betrachten Sie einmal, lieber Freund, einen acht oder zehn Tage alten Zinnienstrauß! Und betrachten Sie dann, während er noch manche Tage darüber hinaus weiter sich verfärbt und

immer noch schön bleibt, betrachten Sie ihn jeden Tag einigemal recht genau! Sie werden sehen, daß diese Blumen, die in ihrer Frische die denkbar grellsten, trunkensten Farben hatten, jetzt die delikatesten, müdesten, zärtlichst abgetönten Farben bekommen haben. Das Orange von vorgestern ist heute ein Neapelgelb geworden, übermorgen wird es ein mit dünner Bronze überhauchtes Grau sein. Das frohe bäurische Blaurot wird langsam wie von einer Blässe, wie vom Gegenteil eines Schattens überzogen, die müde werdenden Blattränder der Blüten biegen sich da und dort mit sanfter Falte um und zeigen ein gedämpftes Weiß, ein unaussprechlich rührendes, klagendes Graurosa, wie man es an ganz verbleichten Seidensachen der Urgroßmutter oder an alten erblindenden Aquarellen sieht. Und achten Sie, Freund, auch sehr auf die untere Seite der Blütenblätter! An dieser Schattenseite, die beim Einknicken der Stiele oft plötzlich überdeutlich sichtbar wird, vollzieht sich das Spiel dieses Farbenwandels, vollzieht sich diese Himmelfahrt, dies Hinübersterben ins immer Geistigere noch duftiger, noch erstaunlicher als an den Blütenkronen selbst. Hier träumen verlorene Farben, die man sonst in der Blumenwelt nicht findet, seltsam metallische, mineralische Töne, Spielarten von Grau, Graugrün, Bronze, die man sonst nur an den Steinen des Hochgebirges oder in der Welt der Moose und Algen finden kann.
Sie wissen ja solche Dinge zu schätzen, ebenso wie Sie den besondern Dufthauch eines edlern Weinjahrgangs oder das Flaumspiel auf der Haut eines Pfirsichs oder einer schönen Frau zu schätzen wissen. Von Ihnen werde ich nicht, bloß weil ich feinere Sinne und beseeltere Erlebnismöglichkeiten habe als ein Boxer, als sentimentaler Romantiker belächelt, sei es nun, daß ich für dahinwelkende Zinnienfarben, sei es, daß ich für die holden verwehenden Töne in Stifters Feldblumen glühe. Aber wir sind wenige geworden, Freund, unsere Art droht auszusterben. Versuchen Sie es einmal und geben Sie einem amerikanischen Gegenwartsmenschen, dessen

Musikalität im Handhaben eines Grammophons besteht, für den ein gut lackierter Kraftwagen schon zur Welt des Schönen zählt – geben Sie einmal einem solchen vergnügten und genügsamen Halbmenschen versuchsweise Unterricht in der Kunst, das Sterben einer Blume, die Verwandlung eines Rosa in ein Lichtgrau, als das Lebendigste und Aufregendste, als das Geheimnis alles Lebens und aller Schönheit mitzuerleben! Sie werden sich wundern!
Wenn Sie über dies und andres, woran mein Sommerbrief Sie erinnern mag, ein wenig meditieren, so werden Sie wohl auch jenen Gedanken wieder einmal in sich erwachen fühlen: daß die Krankheiten von heute die Gesundheiten von morgen sein können und umgekehrt. Wenn jene anscheinend so robusten und verflucht gesunden Geld- und Maschinenmenschen glücklich noch eine Generation lang weiter vertrottelt sind, dann werden sie sich vielleicht Ärzte, Lehrer, Künstler und Magier halten und hoch bezahlen, welche sie wieder in die Geheimnisse des Schönen und der Seele einführen.

(1928)

Hundstage

Wie nun am dürren Ginsterhang,
Im braunen Stein, im goldnen Staub,
Im gilbenden Akazienlaub
Der Sommer seinen Überschwang
Austobt und in sich selbst verbrennt!
Aus dürrer Schote knistern schwarze Kerne,
Und abends hängen schwer die Sterne
Wie überreif am Firmament,
Das wie ein Puls im Fieber pocht
Und von verhaltnen Wettern kocht.
Wo eben noch in frohen Schauern
Das Leben feucht und spielend rann,
Keucht Sommer wütend hügelan
Der Höhe zu. Er will nicht dauern,
Er lechzt nach Rausch und Opferglück,
Ihn rief der Tod: auf hagrem Pferde
Jagt er voran und läßt die Erde
Erschöpft, verblüht, verbrannt zurück.

Und seufzend reckt sich Laub und Gras
Und raschelt hart und klirrt wie Glas.

Nachbar Mario

Dieser Tage saß ich an einem sonnigen Vormittag im Wald, wo schon hier und dort einzelne Akazienzweige verfärbt sind und wie zitternde Goldtropfen mit ihren kleinen hellgelben Blättchen in dem bläulichen Laubgewölbe schwanken. Ich saß umgeben von den kleinen Zeichen des beginnenden Herbstes, von den roten und silbergrauen Pilzen, von ersten gefallenen Kastanienfrüchten, die noch weiß und unreif in den grünen stachligen Hülsen steckten, von blühenden Goldruten und Habichtskraut, und ich saß nicht müßig, sondern war sehr beschäftigt. Nachdem ich ein paar Jahre lang immer nur gemalt hatte, war ich neulich plötzlich einmal auf das Zeichnen verfallen und hatte mich seither so in dies neue Handwerk verbissen, daß ich nachts sogar davon träumte. Ich saß also da, meine Mappe auf den Knien, und war bemüht, ein Stück Wald auf mein Papier zu zeichnen: ein Dutzend alter, krummer, wie Riesenschlangen durcheinander kriechender Kastanienbäume, zwischen denen gerade und schlank die hellbraunen Akazienstämmchen stehen, zwischen und über den Stämmen das Durcheinander der Zweige und Laubkronen, unter ihnen die Steine, Farnkräuter und Wurzelnetze und mitten zwischen den Bäumen den etwas verfallenen Eingang eines Felsenkellers: zwischen zwei gemauerten Pfeilern ein Lattentor, hinter dessen Latten schwarz und tief das Felsenloch hineingeht. Es war eine Aufgabe, der ich nicht gewachsen war, aber dies war kein Grund, sie weniger ernsthaft zu betreiben. Es ist langweilig und geisttötend, immer nur Dinge zu betreiben, welche man schon kann. Jeder Polizist oder Paßbüro-Beamte weiß dies ja und hütet sich wohl, etwa das Alphabet, das Lesen von Namen usw. zu lernen, und erhält sich dadurch frisch und gesund, daß er viele

Grotto mit Weinfässern. Aquarell 1926

Jahre lang jedes Schreiben oder Kontrollieren eines Passes mit der ganzen Intensität, Neugierde und langwierigen Bemühung betreibt, als sei es das erstemal, daß er diese schwierige Arbeit tue.

Ich kämpfte mit den Farnkräutern, strichelte Schatten in die Stämme hinein, freute mich über die dicken gewundenen Baumstämme und über das geheimnisvolle Märchentor, das da zwischen zwei Steinsäulen in den Berg zu den Kobolden hinabführte. Die tiefe Finsternis dieses Schlundes mit dem Bleistift in mein weißes Blatt hineinzuschwärzen, war dabei das Hauptvergnügen.

Als ich einmal wieder von meinem Gestrichel aufblickte, erschrak ich, denn plötzlich war das Bild verändert: das Lattentor stand weit offen, im tiefschwarzen Kellerloch strahlte warm und wunderlich ein Kerzenlicht, das wurde jetzt eben ausgeblasen, und aus dem Schlunde kam ein großer hagerer Mann heraufgestiegen. Ich hatte nicht gewußt, wem der alte Felsenkeller gehöre, den ich schon mehrmals gezeichnet habe. Nun wußte ich es: es war der alte Zio Mario aus Montagnola, der da aus der Erde gestiegen kam – und noch ehe er das Tor hinter sich geschlossen hatte, sah und erkannte er mich, legte einen Finger an seinen Filzhut und grüßte mich mit der Freundlichkeit, die im Tessin unter den älteren Leuten noch immer den nachbarlichen Verkehr zu einer liebenswerten, anmutigen Zeremonie macht. Sein braunes knochiges Gesicht lächelte herzlich, und höflich fragte er nach meiner Arbeit, ohne aber heranzutreten und mir aufs Blatt zu schauen. Diese diskrete Artigkeit, vor einer Generation noch in allen romanischen Ländern selbstverständlich und unter Franzosen auch heute noch nicht selten zu finden, lebt auch hier noch unter den älteren Leuten fort und gehört zu jenen paar Dingen, welche das Leben hier im Süden erleichtern und erheitern. Hätte ich mich nach unserer kurzen Begrüßung wieder über mein Blatt gebückt und weitergezeichnet, er hätte kein Wort mehr gesagt und meine Arbeit respektiert.

Ich stand aber auf, ging zu ihm hinüber und gab ihm die Hand, fragte nach dem Stand der Trauben und dem Befinden der Ziegen und wußte genau, daß er mich nun, so nahe bei seinem Keller, zu einem Glas Wein einladen würde, was er auch sofort mit Herzlichkeit tat. Ich dankte und erklärte ihm, daß ich am Vormittag und während der Arbeit keinen Wein trinken könne, daß ich aber sehr gerne einen Blick in seinen Keller tun möchte. Wir stiegen die vor Alter rund gewordenen Stufen hinab, das Tor und der schwarze Schlund taten sich vor mir auf, im Finstern griff der Alte um sich, zauberte einen Leuchter hervor, zündete die Kerze an und zeigte mir mit Stolz den schön gemauerten und gewölbten Keller, mit mehreren kapellenähnlichen Seitennischen. Der Hauptgang führte wohl dreißig Meter in den Berg hinein und war tadellos gemauert, weiter hinten hörte das künstliche Gewölbe auf, und der Gang verlor sich in Sand und Geröll noch weit in die Tiefe. Ich lobte das Mauerwerk und die tiefe Kühle des Raumes, und da ich seine wiederholte Einladung zum Weintrinken nicht annahm, schritten wir langsam beim Schein der kleinen Kerze wieder zurück und traten aus der Erdtiefe wieder in das goldene Waldmorgenlicht heraus. Da standen wir noch eine Weile und plauderten.

Mario ist scheinbar ein ganz und gar anderer Mensch als ich, er könnte einem Unwissenden wie mein Gegenteil und Widerspiel erscheinen. Er ist Bauer, und zwar ein armer Bauer, der es sehr schwer hatte. Wie früher fast alle armen Bauernjungen im Tessin, lernte er das Maurerhandwerk und war in seiner Jugend manche Jahre auswärts auf Arbeit, in Kiel, in Genf, in Frankreich. Dann kam er zurück, übernahm das kleine arme Grundstück des Vaters, kaufte vom Ersparten ein Stück Wald hinzu, und das hat er in fleißigen Jahrzehnten, ohne fremde Hilfe, allmählich mit eigener Hand gerodet und zu Wiesen und Weinberg gemacht. Eine Kuh und vier, fünf Ziegen, ein Streifen Ackerland mit Mais und Buchweizen, ein Rest Kastanienwald und ein gutgehaltener Weinberg,

daraus lebte er alle die langen Jahre, oft spärlich, oft reichlicher, wie die Jahre eben ausfielen.
Für Mario bin ich ein »Herr«, ein Fremdling, der sich da in seinem Dorf niedergelassen hat und irgendwelche unverständlichen Dinge treibt, denn daß ich vom Zeichnen und Aquarellieren nicht leben kann, weiß er recht wohl. Er sieht mich malen und zeichnen, sieht mich spazierengehen, sieht mich kleine Sträuße von Steinnelken oder Enzianen nach Hause tragen, er plaudert auch seit Jahren manchmal mit mir, sonst weiß er nichts von mir, mein Leben und meine Arbeit sind ihm Geheimnis. Scheinbar ist er der schlichte rauhe Bauer, der den spazierengehenden Fremdling als einen harmlosen Schmarotzer betrachten muß.
Aber es stimmt doch nicht ganz, und in Wirklichkeit ist Mario mir gar nicht fremd und hat viel mehr Ähnlichkeiten mit mir, als man meinen sollte. Mario wohnt im Dorf, sein Grundstück aber liegt vom Dorf eine gute Strecke entfernt. Dort hat er einen Stall gebaut, schon vor Jahrzehnten, die Hütte sieht schon ganz alt aus, Rebe und Brombeere wachsen an ihr hinauf. Neben dem Stall hat er einen kleinen Bach in einem grünen feuchten Tälchen laufen, da hat er sich an kühler Stelle ein Plätzchen für Ruhestunden eingerichtet, eine Bank und einen steinernen Tisch, auf den im Frühling die Akazienblüten fallen und wo man mit einem Freunde oder allein am Abend eine Pfeife rauchen und ein Glas Wein trinken kann. Er raucht gern seine Pfeife, er ißt gern im Herbst einen guten geschmorten Steinpilz im Risotto und trinkt sehr gerne ein Glas guten Wein; dies alles aber tut er weise, mit Maß, und hofft dabei alt zu werden und neben der Arbeit noch manche gute Stunde zu genießen. Er raucht Virginiatabak, hundert Gramm zu sechzig Centesimi, und diese hundert Gramm reichen immer genau für eine Woche, er kauft nie mehr, um immer frischen Tabak zu haben. Am Sonntag und an Festen erlaubt er sich, nicht nur wie alltäglich von seinem eigenen Wein zu trinken, sondern im Grotto einen

halben oder ganzen Liter Piemonteser zu nehmen; früher pflegte er dazu mit seinen Altersgenossen Boccia zu spielen und war ein guter Spieler. Dies hat er jetzt aufgegeben.
Aber mit dieser Lust zu einem stillen und doch festlichen Lebensgenuß sind seine Gaben und Neigungen keineswegs erschöpft. Mario hat außerdem seit undenklicher Zeit in der »Philharmonie«, im konservativen Dorfmusikverein (es gibt auch einen liberalen), das Horn geblasen, und von Blasmusik und vom Feiern ländlicher Feste versteht niemand in der Gemeinde mehr als er. Und noch etwas, was mir an ihm besonders lieb ist! An seinem alten Stall, den er vor dreißig oder mehr Jahren mit eigenen Händen gebaut hat, hat er dies Jahr die Vorderseite neu hergerichtet und getüncht, und er hat sich nicht damit begnügt, der Wand einen ordentlichen Verputz zu geben: er hat auch noch einen Maler kommen lassen, den Kunstmaler Petrini aus einem Nachbardorf, und ließ ihn über der Tür ein schönes Bild malen, eine heilige Familie im Stall von Bethlehem. Wenn man, aus dem Walde kommend, sich Marios Hütte nähert, dann sieht man durch Kirschbaumzweige hindurch das frohe schöne Bild an der Mauer leuchten, die sanfte lichte Madonna, den stillen braunen Joseph, das heilige Kind und die freundlichen Tiere an der Krippe.
Mag Mario sich mein Leben nicht richtig vorstellen können, mag ich selber von seinem Leben voll harter Händearbeit und kleiner Sparsamkeit mir nur eine sehr oberflächliche Vorstellung machen können – er spürt doch ganz genau, wie sehr ich seine tiefsten Liebhabereien und Freuden verstehe, wie ähnlich wir beiden alten Männlein einander in ihnen sind. Die hundert Gramm Virginiatabak in der Woche, das einsame, heimliche Treffen im Wald nach einem guten Steinpilz, das abendliche Sitzen am Steintisch unter den Bäumen, neben dem kleinen rinnenden Bach, das Trompeteblasen am Sonntag bei der Dorfmusik und die Freude an dem neuen, frischen, schönfarbigen Madonnenbild auf der grün bewachse-

nen Mauer – das alles verstehe ich viel besser, als ich das Leben und die Freuden vieler »Herren« verstehe.

»Ja, lieber Herr«, sagt Mario zu mir, »das Leben ist hart, es wird einem nicht leicht gemacht. Aber sehen Sie: ein Glas Wein am Abend, ein bißchen Fröhlichkeit und eine Musik am Sonntag, das macht alles gut.«

Wir schütteln uns die Hände, und ich bücke mich wieder über meine Zeichnung. Wenn sie auch mißlingt, das Blatt mit Marios Kellertor wird mir ein liebes Andenken sein.

(1928)

Roter Pavillon

Roter Pavillon, im Park verborgen,
Wo er sich in wilden Wald verliert,
Als du noch in deinem jungen Morgen
Lachtest, wie hast du den Park geziert!
Hast auf der Terrasse dich gebrüstet,
Schlank, achtkantig, zierlich, kühn, kokett,
Feste wurden oft in dir gerüstet,
Jagdtrunk, Vogelessen und Bankett.
Jetzt im groß gewordenen Walde stehst du
Klein, verloren fast und sehr geheim,
Mit verblichenem Farbenzauber wehst du
Lächelnd Wehmut wie ein alter Reim,
Der einst jung und frech und wild geklungen,
Heut altväterisch tönt und Rührung weckt;
Eingesunken in Erinnerungen
Stehst du, und die Abendsonne leckt
Müd an deinen rostigen Gitterstäben,
Deinen spitzen Bogen, deinem Dach;
Deinen schmucken Formen hingegeben,
Sinnst du den verklungenen Festen nach.
So wird uns zu Sinn beim Wiedergrüßen
Einer Jugendliebe, deren Haar
Weiß geworden, deren einst so süßen
Mädchenzügen still und wunderbar
Sich die Todeslinien eingeschrieben,
Daß wir sie, bewegt, noch einmal lieben,
Sie und das Unsägliche, das einst war.

Roter Pavillon. Aquarell 1923

Spaziergang im Zimmer

Sonderbar und unheimlich, wie auch der schönste und glühendste Sommer vergeht, wie plötzlich der Augenblick da ist, wo man fröstelnd und noch etwas verwundert in seinem Zimmer sitzt, auf den Regen draußen horcht und von einem grauen, schwachen, kühlen, strahlenlosen Licht umgeben ist, das man allzu gut wiedererkennt. Eben noch, gestern abend noch, war eine andere Welt und Luft um uns her, schwang warmes rosiges Licht über sanfte Abendwolkengefilde, sang tief und summend das Licht des Sommers über den Wiesen und Weinbergen – und plötzlich erwachst du nach einer schwer durchschlafenen Nacht, blinzelst verwundert in einen grauen matten Tag, hörst kühl und stetig den Regen auf die Blätter vorm Fenster schlagen, und weißt: jetzt ist es vorüber, jetzt ist es Herbst, jetzt ist es bald Winter. Eine neue Zeit, ein anderes Leben beginnt, ein Leben in den Stuben und bei Lampenlicht, mit Büchern und zuweilen mit Musik, ein Leben, das auch sein Schönes und Inniges hat, nur ist der Übergang dazu schwer und lustlos, es beginnt mit Frieren, mit Trauer und innerer Abwehr.

Mein Zimmer ist mit einem Male verwandelt. Einige Monate lang war es ein luftiges Obdach für die Stunden der Ruhe und der Arbeit, ein Unterstand mit offenen Türen und Fenstern, durch die der Wind und der Geruch der Bäume und der Mondschein ging, ich war in diesem Zimmer nur zu Gast, nur zu dem bißchen Ruhen und Lesen, das eigentliche Leben spielte sich nicht hier ab, sondern draußen, im Walde, am See, auf den grünen Hügeln, mit Malen, Spazieren, Wandern, in leichter, sorgloser Kleidung, in dünner Leinenjacke mit offenem Hemd. Und jetzt ist dies Zimmer plötzlich wieder wichtig, ist Heimat – oder Gefängnis, ist unentrinnbarer Aufenthalt.

Wenn erst einmal der Übergang vollzogen und der Dauerbrenner angezündet ist, wenn man sich darein ergeben und wieder daran gewöhnt hat, eingesperrt zu sein und ein Stubenleben zu führen, dann kann es ja wieder ganz hübsch werden. Für den Augenblick ist es nicht hübsch, ich schleiche von Fenster zu Fenster, sehe die Berge (über denen gestern noch die klare Mondnacht lag) in Wolken verhüllt, sehe und höre den kalten Regen ins Laub fallen, gehe hin und wieder, friere und empfinde dennoch die warmen festen Kleider, die ich angezogen habe, als lästig. Ach, wo sind die Zeiten, da man halbe Nächte in Hemdsärmeln auf der Terrasse oder im Wald unter den hohen, sanft wehenden Bäumen saß!
Es ist nun Zeit, sich wieder an sein Zimmer zu gewöhnen, die Wolken und den Regen draußen als Nebensache und die Stube als Hauptsache zu betrachten. Ich werde sie morgen heizen, oder vielleicht noch heute, es bedarf nur dazu so vieler lästiger, langweiliger und ärgerlicher Verrichtungen. Den Dauerbrenner anzuzünden würde eine zu große Konzession an das Wetter, ein völliges Sichgehenlassen und allzu frühes Sicheinwintern bedeuten. Dazu ist es noch nicht Zeit. Ich will mir vorerst noch so behelfen, mit Auf- und Abgehen, Händereiben, ein paar kleinen Turnübungen. Und dann, fällt mir ein, besitze ich von früheren Wintern her noch einen kleinen Petroleumofen, so eine runde, rostige Blechkanne, die muß ich suchen und mobil machen. Es wird nicht angenehm sein, das Ding wird verrußt und verharzt und mit eingetrocknetem Öl verklebt sein, und bis man es wieder installiert und gefüllt und einigermaßen zum Brennen gebracht hat, wird es Ärger und Gestank und dreckige Finger geben. Na, es wird eben sein müssen, morgen, oder am Ende noch heute, wenn die Kälte nicht nachläßt. Aber ehe ich an diese Prozeduren gehe, friere ich doch lieber noch eine Weile, drücke mich im Zimmer herum, schaue durch die Fenster, rücke an den Büchern, blättere in meinen Aquarellmappen vom Sommer. Und allmählich wird mir bewußt, daß ich in

Interieur mit Büchern. Aquarell 1921

diesen letzten Monaten meine alte Stube eigentlich sehr wenig angeschaut und beinahe vergessen habe, wie sie aussieht. Ich sehe sie mir nun wieder an, ich muß mich wieder mit ihr vertraut machen und befreunden.

Man sieht wohl, daß hier eine ganze Weile nur provisorisch gelebt und nicht richtig gewohnt worden ist. Es hängen oben in den Stubenecken, überm alten Spiegel, über den Bücherschränken manche große, mit dunklem Staub gefüllte Spinnweben, die wird man gelegentlich entfernen müssen. Es liegt Staub auf Tischen und Stühlen, und überall liegen Sachen herum, die irgendeinmal für den Augenblick weggelegt, aber dann nie mehr weggenommen wurden. Es liegen Mappen mit Skizzen und Zeichnungen herum, und Kartons, und Haufen von Briefschaften, es stehen Flaschen mit Leim, mit Zeichentinte, mit Fixativ herum, leere Zigarrenschachteln, vergessene Schutzkartons von gelesenen Büchern. Erst hinter dieser Schicht von Unordnung erkenne ich allmählich die alte Stube wieder, und die alten Sachen, und alles gewinnt wieder Bedeutung und verlangt Beachtung.

In dunkler Höhe zwischen zwei Fenstern hängt die kleine altitalienische Madonna, die ich einst, vor sehr vielen Jahren, auf einer Reise in Brescia bei einem Trödler gekauft habe, eins der wenigen Stücke, die mich durch lange Zeiten und viele Wechsel meines Lebens begleitet haben. Sie, die alten Bücher und der große Schreibtisch sind die hergebrachten alten Stücke meiner Erinnerung. Die andern Möbel gehören der Hausfrau. Auch sie sind in zehn Jahren mir vertraut geworden, und man sieht ihnen allmählich das Altwerden an. Der kleine Polsterstuhl am Schreibtisch ist durchgesessen, unterm alten grünen Stoff beginnen die Gurte sichtbar zu werden, und das hübsche Kanapee ist auch etwas hart und löcherig geworden. An den Wänden hängen meine Aquarelle, dazwischen ein Kopf von Greco, das schöne Bildnis des jungen Novalis, das Bild des elfjährigen Mozart. Auf dem Bibliotheksschemel steht eine große fatale Kiste mit Zigar-

ren, noch halb voll, es war ein Gelegenheitskauf, und sie bewährten sich nicht, ich bin damit hereingefallen, und sie werden jetzt für den Postboten verwendet, und zuweilen fällt auch einmal ein Besucher herein, nimmt sich eine davon, zündet sie an und legt sie während der Unterhaltung unauffällig in den Aschenbecher.
Aber es gibt auch hübschere und liebenswertere Dinge in dieser Stube, es hat sich allerlei mit den Jahren angesammelt, was mir wert geworden ist. Ein Fabeltier aus Stoff steht geheimnisvoll auf einem Gesimse, ein Tier, halb Reh halb Giraffe, mit verlorenem Märchenblick. Es ist ein Werk von Sascha, einer Malerin, sie hatte vor Jahren einmal mit mir zugleich in einer Schweizer Stadt ein Kabinett voll kleiner Arbeiten ausgestellt, und als sich am Schluß der Ausstellung zeigte, daß wir beide nichts verkauft hatten, machten wir wenigstens einen Tausch, sie bekam von mir eine kleine Malerei und ich von ihr die stille schlanke Gazelle, oder das Reh, oder wie man es nun nennen mag; es ist mir sehr lieb, es dient mir seit Jahren als einziges Haustier, ersetzt mir Pferd, Hund und Katze.
Auch aus Indien sind Erinnerungen da, vor allem ein kleiner, grell bemalter Holzgötze und ein winziger, flötenspielender Krischna aus gelber Bronze, der hat mir an manchem verregneten Winterabend indische Musik gemacht und mir geholfen, die schwierige Außenseite des Lebens nicht ernster zu nehmen, als die flüchtige Erscheinungswelt es verdient. Ferner steht, etwas verborgen, ein merkwürdiges kleines Heiligtum aus Ceylon bei mir, ein sehr altes Stück, ebenfalls aus Bronze. Es ist ein Eber, und dieser bronzene Eber tat in dem primitiven Tempelchen, in dem er einst auf Ceylon stand, denselben Dienst wie im Alten Testament der Sündenbock. In diesen Eber wurden die Sünden, Krankheiten und bösen Dämonen der Gemeinde gebannt, einmal im Jahr. Er trägt den Fluch vieler mit sich, er wurde für viele geopfert. Ich denke, wenn ich ihn betrachte, nicht viel an Indien und an alte

Kulte, er ist mir nicht eine Kuriosität, sondern ein Symbol, er ist für mich ein Bruder von uns Gezeichneten, von den paar Sehern, Narren, Dichtern, die in ihrer Seele stigmatisiert sind und den Fluch eines Zeitalters tragen, während die Zeitgenossen tanzen und Zeitungen lesen. Auch der Eber ist mir ein liebes Stück.

Auf dem zerlegenen Kanapee liegen viele Kissen, und eins von ihnen gehört auch zu den Dingen, die mir lieb sind. Da ist auf schwarzem Grund ein hellfarbiges Bild gestickt: Tamino und Pamina, wie sie durch die Flammen der Feuerprobe gehen, Tamino hält sich schlank und hoch und hat die Zauberflöte am Munde. Eine Frau hat es gestickt, die mich einst liebte, und wie mir ihr schönes Kissen mit dem holden Sinnbild geblieben ist und viel bedeutet, so möge auch ihr von mir irgendein kleiner Besitz in der Seele geblieben sein!

Von den Dingen, die mir erst in neuester Zeit zugekommen sind, schätze ich besonders eine schöne gläserne Vase in alter Kelchform, ein Geschenk meiner Freundin. Meistens stehen in diesem durchsichtigen Kelch ein paar einzelne Blumen, Zinnien oder Nelken, oder kleine sanfte Feldblumen. Als ich den Kelch zum erstenmal sah und geschenkt bekam, stand ein Strauß von hellblauem Rittersporn in ihm, ich habe ihn noch wohl im Gedächtnis, so luftig und unirdisch stand das Blau über dem blanken Glase. Damals war strahlender Sommer, und man ging abends den Wäldern entlang neben den Weinbergen, die kaum verblüht waren, und blau wie der Rittersporn hing der Sommerhimmel über uns.

Es wird zu kalt, und der Regen nimmt zu. Es regnet in die Blumen, in die blauen Trauben, in die verfärbten Wälder. Ich muß auf den Estrich steigen und den Petrolofen suchen und vor diesem garstigen kleinen Götzen niederknien und ihm schöntun, damit er vielleicht wieder brennt und warm gibt. Die kleine Blumenvase ist leer. O wie blau und sommerlich waren einst ihre Blumen!

(1928)

Wenn es Herbst wird

Schon wieder ist ein Sommer hingewelkt, der tägliche Bogen der Sonne ist kleiner geworden und aus den Nachtnebeln des Tales tauchen jeden Morgen die Wälder ein wenig gelber, ein wenig kahler auf. Da und dort steht noch mitten im gelben Kastanienwald ein blau gehauchter Fleck, dunkel und sommerlich anzusehen: das sind Akazien auf feuchtem Boden, die halten sich lange grün. Dafür welken sie dann, wenn es auch sie trifft, erschreckend rasch ab, über Nacht werden die kleinen, zu zwei und zwei gereihten Blätter gelb und fallen schön und müde, wehende Goldtropfen, ins große Grab.

Das ist die Zeit, in der für mich das Reisen beginnt. Vom Frühling bis zu den ersten kalten Nächten sitze ich fest, da vermag mich nichts von meinem ländlichen Wohnort wegzulocken, da lebe ich in Wald und Gebirge, sehe den Blumen und den Eidechsen zu, belausche die Schmetterlinge und die Schlangen, zeichne die alten Tessiner Dörfer und male die blauen Seeblicke hinter den vielfarbigen, raupig feisten Waldrücken. Die braune Mauereidechse und die große blaugrüne Smaragdeidechse mit dem tiefblau schillernden Pfauenhals sind mir vertraut, und die glasflügeligen Libellen, die kleine zimtbraune Würfelnatter am Bach und die dicke lange Äskulapnatter im Steingeröll der sonnigen Abhänge, ich weiß, wo die Häher nisten und die Grünspechte, und kenne die Lieblingsorte der Schwalbenschwänze, der Nachtpfauenaugen, der »spanischen Flaggen«. Wandernd, rastend, malend, müßiggängerisch und doch fleißig, habe ich Jahr um Jahr dieses schöne Land, von dem die Fremden auf ihren dummen, nutzlosen Massenreisen nichts zu sehen bekommen als die Ansichtskartenseite, recht gut kennengelernt, von Monat zu

Monat, den Wald ebenso wie die Felder und Weinberge, die Menschen ebenso wie die Wiesenblumen. Aber mit den Jahren wurden mir die Winter hier im Süden unerträglich, trotz der schönen lieben Sonne. Die Regenzeiten sind bedrückend; in vier durchgefrorenen Wintern, während der Inflationszeit, habe ich hier vor einem winzigen Kaminfeuerchen gesessen und meine Gesundheit für immer verdorben. Seither und seit der Geldbeutel es wieder erlaubt, gehe ich über den Winter fort, nicht um schönere Gegenden zu sehen, denn die gibt es nicht, noch um Abwechslung zu suchen, denn Langeweile ist etwas, was die Natur nicht kennt, sie ist eine Erfindung der Städter – Aber ich reise zu den warmen Bädern, ich reise in Städte, wo es gutschließende Türen und Fenster, warme Holzböden, gute Öfen, wo es einen Arzt und einen Masseur gibt, und während ich mit ihrer Hilfe die Winterschmerzen zu ertragen suche, fällt dies und jenes Schöne mir in den Schoß: Besuch bei Freunden, gute Musik, Stöbern in Bibliotheken und Galerien. Ich wohne dann in der Stadt, und es kommen da, obwohl ich schwer zu finden bin, allerlei Leute zu mir. Es kommen verkannte Maler mit Mappen voll toller Entwürfe, es kommen junge selbstbewußte Leute, die Philologie studiert haben und jetzt eine Doktorarbeit über mich machen wollen; sie machen sie auch, reißen mich und das, was ich in dreißig Jahren gearbeitet habe, unerschrocken in Fetzen und bekommen dafür von ihrer Fakultät den Doktorhut auf die klugen Köpfe gesetzt. Es kommen versoffene Kunstzigeuner, die oft gute Geschichten wissen und jedenfalls ergiebiger sind als alle »gute Gesellschaft«, und es kommen die Kometen und Exzentriker des Geistes, Genies mit Verfolgungswahn, Religionsgründer, Magier. Es kam, bis vor kurzem, je und je der liebe arme Dichter Klabund, voll von Geschichten, voll von Neugierde, mit dem jungen, immer ein wenig fiebrigen Gesicht, oder es erschien, flüchtig und nur für Stunden, ohne Gepäck und mit der Bahn fehlgefahren, die blonde Fee Emmy Hennings, und früher zeigte

sich manchmal auch der hagere Gnom Hans Morgenthaler, der wenig sprach, viel vor sich hin kicherte, zuweilen furchtbar verzweifelte Gedichte aus der Tasche zog und todkrank war, auch er ist dies Jahr gestorben. Für sie alle bin ich eine Art Onkel, wir haben einander gern, sie sehen mich mit Verwunderung scheinbar mitten im bürgerlichen Leben stehen und doch zugleich ihrer Welt angehören, sie rechnen mich nicht ganz zu sich, zur Zunft der Heimatlosen, und wissen doch, daß ich nicht nur Mozart und die Florentiner Madonnen liebe, sondern ebensosehr die Entgleisten, die gehetzten Steppenwölfe. Wir tauschen Gedichte und Zeichnungen, geben einander Redaktionsadressen, leihen einander Bücher und trinken manche Flasche Wein miteinander. Manchmal lasse ich mich auch zu einer Reise in irgendeine schöne, bildungshungrige Stadt verleiten, jedes Jahr einmal, da bekomme ich Reisegeld und Honorar, werde von einem Kenner durch die Altertümer und Sehenswürdigkeiten der Stadt geführt und muß dafür einen Abend lang fremden Menschen in irgendeinem unsympathischen Saal meine Gedichte vorlesen, und tue es jedesmal mit dem Gefühl: »Nie wieder!«
Aber ehe dies Stadt- und Reise- und Zigeunerleben wieder beginnt, muß ich hier Abschied nehmen, muß die Wurzeln aus der Erde ziehen, muß Koffer packen, muß Natalina und Marie und Annunziata die Hand schütteln, muß mit dem Gepäck nach Lugano fahren und mich in einen Zug setzen, und auch dann noch bin ich zu Hause, bin gebunden und hörig, und erst wenn die letzten rosigen Berghänge verschwinden und die Tannenwälder zum Gotthard hinführen, ist plötzlich Fremde und Freiheit um mich, und ich bin wieder eine Pflanze ohne Wurzeln, ein Zigeuner.
Seit drei Tagen steht in meiner Stube, offen gähnend, der große Koffer, und ich soll wieder einmal packen. Es muß gut überlegt werden, denn es ist für mindestens sechs Monate. Kleider, Stiefel und Wäsche, das ist einfach, das zieht man aus den Laden, legt es in den Koffer, sitzt darauf und drückt zu.

Dorf am Hang. Aquarell 1924

Aber alles andere, alle die kleinen Sachen, die man zum Arbeiten, zum Vergnügen braucht! Bücher muß man mitnehmen, und Malzeug und Skizzenbücher, und das eine oder andere Bild, um damit ein Hotelzimmer umzuzaubern, und so noch manches, und meistens nimmt man das Verkehrte mit. Man ist beim Packen immer viel zu praktisch und pedantisch.
Gerade auf die »praktischen« Sachen kommt es ja gar nicht an, die kriegt man überall und sie sind überall gleich. Aber dies und jenes Unpraktische, richtig ausgewählt, kann das ganze Gepäck sinnvoll und lustig machen: ein Talisman, ein ausgestopfter Vogel, ein Haufen alter Briefe. Emmy versteht das wunderbar, sie reist los und hat weder Schuhe noch Wäsche mit, wohl aber ein Madonnenbild und eine runde Spieldose, die hat drei Lieder auf der Walze und hat schon manchen hoffnungslosen Bruder für eine Stunde froh gemacht.
Ich nehme Abschied von vielem. Ich räume die Bücher weg, die ich zuletzt gelesen habe: schöne Bücher diesmal! Es war »Der arme Chatterton« von E. Penzoldt (»Insel«-Verlag), ein überaus liebenswertes Buch, ein Buch für Zigeuner und Zaungäste des Lebens. Es war des lieben Klabund nachgelassener Roman »Borgia« (»Phaidon«-Verlag, Wien), ein schönes Werk, wie alle Bücher Klabunds, eine gewisse strotzende Kraft vortäuschend, die aber in Wirklichkeit Fieber ist, die beständige Übertemperatur des Kranken, aber voll von seiner biegsamen spielenden Phantasie und melodiösen Sprachkunst. Sehr des Lesens wert schien mir auch »Jahrgang 1902« von Ernst Glaeser (Verlag Kiepenheuer), vielleicht mehr Zeitdokument als Dichtung, aber was liegt daran, das Buch trifft uns manchmal mitten ins Herz. Nun, alle diese Bücher, so schön sie sind, müssen hierbleiben. Ich nehme anderes mit, etwas von Hugo Ball, etwas von Stifter, einen Band Goethe. Dabei fällt mir der Kofferdeckel zu; er scheint genug zu haben, der alte Koffer. Er ist in manchen Ländern gewesen, er hat manche Sprache gehört, riesenstarke chinesische

Lastträger haben ihn in den malayischen und indischen Häfen von Schiff zu Schiff, von Schiff zu Hotel getragen, auf kleinem Boot ist er tagelang einen der Urwaldströme in Holländisch-Indien hinaufgefahren. Hoffentlich hält er noch manches Jahr, ich möchte ihn nicht gern überleben.
Bald werde ich reisefertig sein. Hoffentlich finde ich in Zürich eine Mozart-Oper oder Othmar Schoecks »Penthesilea« auf dem Spielplan, dann bleibe ich ein paar Tage dort. Hoffentlich sind die Badehotels in Baden jetzt leer geworden, dann lasse ich mich für eine Weile dort nieder, lege mich in die Bäder, richte mir einen Tisch zum Malen und Schreiben ein und verdöse den Winteranfang hygienisch. Vielleicht finde ich jemand, der mir für die paar Wochen ein Glas mit Goldfischen leiht, damit ich Zeitvertreib habe und nicht so allein bin. Meine Freundin ist auf Reisen, dieser Tage muß sie aus Wien oder Krakau schreiben. Komm' bald wieder, lieber Zugvogel! Schon habe ich die Reiseunruhe in den Gliedern, ich mag nicht mehr in meinem Zimmer sitzen, ich mag nicht mehr spazierengehen. In Gottes Namen stopfe ich all die Wäsche in den Koffer. Ein grünes Hemd ist dabei, das hat meine Freundin mir einmal geschenkt. Wohin wirst du mit mir reisen, grünes Hemdchen? Wir werden drauflosfahren, wir werden vergängliche Heimaten beziehen in Hotels, in Mietzimmern, wir werden uns immer wieder ein bißchen aufrappeln und erneuern, mit etwas Waschen und Bügeln, bis eben die Falten brüchig werden und unsere Form aus den Fugen geht. Dann werden wir uns verwandeln, mein Hemdchen, du wirst kein Hemdchen mehr sein, sondern ein Lumpen, und wirst vielleicht einmal ein schönes, weißes Stück Papier, auf dem schreibt ein Liebender seinem Mädchen aus der Fremde. Und ich werde kein reisender Patient und Literat mehr sein, sondern in anderen Kreisen mitkreisen, in andere Wirbel geweht werden. Vielleicht komme ich wieder, studiere Philologie und schreibe eine Dissertation oder treibe sonst irgendein Spiel. Vielleicht auch habe ich das Fegefeuer

des Menschseins nun zu Ende erlitten und komme nicht mehr zurück oder komme als schlanker, roter Fuchs, als kluger, flinker Marder, als stille, dunkle Ringelnatter auf die Erde, die ich noch immer liebe.

(1928)

Spätsommer

Noch schenkt der späte Sommer Tag um Tag
Voll süßer Wärme. Über Blumendolden
Schwebt da und dort mit müdem Flügelschlag
Ein Schmetterling und funkelt sammetgolden.

Die Abende und Morgen atmen feucht
Von dünnen Nebeln, deren Naß noch lau.
Vom Maulbeerbaum mit plötzlichem Geleucht
Weht gelb und groß ein Blatt ins sanfte Blau.

Eidechse rastet auf besonntem Stein,
Im Blätterschatten Trauben sich verstecken.
Bezaubert scheint die Welt, gebannt zu sein
In Schlaf, in Traum, und warnt dich, sie zu wecken.

So wiegt sich manchmal viele Takte lang
Musik, zu goldener Ewigkeit erstarrt.
Bis sie erwachend sich dem Bann entrang
Zurück zu Werdemut und Gegenwart.

Wir Alten stehen erntend am Spalier
Und wärmen uns die sommerbraunen Hände.
Noch lacht der Tag, noch ist er nicht zu Ende,
Noch hält und schmeichelt uns das Heut und Hier.

Zwischen Sommer und Herbst

Ein gutes Stück von diesem Sommer habe ich verloren, durch schlechtes Wetter, durch Kranksein, durch dies und das, aber diese Zeit zwischen Sommer und Herbst, die Zeit der letzten heißen Nächte und der ersten Astern, sauge ich mit allen Poren ein, sie ist für mich die Höhe und Erfüllung des ganzen Jahres, und wenn ich im Winter oder Frühling an sie denke, so weckt das Gedächtnis lauter schöne, holde und vergängliche Bilder: das Bild einer voll aufgeblühten Rose, wie sie sich schwer auf dem Stiele neigt und ganz in ihrem süßen Dufttraume bezaubert ist, oder das Bild eines Pfirsichs, eines purpurn angeflogenen reifen Pfirsichs, wie man ihn im rechten Augenblicke vom Spalier pflückt, in dem Augenblicke nämlich, wo er von der eigenen Süße und schweren Reife so gesättigt ist, daß er nicht mehr leben will, sich nicht mehr wehrt, wo er ergeben uns in die Hand fällt, sobald wir ihn nur berühren. Oder das Bild einer schönen Frau auf der Höhe des Lebens und der Liebefähigkeit, mit den gelassenen Zügen, den würdigen Bewegungen der Reife, des Wissens und der Machtfülle, und mit dem rosenhaften Hauch von Schwermut, dem stillen Ergebensein in die Vergänglichkeit.

In diesen Tagen, welche höchstens bis zur Mitte des Septembers dauern können, in diesen spätsommerlich glühenden Tagen, wo im hart gewordenen Laub die Trauben blau zu werden beginnen, wo nachts um die Lampe meines Arbeitszimmers die tausend kleinen juwelenschimmernden Falterchen, Glasflügler und Käfer summen, wo am Morgen in den großen mattglänzenden Spinnennetzen des Gartens die Tautropfen schon so herbstlich funkeln, während doch eine Stunde später Erde und Pflanzenwelt in stumm brütender

Hitze dampft – in diesen Tagen zwischen Sommer und Herbst, die ich von Kind an besonders geliebt habe, kommt mir alle Empfänglichkeit für die zarten Stimmen der Natur wieder, alle Neugierde auf die flüchtigsten Farbenspiele, alles jägerhafte Belauschen und Belauern der winzigen Vorgänge: wie ein vorzeitig welkendes Rebenblatt sich in der Sonne dreht und einrollt, wie eine kleine goldgelbe Spinne sich an ihrem Faden schwebend vom Baume sinken läßt, sanft wie Flaum, wie eine Eidechse auf besonntem Stein rastet und sich ganz flach macht, um die Strahlung vollkommen auszukosten, oder wie am Zweige eine blaßrote Rose sich auflöst, und nach dem lautlosen Dahinsinken ihrer Last der erleichterte Zweig ein klein wenig emporschnellt. Dies alles spricht dann wieder zu mir mit der Schärfe und Wichtigkeit, die es einst für meine Knabensinne hatte, und tausend Bilder aus vielen lang vergangenen Sommern werden in mir wieder lebendig, erscheinen hell oder behaucht auf der launisch spiegelnden Tafel der Erinnerung: Knabenstunden mit Schmetterlingsnetz und Botanisierbüchse, Spaziergänge mit den Eltern und die Kornblumen auf dem Strohhut meiner Schwester, Wandertage mit Blicken von schwindelnden Brücken in brausende Gebirgsflüsse hinab, unerreichbar auf bespritzten Felsklippen schaukelnde Steinnelken, bleichrosa blühender Oleander am Gemäuer italienischer Landhäuser, bläulicher Höhenrauch über heidebewachsenen Hochflächen im Schwarzwald, Gartenmauern am Bodensee, überm sanft klatschenden Wasser hängend, in der gebrochenen Spiegelfläche ihre Astern, Hortensien und Geranien beschauend. Es sind mannigfache Bilder, aber allen ist gemeinsam die gedämpfte Glut, der Duft von Reife, etwas Mittägliches und Wartendes.

Wenn man jetzt durchs Dorf und die Landschaft geht, findet man in den Bauerngärten zwischen den glühenden Kapuzinern die blauen und rotvioletten Astern blühen, und unter den Korallenfuchsien liegt die Erde voll von süßroten gefalle-

Vorplatz der Casa Rossa mit der Veranda
vor Hesses Atelier.
Aquarellierte Federzeichnung 1931

nen Blüten. Man findet in den Rebgängen auf manchen Blättern schon den ersten Klang der Herbstfarben, jenes metallische, braunbronzene matte Schimmern, und an den noch halbgrünen Trauben sind erste blaue Beeren zu sehen, manche sind schon dunkelblau und schmecken süß, wenn man sie probiert. In den Wäldern klingt aus dem edlen Blaugrün der Akazien da und dort wie ein Hornsignal hell und rein das goldgelbe Getüpfel eines abgewelkten Zweiges, und von den Kastanienbäumen fällt da und dort verfrüht eine grüne stachelige Frucht. Die zähe grüne Stachelschale ist schwer zu öffnen, die Stacheln scheinen so geschmeidig und dringen doch im Augenblick durch die Haut, heftig wehrt sich die kleine derbe Frucht ihres bedrohten Lebens, und hat man sie herausgeschält, so hat sie die Konsistenz halbreifer Haselnüsse, schmeckt aber bitterer als diese.
Trotz der drückenden Wärme dieser Tage bin ich viel draußen. Ich weiß allzu gut, wie flüchtig diese Schönheit ist, wie schnell sie Abschied nimmt, wie plötzlich ihre süße Reife sich zu Tod und Welke wandeln kann. Und ich bin so geizig, so habgierig dieser Spätsommerschönheit gegenüber! Ich möchte nicht nur alles sehen, alles fühlen, alles riechen und schmecken, was diese Sommerfülle meinen Sinnen zu schmecken anbietet; ich möchte es, rastlos und von plötzlicher Besitzlust ergriffen, auch aufbewahren und mit in den Winter, in die kommenden Tage und Jahre, in das Alter nehmen. Ich bin sonst nicht eben eifrig im Besitzen, ich trenne mich leicht und gebe leicht weg, aber jetzt plagt mich ein Eifer des Festhaltenwollens, über den ich zuweilen selber lächeln muß. Im Garten, auf der Terrasse, auf dem Türmchen unter der Wetterfahne setze ich mich Tag für Tag stundenlang fest, plötzlich unheimlich fleißig geworden, und mit Bleistift und Feder, mit Pinsel und Farben versuche ich dies und jenes von dem blühenden und schwindenden Reichtum beiseite zu bringen. Ich zeichne mühsam den morgendlichen Schatten auf der Gartentreppe nach, und die Windungen der dicken

Glyzinenschlangen, und versuche die fernen gläsernen Farben der Abendberge nachzuahmen, die so dünn wie ein Hauch und doch so strahlend wie Juwelen sind. Müde komme ich dann nach Hause, sehr müde, und wenn ich am Abend meine Blätter in die Mappe lege, macht es mich beinahe traurig zu sehen, wie wenig von allem ich mir notieren und aufbewahren konnte.

Dann esse ich mein Abendmahl, Obst und Brot, und sitze dabei in dem etwas düstern Zimmer schon ganz im Dunkeln, bald werde ich schon vor sieben Uhr das Licht anzünden müssen, und bald noch früher, und bald wird man sich an Dunkelheit und Nebel, an Kälte und Winter gewöhnt haben und kaum mehr wissen, wie die Welt einmal einen Augenblick lang so durchleuchtet und vollkommen war. Eine Viertelstunde lese ich dann, um auf andere Gedanken zu kommen, doch kann ich zu dieser Zeit nur auserlesen Gutes lesen.

Wie es im Zimmer dunkel wird, draußen aber noch der Tag ausatmend nachleuchtet, stehe ich auf und gehe auf die Terrasse hinaus, dort blickt man über ziegelgedeckte und efeubewachsene Brüstungsmauern gegen Castagnola, Gandria und San Mammette hinüber, und sieht hinter dem Salvatore den Monte Generoso rosig verglühen. Zehn Minuten, eine Viertelstunde dauert dies Abendglück. Ich sitze im Lehnstuhl, mit müden Gliedern, mit müden Augen, aber nicht satt oder verdrossen, sondern noch voll Empfänglichkeit, und ruhe und denke an gar nichts, und auf der noch sonnenwarmen Terrasse stehen meine paar Blumen im letzten Abendlicht, mit schwach leuchtendem Laube, langsam einschlummernd, langsam vom Tage Abschied nehmend. Fremd steht und etwas verlegen in ihrer exotischen Starre die große Opuntie mit den goldenen Stacheln, sie bleibt ganz allein für sich; meine Freundin hat mir diesen Märchenbaum geschenkt, er hat einen Ehrenplatz auf meiner Dachterrasse. Neben ihr lächeln die Korallenfuchsien und dunkeln die violetten Kelche

der Petunien, aber Nelke und Wicke, Türkenbund und Sternblume sind längst verblüht. Zusammengedrängt in ihren paar Töpfen und Kistchen stehen die Blumen, und mit dem Dunklerwerden ihres Laubes beginnen ihre Blütenfarben heftiger zu glühen, ein paar Minuten lang leuchten sie so tiefbrennend wie Glasfenster in einem Dom. Und dann erlöschen sie langsam, langsam, und sterben den täglichen kleinen Tod, um sich auf den großen einmaligen vorzubereiten. Unmerklich entschwindet ihnen das Licht, unmerklich wird ihr Grün ins Schwarz verwandelt, und ihre frohen Rot und Gelb sterben in gebrochenen Tönen zur Nacht hinüber. Manchmal kommt noch spät ein Falter zu ihnen geflogen, ein Schwärmer mit träumerisch schwirrendem Flug, bald aber ist der kleine Abendzauber vergangen, dunkel steht und plötzlich schwer geworden die Reihe der Berge drüben, aus dem hellgrünen Himmel, an dem man noch keinen Stern sehen kann, zucken in hastigem Flug die Fledermäuse und verschwinden blitzschnell. Tief unter mir im Tal geht ein Mann in weißen Hemdsärmeln durchs Gras der Wiese und mäht, aus einem der Landhäuser am Dorfrand weht halbverwischt und einschläfernd ein wenig Klavierspiel herüber.
Da ich ins Zimmer zurückkehre und Licht anzünde, flügelt ein großer Schatten durchs Zimmer, und leise rauschend schwebt ein großer Nachtfalter gegen den grünen Glaskelch über dem Licht. Er setzt sich, hell bestrahlt, auf dem grünen Glase nieder, schlägt die langen schmalen Flügel zusammen, zittert mit dünn befiederten Fühlern, und seine schwarzen kleinen Augen glänzen wie feuchte Pechtropfen. Über seine geschlossenen Flügel läuft eine vielfach geäderte zarte Zeichnung wie Marmor, da spielen alle matten, gebrochenen, gedämpften Farben, alle Braun und Grau, alle Farbtöne welkender Blätter durcheinander und klingen sammetweich. Wenn ich einer andern Kultur angehörte, so hätte ich von den Vorfahren her eine ganze Anzahl von genauen Bezeichnungen für diese Farben und ihre Mischungen geerbt und ver-

möchte sie zu benennen. Aber auch damit wäre nicht viel getan, so wie mit dem Zeichnen und Malen, dem Nachdenken und Schreiben nicht viel getan ist. In den braunroten, violetten und grauen Farbflächen der Falterflügel ist das ganze Geheimnis der Schöpfung ausgesprochen, all ihr Zauber, all ihr Fluch, mit tausend Gesichtern blickt das Geheimnis uns an, blickt auf und erlischt wieder, und nichts davon können wir festhalten.

(1929)

Alter Park

Altes bröckelndes Gemäuer,
Moos und Zwergfarn in den Ritzen;
Durch die schwarzen Eiben blitzen
Grell zerflockte Sonnenfeuer.

Draußen kocht August und glutet;
Hier im moosigen Verstecke
Duftet herb die Buchsbaumhecke,
Feucht von Nelkenrot durchblutet.

Schwarzes nasses Erdreich lagert
Unter Kräutern geil und mastig,
Oben wirrt sich dünn und hastig
Astwerk alt und abgemagert.

Hinter eingerosteten Riegeln
Schlafen flüsternd Lied und Sage,
Wacht das Tor, daß niemand wage
Sein Geheimnis zu entsiegeln.

Tessiner Herbsttag

In manchen Jahren kann sich unser Tessiner Sommer nicht zum Abschiednehmen entschließen. Während er sonst, in heißen und gewittrigen Jahren, oft zu Ende des August oder zu Anfang des September plötzlich in einem mehrtägigen, wilden Gewitter mit Wolkenbrüchen sich austobt und dann plötzlich gebrochen und alt ist und sich matt und verlegen verliert, hält er sich in diesen anderen Jahren viele Wochen lang immer und immer wieder, ohne Gewitter, ohne Regen, freundlich, still, ein Stifterscher Nachsommer, ganz blau und gold, ganz Frieden und Milde, unterbrochen nur zuweilen vom Föhn, der dann ein, zwei Tage lang an den Bäumen rüttelt und die Kastanien in den grünen Stachelhülsen vorzeitig herunterwirft, und das Blau noch etwas blauer, das helle warme Violett der Berge noch etwas lichter, die Durchsichtigkeit der glasigen Luft noch um einen Grad klarer macht. Langsam, langsam und auf viele Wochen verteilt, färben sich die Blätter, wird die Rebe gelb und braun oder purpurn, der Kirschbaum scharlachrot, der Maulbeerbaum goldgelb, und im bläulich dunklen Laub der vielen Akazien flimmern die verfrüht vergilbten ovalen Blättchen wie versprengte Sternfunken.

Viele Jahre lang, zwölf Jahre lang habe ich diese Spätsommer und Herbste hier miterlebt, als Wanderer, als stiller Betrachter, als Maler, und wenn die Weinlese begann und zwischen den braungoldenen Weinblättern und schwarzblauen Trauben die roten Kopftücher der Weiber und Jubelschreie der Burschen aufklangen, oder wenn ich an einem windstillen und leicht bedeckten Tage in der weiten Landschaft unseres Seetales überall die kleinen blauen Rauchsäulen der ländlichen Herbstfeuer emporsteigen und die Nähe einhüllend mit der Ferne verbinden sah, dann fühlte ich nicht selten einen Neid und eine Wehmut, wie sie der Wanderer im Herbst und im Altern empfindet, wenn er über die Zäune weg zu den anderen hinüberschaut, den Seßhaften, die ihre Trauben ernten, ihren Wein keltern, ihre Kartoffeln zu Keller bringen, ihre Töchter verheiraten, ihre kleinen launigen Gartenfeuerchen brennen lassen und die ersten Kastanien vom Waldrande darin braten. Merkwürdig schön, beneidenswert und vorbildlich erscheinen die Bauern und Seßhaften dem Wanderer, wenn es Herbst wird und sie ihre halb festlichen Arbeiten tun, ihre bukolischen und georgischen Bräuche begehen, ihre Lieder singen, ihre Trauben pflücken, ihre Fässer flicken, ihre Unkrautfeuer anzünden, um dabeizustehen, Kastanien zu braten und dem blauen zarten Rauche nachzublicken, wie er langsam sich verspielt und verliert und die allzu klare, glasige Landschaft heimlicher, versteckter, wärmer und versprechender macht. Zu nichts anderem scheinen diese Feld- und Gartenfeuer ja zu brennen. Angeblich dienen sie dazu, die störenden Brombeerpflanzen und das Kartoffelkraut zu vernichten, dem Boden Asche zu geben, die stachligen Kastanienschalen zu verbrennen, die nicht im Grase bleiben dürfen, weil sie für das Vieh gefährlich sind. Aber jeder Bauer, der da irgendwo zwischen den Rebstangen und Maulbeerstämmchen träumerisch sein Feuer schürt, scheint es doch nur zu tun um eben dieser Träumerei willen, dieses kindlich hirtenhaften Müßigganges, und um das Blau der Ferne mit den gelben, roten, braunen Klängen der farbigen Nähe zarter, inniger und musikalischer zu verbinden durch den träumerisch und launisch hinschleichenden Rauch, der um diese Jahreszeit tage- und wochenlang vom Morgen bis zum rosigen Abend unsere farbige Landschaft erfüllen und verschleiern hilft.

Oft hatte ich dem Rauche und den beim Feuer hockenden Männern und Buben zugesehen, wie sie ihre letzten Feldarbeiten träg und lässig besorgten mit einer Sattheit und leisen

Schläfrigkeit, die mich an die Bewegungen der Schlangen und der Eidechsen, und auch der Insekten erinnerte, welche, wenn es Herbst und kühl zu werden beginnt, so schlafsüchtig und leise taumelnd, so langsam und gelassen ihre gewohnten Gänge und Arbeiten verrichten, satt vom Sommer, müde von der Sonne, gewillt zu Ruhe und Winter, zu Schlaf und Dämmerung. Und immer hatte ich sie ein wenig beneidet, den Kuhhirten Felice und den reichen Bauern Franchini, den man »il barone« (sprich: barong) nennt, die Kastanienbrater an den Feldfeuern, wie sie herumstehen und mit rauchenden Gerten den Braten aus der Glut hervorkitzeln, die singenden Kinder, die schläfrig über die Blumen kriechenden Bienen, die ganze friedevolle, zur Winterruhe bereite, problemlose, angstlose, einfache und gesunde Welt der Natur und des primitiven, bäurischen Menschenlebens. Ich hatte Gründe für meinen Neid, denn ich kannte das vegetative Glück dieser Hingabe an Feldfeuerchen und herbstliche Trägheit recht wohl, ich hatte selber einst manche Jahre meinen Garten bestellt, und meine eigenen Feuerchen brennen gehabt, und immer um diese herbstliche Zeit tat es mir leid darum, und sah ich das Verlorene im verklärenden Licht eines nicht verzehrenden, aber doch tiefen Heimwehs. Irgendwo heimisch zu sein, ein Stückchen Land zu lieben und zu bebauen, nicht bloß zu betrachten und zu malen, teilzuhaben am bescheidenen Glück der Bauern und Hirten, am vergilischen, in zweitausend Jahren unveränderten Rhythmus des ländlichen Kalenders, das schien mir ein schönes, zu beneidendes Los, obwohl ich selbst es einstmals gekostet und erfahren hatte, daß es nicht genüge, um mich glücklich zu machen.

Und siehe, dies holde Los war mir jetzt noch einmal zugedacht, es war mir in den Schoß gefallen wie eine reife Kastanie dem Wanderer auf den Hut fällt, er braucht sie nur zu öffnen und zu essen. Ich war, wider alles Erwarten, noch einmal seßhaft geworden und besaß, nicht als Eigentum, aber doch als lebenslänglicher Pächter, ein Stück Land! Eben erst hatten wir unser Haus darauf gebaut und waren eingezogen, und jetzt begann für mich, aus vielen Erinnerungen her vertraut, noch einmal ein Stückchen bäuerlichen Lebens. Ich hatte es damit nicht mehr leidenschaftlich und heftig im Sinn, ich würde es mehr läßlich betreiben, mehr die Muße suchen als die Arbeit, mehr am blauen Herbstfeuer-Rauche träumen als Wälder roden und Pflanzungen anlegen. Immerhin, ich hatte eine schöne Weißdornhecke gepflanzt, und Sträucher und Bäume, und viele Blumen, und jetzt brachte ich diese Spätsommer- und Herbsttage, die unvergleichlichen, beinahe ganz im Gras und Garten hin, mit kleinen Arbeiten, mit dem Schneiden der jungen Hecke, dem Vorbereiten eines Gemüsegartens für den Frühling, dem Säubern der Wege, dem Reinigen der Quelle – und bei allen diesen kleinen Arbeiten hatte ich ein Feuer auf der Erde brennen, ein Feuer aus Unkraut, aus dürrem Gezweig und Dörnicht, aus grünen oder braunwelken Kastanienschalen.

Zuweilen im Leben, mag es im übrigen sein wie es wolle, trifft doch etwas wie Glück ein, etwas wie Erfüllung und Sättigung. Gut vielleicht, daß es nie lange währen darf. Für den Augenblick schmeckt es wundervoll, das Gefühl der Seßhaftigkeit, des Heimathabens, das Gefühl der Freundschaft mit Blumen, Bäumen, Erde, Quelle, das Gefühl der Verantwortlichkeit für ein Stückchen Erde, für fünfzig Bäume, für ein paar Beete Blumen, für Feigen und Pfirsiche.

Jeden Morgen lese ich vor dem Atelierfenster ein paar Hände voll Feigen auf und esse davon, dann hole ich Strohhut, Gartenkorb, Hacke, Rechen, Heckenschere und begebe mich ins herbstliche Gelände. Ich stehe an der Hecke, befreie sie aus dem meterhohen Unkraut, das sie bedrängt, häufe in großen Haufen die Winden und den Knöterich, den Schachtelhalm und den Wegerich, entzünde ein Feuerchen am Boden, nähre es mit etwas Holz, decke es mit etwas Grünem, daß es langsam schmore, sehe den blauen Rauch sanft und stetig wie eine Quelle fluten und zwischen den goldenen Maulbeerkronen hinüber ins Blau des Sees, der Berge und des Himmels schwimmen. Es kommt allerlei nachbarliches, vertrauliches Geräusch zu mir von meinen Mitbauern, es stehen am Wasser meiner Quelle zwei alte Weiber und waschen Wäsche, und schwatzen, und beteuern ihre Erzählungen mit schönen Redewendungen, mit »magari« und »santo cielo!« Es kommt vom Tal herauf ein hübscher barfüßiger Knabe, das ist Tullio, Alfredos Sohn, ich erinnere mich an das Jahr seiner Geburt, ich war damals schon Montagnolese, jetzt ist er elf Jahre alt. Sein violettes zerwaschenes Hemdchen steht schön vor der Seebläue, er bringt vier graue Kühe mit zur Herbstweide, mit rosigen und flaumigen Mäulern atmen sie prüfend den Streifen Feuerrauch, der ihre Nasen erreicht hat, reiben die Köpfe aneinander oder an den Maulbeerstämmen, traben zwanzig Schritt weit, bleiben vor einer Rebenzeile stehen, werden vom kleinen Hirten ermahnt, wenn sie an den Reben zerren und läuten im Hinschreiten stetig mit den kleinen Halsglokken. Ich rupfe den Knöterich aus, es tut mir leid um ihn, aber meine Hecke ist mir lieber, und am feuchten Boden tritt allerlei Pflanzentum und Tierleben unter meinen säubernden Händen zutage: eine lichtbraune, schöne Kröte, sie weicht ein wenig vor meiner Hand zur Seite, bläht den Hals und schaut mich an, die Augen sind Edelsteine. Heuschrecken fliegen auf, aschgraue Tiere, die im Fliegen blaue und ziegelrote Flügel entfalten. Erdbeersträucher wachsen mit winzigen sorgfältig gezahnten Blättern, und eine davon trägt eine winzige weiße Blüte mit gelbem Stern. Tullio schaut seinen Kühen zu. Er ist ein Knabe von elf Jahren, und keine Schlafmütze, aber auch er schon in seinem drangvollen Knabenfrühling spürt die Luft der Jahreszeit, spürt die Sattheit nach dem Sommer, die Trägheit nach der Ernte, das träumerische Ruhebedürfnis, dem Winter entgegen. Er schlendert still und träge, bleibt oft viertelstundenlang regungslos, schaut aus den klugen braunen Augen in das blaue Land, zu den fernen weißleuchtenden Dörfern an den violetten Berghängen, nagt manchmal eine Weile an einer rohen Kastanie und wirft sie wieder weg. Endlich legt er sich nieder ins kurze Gras, zieht eine Weidenflöte heraus, fängt leise zu blasen an und probiert, was für Melodien sich auf ihr spielen lassen: sie hat nur zwei Töne. Die zwei Töne genügen zu vielen Melodien, sie genügen, mit ihrem Ton von Holz und Rinde, um die blaue Landschaft, den feurigen Herbst, den schläfrig ziehenden Rauch, die fernen Dörfer und den matt spiegelnden See zu besingen, und die Kühe und die Weiber am Brunnen, samt den braunen Schmetterlingen und den roten Steinnelken. Auf und ab geht seine Urmelodie, so hat sie schon Vergil gehört und auch schon Homer. Sie dankt den Göttern, sie preist das Land, den herben Apfel, die süße Traube, die kernige Kastanie, sie lobt dankbar das Blau, das Rot und das Gold, die Heiterkeit des Seetales, die Ruhe der fernen hohen Gebirge, und beschreibt und preist ein Leben, von dem die Städter nichts wissen und das weder so roh noch so lieblich ist, wie sie es sich denken, ein Leben, das nicht geistig und nicht heroisch ist, und das doch jeden geistigen und jeden heroischen Menschen im Tiefsten anzieht wie eine verlorene Heimat, denn es ist das Leben der ältesten und langlebigsten Menschengattung, der einfachsten und der frömmsten, das Leben des Landbebauers, ein Leben voll Fleiß und Mühe, aber ohne Hast und ohne eigentliche Sorge, denn sein Grund ist Frömmigkeit, ist Vertrauen zu den Gottheiten der Erde, des Wassers, der Luft, zu den Jahreszeiten, zu den Kräften der Pflanzen und der Tiere. Ich höre dem Liede zu, und decke eine Schicht Laub auf mein herabgebranntes Feuer, und möchte ohne Ende so stehen, so wunschlos und ruhig, und über die goldenen Maulbeerkronen hinweg in die farbenerfüllte, reiche Landschaft blicken, die so beruhigt und so ewig scheint, obwohl sie noch vor kurzem von den glühenden Strömen des Sommers durchwühlt war und bald von den Schneefällen und Stürmen des Winters heimgesucht wird.

(1931)

Oktober 1944

Leidenschaftlich strömt der Regen,
Schluchzend wirft er sich ins Land,
Bäche gurgeln in den Wegen
Überfülltem See entgegen,
Der noch jüngst so gläsern stand.

Daß wir einmal fröhlich waren
Und die Welt uns selig schien,
War ein Traum. In grauen Haaren
Stehn wir herbstlich und erfahren,
Leiden Krieg und hassen ihn.

Kahlgefegt und ohne Flitter
Liegt die Welt, die einst gelacht;
Durch entlaubter Äste Gitter
Blickt der Winter todesbitter,
Und es greift nach uns die Nacht.

Der Pfirsichbaum

Heut nacht ging der Föhn gewaltig und erbarmungslos über das geduldige Land, über die leeren Felder und Gärten, durch die dürren Reben und den kahlen Wald, zerrte an jedem Ast und Stamm, heulte fauchend vor jedem Hindernis, klapperte knöchern im Feigenbaum und trieb die Wolken welken Laubes in Wirbeln bis in alle Höhen. Sauber in große Haufen hingestrichen lag es am Morgen, plattgedrückt und geduckt, hinter jeder Ecke und jedem Mauervorsprung, die einen Windschutz boten.

Und als ich in den Garten kam, war ein Unglück geschehen. Der größte von meinen Pfirsichbäumen lag am Boden, nahe über der Erde abgebrochen und über die steile Böschung des Rebberges hinabgestürzt. Sie werden ja nicht sehr alt, diese Bäume, und gehören nicht zu den Riesen und Helden, sie sind zart und anfällig, gegen Verletzungen überempfindlich, ihr harziger Saft hat etwas von altem, überzüchtetem Adelsblut. Es war kein besonders edler oder schöner Baum, der da gefallen war, aber er war eben doch der größte meiner Pfirsichbäume gewesen, ein alter Bekannter und Freund, schon länger als ich auf diesem Grundstück heimisch. Jedes Jahr hatte er bald nach der Mitte des März seine Knospen geöffnet und seine rosig blühende, schaumige Krone kraftvoll vom Blau des Schönwetterhimmels abgehoben, hatte in den launigen Böen frischer Apriltage geschaukelt, durchflogen von den goldenen Flammen der Zitronenfalter, hatte sich gegen den bösen Föhn gestemmt, war still und wie träumerisch im nassen Grau der Regenzeiten gestanden, leicht gebeugt zu seinen Füßen niederblickend, wo mit jedem Regentag das Gras der steilen Rebhänge grüner und fetter wurde. Manchmal hatte ich einen kleinen blühenden Zweig von ihm mit ins

Haus und Zimmer genommen, manchmal ihm zur Zeit, wo die Früchte schwer zu werden begannen, mit einer Stütze geholfen, manchmal auch hatte ich in frühern Jahren, frech genug, ihn in seiner Blütezeit zu malen versucht. In allen Jahreszeiten hatte er dagestanden, seinen Ort in meiner kleinen Welt gehabt und mit dazugehört, hatte Hitze und Schnee, Sturm und Stille miterlebt, hatte seinen Ton zum Liede, seinen Klang zum Bilde beigetragen, war allmählich hoch über die Rebenpfähle hinausgewachsen und hatte Generationen von Eidechsen, Schlangen, Schmetterlingen und Vögeln überdauert. Er war nicht ausgezeichnet, nicht besonders beachtet, aber unentbehrlich gewesen. Zur Zeit der beginnenden Reife hatte ich jeden Morgen den kleinen Abstecher vom Treppenwegchen zu ihm hinüber gemacht, die in der Nacht gefallenen Pfirsiche aus dem feuchten Gras gelesen und sie in der Tasche, im Korb oder auch im Hut mit zum Hause hinauf gebracht und auf die Terrassenbrüstung an die Sonne gelegt.
Nun war an dem Ort, der diesem alten Bekannten und Freund gehört hatte, ein Loch entstanden, die kleine Welt hatte einen Riß, durch den das leere, das Finstre, der Tod, das Grauen hereinblickte. Traurig lag der gebrochene Stamm, das Stammholz sah mürbe und etwas schwammig aus, die Äste waren im Sturz geknickt, in zwei Wochen vielleicht hätten sie wieder einmal ihre rosenrote Frühlingskrone getragen und den blauen oder grauen Himmeln entgegengehalten. Nie mehr würde ich einen Zweig, nie mehr eine Frucht von ihm pflücken, nie mehr die eigenwillige und etwas phantastische Struktur seiner Verästelung nachzuzeichnen versuchen, nie mehr am heißen Sommermittag vom Treppenweg zu ihm hinübergehen, um einen Augenblick in seinem dünnen Schatten zu rasten. Ich rief Lorenzo, den Gärtner, und wies ihn an, den Gestürzten zum Stall zu tragen. Da würde er am nächsten Regentag, wenn es gerade keine andre Arbeit gab, zu Brennholz zersägt werden. Unmutig sah ich ihm nach.

Februar im Tessin. Aquarell um 1925

Ach, daß auch auf Bäume kein Verlaß ist, daß auch sie einem abhanden kommen, einem wegsterben, uns eines Tages im Stich lassen und ins große Dunkel hinüber verschwinden können!
Ich sah Lorenzo nach, der schwer an dem Stamm zu schleppen hatte. Leb wohl, mein lieber Pfirsichbaum! Wenigstens bist du, und dafür preise ich dich glücklich, einen anständigen, einen natürlichen und richtigen Tod gestorben, hast dich gestemmt und gehalten, bis es nicht mehr ging und dir der große Feind die Glieder aus den Gelenken drehte. Du hast nachgeben müssen, bist gestürzt und von deiner Wurzel getrennt worden. Aber du bist nicht von Fliegerbomben zersplittert, nicht von teuflischen Säuren verbrannt, nicht wie Millionen aus der heimatlichen Erde gerissen, mit blutenden Wurzeln wieder flüchtig eingepflanzt und bald aufs neue gepackt und heimatlos gemacht worden, du hast nicht Untergang und Zerstörung, Krieg und Schändung um dich her erleben und im Elend absterben müssen. Du hast ein Schicksal gehabt, wie es deinesgleichen zukommt und ansteht. Dafür preise ich dich glücklich; du bist besser und schöner alt geworden und bist würdiger gestorben als wir, die wir uns in unsern alten Tagen gegen das Gift und Elend einer verpesteten Welt zu wehren haben und jeden Atemzug sauberer Luft der ringsum fressenden Verderbnis abkämpfen müssen.
Als ich den Baum hatte liegen sehen, hatte ich wie immer bei einem solchen Verlust an Ersatz gedacht, an Neupflanzen. An der Stelle des Gestürzten würden wir ein Loch graben und es eine gute Weile offen stehen lassen, der Luft, dem Regen und der Sonne ausgesetzt, in das Loch würden wir mit der Zeit etwas Mist, etwas Dung vom Unkrauthaufen, und allerlei mit Holzasche gemischte Abfälle tun, und dann eines Tages, womöglich bei einem sanften lauen Regen, ein neues, junges Bäumchen pflanzen. Es würde auch diesem Jungen, diesem Baumkind, Erde und Luft hier leidlich behagen, auch es würde zum Kameraden und guten Nachbarn der Reben,

der Blumen, der Eidechsen, der Vögel und der Schmetterlinge werden, würde in ein paar Jahren Früchte tragen, würde jeden Frühling in der zweiten Hälfte des März seine lieben Blüten treiben und, wenn das Schicksal ihm wohlwollte, einmal als ein alter müdgewordener Baum irgendeinem Sturm oder Erdrutsch oder Schneedruck zum Opfer fallen.
Aber ich konnte mich diesmal nicht zum Nachpflanzen entschließen. Ich hatte ziemlich viele Bäume in meinem Leben gepflanzt, es kam auf den einen nicht an. Und es wehrte sich etwas in mir dagegen, auch hier und diesmal wieder den Kreislauf zu erneuern, das Rad des Lebens aufs neue anzutreiben, dem gefräßigen Tode eine neue Beute heranzuzüchten. Ich mochte nicht. Die Stelle sollte leer bleiben.

(1945)

Kaminfegerchen

Am Karnevals-Dienstag Nachmittag mußte meine Frau rasch nach Lugano. Sie redete mir zu, ich möchte mitkommen, dann könnten wir eine kleine Weile dem Flanieren der Masken oder vielleicht einem Umzug zusehen. Mir war es nicht danach zumute, seit Wochen von Schmerzen in allen Gelenken geplagt und halb gelähmt spürte ich Widerwillen schon beim Gedanken, den Mantel anziehen und in den Wagen steigen zu müssen. Aber nach einigem Widerstreben bekam ich doch Courage und sagte zu. Wir fuhren hinunter, ich wurde bei der Schifflände abgesetzt, dann fuhr meine Frau weiter, einen Parkplatz zu suchen, und ich wartete mit Kato, der Köchin, in einem dünnen und doch spürbaren Sonnenschein, inmitten eines lebhaft, aber gelassen flutenden Verkehrs. Lugano ist schon an gewöhnlichen Tagen eine ausgesprochen fröhliche und freundliche Stadt, heute aber lachte sie einen auf allen Gassen und Plätzen übermütig und lustig an, die bunten Kostüme lachten, die Gesichter lachten, die Häuser an der Piazza mit menschen- und maskenüberfüllten Fenstern lachten, und es lachte heut sogar der Lärm. Er bestand aus Schreien, aus Wogen von Gelächter und Zurufen, aus Fetzen von Musik, aus komischem Gebrüll eines Lautsprechers, aus Gekreische und nicht ernst gemeinten Schreckensrufen von Mädchen, die von den Burschen mit Fäusten voll Confetti beworfen wurden, wobei die Hauptabsicht offenbar die war, den Beschossenen möglichst einen Haufen der Papierschnitzel in den Mund zu zwingen. Überall war das Straßenpflaster mit dem vielfarbigen Papierkram bedeckt, unter den Arkaden ging man darauf weich wie auf Sand oder Moos.

Bald war meine Frau zurück, und wir stellten uns an einer

Ecke der Piazza Riforma auf. Der Platz schien Mittelpunkt des Festes zu sein. Platz und Trottoirs standen voll Menschen, zwischen deren bunten und lauten Gruppen aber außerdem ein fortwährendes Kommen und Gehen von flanierenden Paaren oder Gesellschaften lief, eine Menge kostümierter Kinder darunter. Und am jenseitigen Rande des Platzes war eine Bühne aufgeschlagen, auf der vor einem Lautsprecher mehrere Personen lebhaft agierten: Ein Conférencier, ein Volkssänger mit Gitarre, ein feister Clown und andere. Man hörte zu oder nicht, verstand oder verstand nicht, lachte aber auf jeden Fall mit, wenn der Clown wieder einen wohlbekannten Nagel auf den wohlbekannten Kopf getroffen hatte, Akteure und Volk spielten zusammen, Bühne und Publikum regten einander gegenseitig an, es war ein dauernder Austausch von Wohlwollen, Anfeuerung, Spaßlust und Lachbereitschaft. Auch ein Jüngling wurde vom Conférencier seinen Mitbürgern vorgestellt, ein junger Künstler, Dilettant von bedeutenden Gaben, er entzückte uns durch die virtuose Nachahmung von Tierstimmen und anderen Geräuschen.

Höchstens eine Viertelstunde, hatte ich mir ausbedungen, wollten wir in der Stadt bleiben. Wir blieben aber eine gute halbe Stunde, schauend, hörend, zufrieden. Für mich ist schon der Aufenthalt in einer Stadt, unter Menschen, und gar in einer festlichen Stadt, etwas ganz Ungewohntes und halb Beängstigendes, halb Berauschendes, ich lebe wochen- und monatelang allein in meinem Atelier und meinem Garten, sehr selten noch raffe ich mich auf, den Weg bis in unser Dorf, oder auch nur bis ans Ende unsres Grundstücks, zurückzulegen. Nun auf einmal stand ich, von einer Menge umdrängt, inmitten einer lachenden und spaßenden Stadt, lachte mit und genoß den Anblick der Menschengesichter, der so vielartigen, abwechslungs- und überraschungsreichen, wieder einmal einer unter vielen, dazugehörig, mitschwingend. Es würde natürlich nicht lange dauern, bald würden die kalten schmerzenden Füße, die müden schmerzenden Beine genug haben und heimbegehren, bald auch würde der kleine holde Rausch des Sehens und Hörens, das Betrachten der tausend so merkwürdigen, so schönen, so interessanten und liebenswerten Gesichter und das Horchen auf die vielerlei Stimmen, die sprechenden, lachenden, schreienden, kecken, biederen, hohen, tiefen, warmen oder scharfen Menschenstimmen mich ermüdet und erschöpft haben; der heiteren Hingabe an die üppige Fülle der Augen- und Ohrengenüsse würde die Ermattung und jene dem Schwindel nah verwandte Furcht vor dem Ansturm der nicht mehr zu bewältigenden Eindrücke folgen. »Kenne ich, kenne ich«, würde hier Thomas Mann den Vater Briest zitieren. Nun, es war, wenn man sich die Mühe nahm, ein wenig nachzudenken, nicht allein die Altersschwäche schuld an dieser Furcht vor dem Zuviel, vor der Fülle der Welt, vor dem glänzenden Gaukelspiel der Maja. Es war auch nicht bloß, um mit dem Vokabular der Psychologen zu sprechen, die Scheu des Introvertierten vor dem Sichbewähren der Umwelt gegenüber. Es lagen auch andre, gewissermaßen bessere Gründe für diese leise, dem Schwindel so ähnliche Angst und Ermüdbarkeit vor. Wenn ich meine Nachbarn ansah, die während jener halben Stunde auf der Piazza Riforma neben mir standen, so wollte es mir scheinen, sie weilten wie Fische im Wasser, lässig, müde, zufrieden, zu nichts verpflichtet; es wollte mir scheinen, als nähmen ihre Augen die Bilder und ihre Ohren die Laute so auf, als säße nicht hinter dem Auge ein Film, ein Gehirn, ein Magazin und Archiv und hinterm Ohr eine Platte oder ein Tonband, in jeder Sekunde beschäftigt, sammelnd, raffend, aufzeichnend, verpflichtet nicht nur zum Genuß, sondern weit mehr zum Aufbewahren, zum etwaigen späteren Wiedergeben, verpflichtet zu einem Höchstmaß an Genauigkeit im Aufmerken. Kurz, ich stand hier wieder einmal nicht als Publikum, nicht als verantwortungsloser Zuschauer und Zuhörer, sondern als Maler mit dem Skizzenbuch in der Hand, arbeitend, angespannt. Denn eben dies war ja unsre, der Künstler, Art von Genießen und Festefeiern, sie bestand aus Arbeit, aus Verpflichtung, und war dennoch Genuß – soweit eben die Kraft hinreichte, soweit eben die Augen das fleißige Hin und Her zwischen Szene und Skizzenbuch ertrugen, soweit eben die Archive im Gehirn noch Raum und Dehnbarkeit besaßen. Ich würde das meinen Nachbarn nicht erklären können, wenn es von mir verlangt würde, oder wenn ich es versuchen wollte, so würden sie vermutlich lachen und sagen: »Caro uomo, beklagen Sie sich nicht zu sehr über Ihren Beruf! Er besteht im Anschauen und eventuellen Abschildern lustiger Dinge, wobei Sie sich angestrengt und fleißig vorkommen mögen, während wir andern für Sie Feriengenießer, Gaffer und Faulenzer sind. Wir haben aber tatsächlich Ferien, Herr Nachbar, und sind hier, um sie zu genießen, nicht um unsern Beruf auszuüben wie Sie. Unser Beruf aber ist nicht so hübsch wie der Ihre, Signore, und wenn Sie ihn gleich uns einen einzigen Tag lang in unseren Werkstätten, Kaufläden, Fabriken und Büros ausüben müßten, wären Sie schnell erledigt.« Er hat recht, mein Nachbar, vollkommen recht; aber es hilft nichts, auch ich glaube recht zu haben. Doch sagen wir einander unsre Wahrheiten ohne Groll, freundlich und mit etwas Spaß; jeder hat nur den Wunsch, sich ein wenig zu rechtfertigen, nicht aber den Wunsch, dem andern weh zu tun.

Immerhin, das Auftauchen solcher Gedanken, das Imaginieren solcher Gespräche und Rechtfertigungen war schon der Beginn des Versagens und Ermüdens; es würde gleich Zeit sein heimzukehren und die versäumte Mittagsruhe nachzuholen. Ach, und wie wenige von den schönen Bildern dieser halben Stunde waren ins Archiv gelangt und gerettet! Wieviel Hunderte, vielleicht die schönsten, waren meinen untüchtigen Augen und Ohren schon ebenso spurlos entglitten wie denen, die ich glaubte als Genießer und Gaffer ansehen zu dürfen!

Eins der tausend Bilder ist mir dennoch geblieben und soll für die Freunde ins Skizzenbüchlein gebracht werden.
Beinahe die ganze Zeit meines Aufenthalts auf der festlichen Piazza stand mir nahe eine sehr stille Gestalt, ich hörte sie während jener halben Stunde kein Wort sagen, sah sie kaum einmal sich bewegen, sie stand in einer merkwürdigen Einsamkeit oder Entrücktheit mitten in dem bunten Gedränge und Getriebe, ruhig wie ein Bild, und sehr schön. Es war ein Kind, ein kleiner Knabe, wohl höchstens etwa sieben Jahre alt, ein hübsches kleines Figürchen mit unschuldigem Kindergesicht, für mich dem liebenswertesten Gesicht unter den Hunderten. Der Knabe war kostümiert, er steckte in schwarzem Gewand, trug ein schwarzes Zylinderhütchen und hatte den einen seiner Arme durch ein Leiterchen gesteckt, auch eine Kaminfegerbürste fehlte nicht, es war alles sorgfältig und hübsch gearbeitet, und das kleine liebe Gesicht war ein wenig mit Ruß oder andrem Schwarz gefärbt. Davon wußte er aber nichts. Im Gegensatz zu allen den erwachsenen Pierrots, Chinesen, Räubern, Mexikanern und Biedermeiern, und ganz und gar im Gegensatz zu den auf der Bühne agierenden Figuren, hatte er keinerlei Bewußtsein davon, daß er ein Kostüm trage und einen Kaminfeger darstelle, und noch weniger davon, daß das etwas Besonderes und Lustiges sei und ihm so gut stehe. Nein, er stand klein und still auf seinem Platz, auf kleinen Füßen in kleinen braunen Schuhen, das schwarz lackierte Leiterchen über der Schulter, vom Gewoge umdrängt und manchmal ein wenig gestoßen, ohne es zu merken, er stand und staunte mit träumerisch entzückten, hellblauen Augen aus dem glatten Kindergesicht mit den geschwärzten Wangen empor zu einem Fenster des Hauses, vor dem wir standen. Dort im Fenster, eine Mannshöhe über unsern Köpfen, war eine vergnügte Gesellschaft von Kindern beisammen, etwas größer als er, die lachten, schrien und stießen sich, alle in bunten Vermummungen, und von Zeit zu Zeit ging aus ihren Händen und Tüten ein Regen von Con-

fetti über uns nieder. Gläubig, entrückt, in seliger Bewunderung blickten die Augen des Knaben staunend empor, gefesselt, nicht zu sättigen, nicht loszulösen. Es war kein Verlangen in diesem Blick, keinerlei Begierde, nur staunende Hingabe, dankbares Entzücken. Ich vermochte nicht zu erkennen, was es sei, das diese Knabenseele so staunen und das einsame Glück des Schauens und Bezaubertseins erleben ließ. Es mochte die Farbenpracht der Kostüme sein, oder ein erstmaliges Innewerden der Schönheit von Mädchengesichtern, oder das Lauschen eines Einsamen und Geschwisterlosen auf das gesellige Gezwitscher der hübschen Kinder dort droben, vielleicht auch waren die Knabenaugen nur entzückt und behext von dem sacht rieselnden Farbenregen, der von Zeit zu Zeit aus den Händen jener Bewunderten herabsank, sich dünn auf unsern Köpfen und Kleidern und dichter auf dem Steinboden sammelte, den er schon wie feiner Sand bedeckte.

Und ähnlich wie dem Knaben ging es mir. So wie er weder von sich selbst und den Attributen und Intentionen seiner Verkleidung noch von der Menge, dem Clownstheater und den das Volk wie in Wogengängen durchpulsenden Schwellungen des Gelächters und Beifalls etwas wahrnahm, einzig dem Anblick im Fenster hörig, so war auch mein Blick und mein Herz mitten im werbenden Gedränge so vieler Bilder immer wieder dem einen Bilde zugehörig und hingegeben, dem Kindergesicht zwischen schwarzem Hut und schwarzem Gewand, seiner Unschuld, seiner Empfänglichkeit für das Schöne, seinem unbewußten Glück.

(1953)

Winter im Tessin

Seit der Wald sich ganz gelichtet,
Wie verwandelt ist die Welt,
Hier geweitet, da verdichtet,
Alles neu und blaß durchhellt!

Berge tragen lila Schleier,
Glasig leuchtet ferner Schnee:
Alle Linien spielen freier,
Näher, größer scheint der See.

Und am Südhang im Geklüfte
Warme Sonne, lauer Wind,
Und die Erde atmet Düfte,
Die schon voll von Frühling sind.

Dank ans Tessin

Mir das Leben leicht und bequem zu machen, habe ich leider niemals verstanden. *Eine* Kunst aber ist mir immer zu Gebote gestanden: die Kunst, schön zu wohnen. Seit der Zeit, da ich meinen Wohnort mir selbst wählen konnte, habe ich immer außerordentlich schön gewohnt, zuweilen primitiv und mit sehr wenig Komfort, aber immer habe ich eine charakteristische, große, weite Landschaft vor meinen Fenstern gehabt. Nie aber habe ich so schön gewohnt wie im Tessin, und noch keinem meiner Wohnorte bin ich so viele Jahre treu geblieben wie meinem jetzigen, es sind fünfunddreißig Jahre, und ich werde ihn nicht mehr verlassen. Die Tessiner Landschaft, die ich im Jahr 1907 zum erstenmal gründlicher kennenlernte, hat mich stets wie eine vorbestimmte Heimat oder doch wie ein ersehntes Asyl angezogen und empfangen. In vielen meiner Dichtungen ist sie beschrieben, in einigen spielt sie die Hauptrolle, und eines meiner Bücher, das »Wanderung« heißt, ist nichts als ein Lobgesang an die Tessiner Landschaft. Sie ist mir zur Heimat geworden. Und auch die Tessiner liebe ich sehr, nicht nur ihre Landschaft und ihr Klima. Es hat in den Jahrzehnten, seit ich unter ihnen wohne, Friede und Freundlichkeit zwischen uns geherrscht.

Ich habe es oft ausgesprochen: ein Dichter ist in vielen Beziehungen das anspruchsloseste Wesen der Welt. Aber in anderen Beziehungen wieder verlangt er viel, und stirbt lieber, als daß er verzichten würde. Mir zum Beispiel wäre es unmöglich zu leben, ohne daß die Umgebung meinen Sinnen wenigstens ein Minimum an echter Substanz, an wirklichen Bildern böte. In einer modernen Stadt, inmitten von kahler Nutz-Architektur, inmitten von Papierwänden, inmitten von imitiertem Holz, inmitten von lauter Ersatz und Täuschung zu leben, wäre mir vollkommen unmöglich, ich würde da sehr bald eingehen. Hier im Tessin aber finde ich manche Dinge, die nicht nur schön und wohlig anzusehen, sondern auch voll tausendjähriger Tradition und Kultur sind. Der nackte steinerne Tisch bei der steinernen Bank unterm Kirschlorbeer oder Buchsbaum, der Krug und die tönerne Schale voll Rotwein im Kastanienschatten, das Brot und der Ziegenkäse dazu – das alles ist zur Zeit des Horaz auch nicht anders gewesen als heute.

(1954)

Tagebuchblätter 1955

13. März

Heut ist Sonntag, vor den Fenstern kämpft die Sonne mit steigenden und wirbelnden Nebelschwaden, ich habe gut geschlafen und bin doch todmüde und schwindlig, mußte zum Frühstück Herztropfen nehmen. Dann fiel mir ein: im Rundfunk werde heut morgen ein Kapitel aus dem »Klingsor« gesendet, von einem guten Schauspieler gesprochen. Mir war es recht, es enthob mich für eine halbe Stunde aller Entschlüsse und Beschäftigungen. Ninon kam, und ich legte mich in der Bibliothek aufs Sofa. Der Sprecher konnte viel, er machte es gut. Er las den »Careno-Tag« aus dem »Klingsor«, ich paßte anfangs nicht besonders auf, aber es zog mich dann doch völlig in die Erzählung hinein, die ich nur fragmentarisch im Gedächtnis hatte. Und da kam denn beides herauf aus den Abgründen der Vergangenheit und des Vergessens: die Klingsordichtung samt der Zeit ihrer Entstehung, dem brennenden Sommer 1919, dem ersten nach dem Krieg, dem ersten meines Tessiner Lebens. Mit Staunen hörte ich zu und nahm die sich drängenden, glühenden, flakkernden Bilder in mich auf, es war eine schöne und spannende Dichtung, atemlos scheinbar und doch durchaus wohlproportioniert und in sich ruhig, und ich sah mich während der ganzen Vorlesung doppelt, sah mich als den, der den Klingsorsommer und Carenotag erlebt, und sah mich als den andern, der ihn, beinah gleichzeitig, geschrieben hatte. Das waren zwei wunderbar lebendige, sprühende, funkelnde Burschen, der Erlebende und der Dichtende, es schien ihnen nichts zu kühn, nichts zu schwierig, nichts zu ausgefallen und närrisch, sie wurden mit allem fertig. Aus einer ungeheuren Ferne, aber überdeutlich in allen Zügen, sah ich den Zaubertag sich abspielen, bewunderte den Maler, wie er wandern, lieben, beobachten, genießen, trinken, plaudern konnte, ein Hundertstel davon würde mich umbringen, und wie ihm die Einfälle zuströmten, immer gleich ein paar aufs mal, und wie er mit ihnen fertig wurde und sie zu formulieren und hinzustreuen wußte, scheinbar verantwortungslos, aber durchaus bewußt und beherrscht, ebenso glühend wie kühl, ebenso naiv wie artistisch. Mit geschlossenen Augen, immer ein wenig vom Schwindel belauert, hörte ich dem Vorleser zu, der mir mich selbst auf der Höhe des Lebens vorführte und dazu die Gestalten jener sommerlich berauschten Freundesrunde, von denen beinah alle längst in Gräbern ruhen und vergessen sind, und die andern haben sich verloren und haben jenen Tag und jenen Sommer und all das vergessen, was mir beim Zuhören heute das Herz so schmerzlich schön bewegt. Wunderbarer Zauber, glühend trauriger Zauber der Vergänglichkeit! Und noch wunderbarer das Nichtvergangensein, Nichterloschensein des Gewesenen, sein geheimes Fortleben, seine geheime Ewigkeit, seine Erweckbarkeit in der Erinnerung, sein Lebendigbegrabensein im stets wieder zu beschwörenden Wort! Und wer ist es, der auf dem Sofa liegt, leicht vom Schwindel gewiegt und entzückt vom Erzähler und seiner Geschichte, ein erloschener Alter, viel weniger wirklich als sein aus der Zeitentiefe zurückbeschworenes Selbstbildnis? . . .

1. Juli. – Es ist heißer Sommer geworden, mit häufigen heftigen Gewittern, etwas launisch und wetterwendisch, aber kräftig und wüchsig, das Laub und die Kastanienblüte von gewaltiger Fülle und Üppigkeit, die Beeren überreich wie seit Jahren nicht. Ich habe das Haus verlassen, um die Augen auszuruhen und eine Weile im Freien zu sein, und stehe unten im Garten bei meinem Feuerplatz nahe der Hecke, der Fußweg liegt eine Strecke weit schwarz voll großer gefallener Maulbeeren. Ich schichte meinen Köhlermeiler zurecht, es ist viel Papier zu verbrennen, und ich meide das Haus mit etwas

schlechtem Gewissen, denn es herrscht dort festliche Bedrängnis, morgen ist Geburtstag, und begonnen hat er schon vor Tagen mit Briefen in großer Zahl, Drucksachen, Bücherpaketen, und auch manche Freundesgaben sind schon angekommen . . .

Ich habe mein Feuer angezündet und bin mit einem hohen Haufen noch halbgrüner Äste und Zweige beschäftigt, sie sind Überbleibsel der letzten schweren Gewitterstürme und hauptsächlich des großen Mordes, der im Frühling auf Verordnung des Forstamtes an meinem Wald begangen worden ist, es liegen da und dort noch große Stapel von Ästen und Rindenriemen, Stoff für Hunderte von Feuern. Ich zerkleinere, was heut verbrannt werden soll, und scheide die stärkeren Stücke für den Wintervorrat aus. Ich knicke und breche die Zweige, vergesse allmählich die oben wartende festliche Post, die uns ohnehin für lange Zeit zu tun geben wird, und an Stelle der gewissen Bangigkeit vor all dieser Arbeit kommt ein eher fröhliches Gefühl in mir auf, Anklang an die gespannt erwartungsvolle Festvorfreude jener Geburtstage der Knabenzeit, als dieser Tag noch keine Briefe brachte und die Geschenke aus einem Knäuel Angelschnur, ein paar Bogen Schreibpapier und einem Glastöpfchen voll Honig aus Onkel Friedrichs »Gütle« bestanden. Das lag und stand auf einem kleinen Tischchen, dazu ein runder Kirschkuchen mit so vielen brennenden Kerzen, als meinem Alter zustanden, und vor das Tischchen führte mich die Mutter an der Hand, und wir alle sangen das Geburtstagslied, in das auch der Papagei Polly oboenhafte Jubeltöne mischte. So etwas noch einmal zu erleben, würde einem das alte Herz sprengen.

Doch hat die Freude und haben die Wunder nicht aufgehört. Während ich stand und Holz brach und mit den lang gestorbenen Lieben Gemeinschaft hatte, kam wie ein goldener Blitz aus blauem Sommermorgenhimmel etwas Fremdes geschossen, hell gelbgrün leuchtend, schwirrte an meinem Kopf vorbei, war im Weißdorn verschwunden, kam aber alsbald wieder hervorgeflogen und setzte sich zu meinen Füßen in die Zweige und war ein Papagei, ein Sittich, ein irgendwoher entkommener und mir zugeflogener Fremdling aus schöneren Welten.

»Ja, wo kommst denn du her?« fragte ich ihn, und es war ein Glück, daß ich aus jenen Jugendtagen her die Papageiensprache konnte. Der schöne leuchtende Vogel verstand mich zwar nur halb, denn ich sprach die Sprache Pollys, der ein grauer rotschwänziger, sprachbegabter und weiser Afrikaner und mehr als zwanzig Jahre unser lieber Hausgenosse gewesen war, aber war es auch nicht ganz die Mundart der grüngelben Sittiche, so war es doch Papageiisch, was ich redete, und so hob der Fremdling sein Köpfchen mir entgegen und blickte mich fragend an, und als ich mich bückte und das Gespräch aus nächster Nähe fortführte, blickte und nickte er ohne Scheu und funkelte mit den kleinen Augen, hörte artig meine Begrüßungen und Fragen an und zwitscherte mir allerlei kurze »staccato« gesprochene Antworten zu. Er begann auf der Erde nach Futter zu suchen, kam auch dem Feuer ganz nahe und schien den Rauch nicht als lästig zu empfinden, aber die paar feisten blanken Maulbeeren, die ich für ihn pflückte und ihm dicht vor den Schnabel legte, ließ er unbeachtet liegen. Ich nahm nun, in meiner Köhlerarbeit fortfahrend, einen langen Kastanienzweig in die Hand und wollte auch ihn zerkleinern und dem Feuer opfern, da flog Freund Sittich auf, schwang sich in die Luft und saß alsbald auf der Spitze meines Zweiges, schaute lustig auf mich herab und hatte nichts dagegen, als ich den Zweig sachte auf und ab bewegte. Ich habe seit vielen Jahren an diesem Platz, zu allen Zeiten des Jahres und des Tages unendlich vieles beobachtet und erlebt, Besuche von Amseln, ein paarmal von Igeln oder Schlangen und einmal den Besuch einer dicken schweren Schildkröte, aber etwas so Holdes, märchenhaft Unwahrscheinliches und doch so Vertrauliches war mir da noch nie begegnet wie diese vielleicht zehn Minuten währende Visite aus dem Urwald ferner

Zonen, dem Urwald ferner, vogelsprachekundiger Kindheit – oder war es der Wald des Piktorparadieses, der mir den blitzenden lustigen Vogel herübergeschickt hatte? Noch ein paarmal ließ Herr Sittich sich von mir sanft auf unsrem Zweig wiegen, dann war er des Spaßes satt und entflog, in die Hecke erst, dann auf die Birke, dann fort und davon.

Was mir bei diesem Abenteuer und nachher an Erinnerungen, Anklängen, Gedanken und Phantasien durch den Kopf ging, das aufzuschreiben würde Tage und Tage fordern. Es ist nicht möglich und ist auch nicht nötig. Allmählich kehrte ich aus der Verzauberung zurück, lang nach der Abreise des gelbgrünen Exoten, und es fiel mir wieder ein, was alles oben im Haus auf mich wartete. Ich packte zusammen, die Zappetta, das Aschensieb, die Gartenschere, nahm die Gerla auf den Rücken und stieg langsam den heißen Hang an den Rebenreihen vorbei nach oben. Auf der Terrasse beim Atelier stellte ich meine Sachen ab und langte nach dem Türgriff. Aber noch hatte dieser traumhaft-festliche Morgen seine Zauber nicht erschöpft.

Es wächst an einem der Granitpfeiler dieser Terrasse ein hoher Rosenstamm empor, seine diesjährige Blüte ist längst vorbei, zu seinen Füßen steht eine kleine üppige Wildnis von Montbretien und etwas zu alt gewordenen Türkenbundlilien, die wohl etwa in einer Woche die ersten Blüten haben werden. Aus diesem grünen Laubwinkel sah ich, vom starken Licht geblendet, etwas Dunkles emporschweben, lautlos und schattenhaft. Es war kein Vogel, es war ein Schmetterling, und zwar der hier sehr selten gewordene Trauermantel, den ich seit wohl drei, vier Jahren nie mehr zu Gesicht bekommen hatte. Es war ein großes, schönes, noch nicht lange ausgeschlüpftes Tier. Dunkel flatterte es mir um die Augen, schwebte von mir weg und wieder zu mir zurück, beroch mich, umflog mich und ließ sich auf meiner linken Hand nieder. Da blieb der Falter sitzen, legte die Flügel zusammen, deren untere Seiten so trübe Ruß- und Aschenfarben haben, breitete sie wieder aus und zeigte das tiefe samtene Braunviolett mit den neapelgelben Randstreifen und der köstlichen Reihe blauer Punkte, die so edel und diskret zwischen dem lichten Rand und der mit Caput mortuum wiederzugebenden Dunkelheit steht. Langsam, im Rhythmus ruhiger Atemzüge, schloß und öffnete der Schöne seine Sammetflügel, hielt sich mit sechs haardünnen Beinchen an meinem Handrücken fest und entschwebte nach einer kurzen Weile, ohne daß ich das Loslassen spürte, in die große heiße Helligkeit hinaus.

(1955)

Morgenstunde

Grau und blau getürmtes Schattenland
Ruht mit zackigem Gebirgesrand
Dunkelhart vor lichtem Himmelsgrün,
Ruht so ernst, so würdig, ruht so kühn
Wie ein Krieger nach bestandener Schlacht.
Wald und Schluchten hangen tief voll Nacht,
Schläfrig dämmern Dörfer, niedrig, mager,
Schafen gleich auf harter Heide Lager,
Tausendjährig, greis, doch kinderjung
In des alten Bergs Erinnerung,
Der sie gestern erst erbaun gesehen,
Der sie sinken sehn wird und vergehen,
Er, den einst das wilde Erdenweib
Glühend stieß aus schmerzgekrümmtem Leib,
Ehe Wälder, Schluchten, Dörfer waren.
Alles weiß er, der so viel erfahren,
Listig blinzelt er aus scharfer Scharte,
Daß Vergehn und Tod auch ihn erwarte,
Das zu spüren noch nicht steif und kalt genug,
Das zu denken noch nicht reif und alt genug.
Gähnend reckt er sich dem Licht entgegen,
Das den Himmel satt und satter tränkt,
Tief in seinen Schattenklüften regen
Sich die Wasser, die er seewärts lenkt.
Gipfel trägt und Grat er schneebedeckt,
Doch von Felsenstürzen grau gefleckt,
Sie erwarten schweigend und getrosten
Mutes ihren Morgenruf aus Osten.

Und der Ruf erdröhnt: lautlos, nur Licht!
Auf der höchsten Firnenkante bricht
Feuerfarbene Glut aus wie von innen,
Es erglühn, erstrahlen alle Zinnen
Rot und golden, königlich entfacht.
Aufhorcht froh erschrocken und erwacht
Berg und Tal und See. Der Traum zerrinnt,
Der sie niederhielt. Der Tag beginnt.

Vierzig Jahre Montagnola

Als ich vor einundvierzig Jahren, auf der Suche nach einer Zuflucht, zum erstenmal nach Montagnola kam und eine kleine Wohnung mietete, unter deren Balkönchen damals neben späten Magnolien ein gewaltig hoher Judasbaum in Blüte stand, war ich ein Mann »in den besten Jahren« und war gesonnen, nach einem vierjährigen Krieg, der auch für mich mit Niederlage und Bankrott geendet hatte, von vorn anzufangen. Und Montagnola war damals ein Dörfchen, zwar kein ärmliches und geducktes wie manches andere in der Gegend, aber doch ein bescheidenes, kleines und stilles, in dem es ein paar herrschaftliche Häuser aus älterer Zeit und zwei, drei neuere Landhäuser gab, das aber einen vorwiegend bäuerlichen Anblick bot. – Heute, ein paar Jahrzehnte später, bin ich kein Mann in guten oder besten Jahren mehr, sondern einer von den gebrechlichen und etwas komischen Gemeinde-Greisen, der nicht daran denkt, mit irgend etwas von vorn zu beginnen, der sein Grundstück kaum mehr verläßt und drunten auf dem Friedhof von St. Abbondio einen hübschen kleinen Platz gekauft hat. Montagnola ist kein Dorf und macht keinen bäuerlichen Eindruck mehr, es ist ein Vorstädtchen mit etwa viermal so vielen Einwohnern, mit einem stattlichen Postamt und Konsumladen, einem Café und einem Zeitungskiosk geworden, wir nennen es unter uns »Stadt Segelfoss«, an Hamsun denkend.

So ändern sich mit den Jahren die Menschen und die Dinge, es läßt sich nichts dagegen tun. – Aber in diesen paar Jahrzehnten habe ich in Montagnola viel Gutes, ja Wunderbares erlebt, von Klingsors flackerndem Sommer bis heute, und habe dem Dorf und seiner Landschaft viel zu danken. Ich habe meiner Dankbarkeit auch immer wieder Ausdruck zu geben versucht. Ich habe oft und oft das Lied dieser Berge, Wälder, Rebenhänge und Seetäler gesungen, auch jenes Balkönchen in Klingsors Wohnung und jener hohe Judasbaum – er war der höchste, den ich je gesehen, und ist später einem Föhnsturm zum Opfer gefallen – sind beschrieben und gepriesen worden. Ich habe Hunderte von Bogen guten Malpapiers und viele Farbtuben verbraucht, um mit Aquarellfarben oder Zeichenfeder den alten Häusern und Hohlziegeldächern, den Gartenmauern, dem Kastanienwald, den nahen und fernen Bergen meine Reverenz zu erweisen. Auch manchen Baum und Strauch habe ich hier gepflanzt, ein kleines Bambusgehölz am Waldrand und viele Blumen, und so hoffe ich, wenn ich auch kein Tessiner geworden bin, die Erde von St. Abbondio werde mich freundlich beherbergen, wie es Klingsors Palazzo und das rote Haus am Hügel so lange Zeit getan hat.

(1960)

Regen im Herbst

O Regen, Regen im Herbst,
Grau verschleierte Berge,
Bäume mit müde sinkendem Spätlaub!
Durch beschlagene Fenster blickt
Abschiedsschwer das krankende Jahr.
Fröstelnd im triefenden Mantel
Gehst du hinaus. Am Waldrand
Tappt aus entfärbtem Laub
Kröte und Salamander trunken,
Und die Wege hinab
Rinnt und gurgelt unendlich Gewässer,
Bleibt im Grase beim Feigenbaum
In geduldigen Teichen stehn.
Und vom Kirchturm im Tale
Tropfen zögernde müde
Glockentöne für einen vom Dorf,
Den sie begraben.

Du aber traure, Lieber,
Nicht dem begrabenen Nachbarn,
Nicht dem Sommerglück länger nach,
Noch den Festen der Jugend!
Alles dauert in frommer Erinnerung,
Bleibt im Wort, im Bild, im Liede bewahrt,
Ewig bereit zur Feier der Rückkehr
Im erneuten, im edlern Gewand.
Hilf bewahren du, hilf verwandeln,
Und es geht dir die Blume
Gläubiger Freude im Herzen auf.

ERZÄHLUNGEN

Die Fremdenstadt im Süden

Diese Stadt ist eine der witzigsten und einträglichsten Unternehmungen modernen Geistes. Ihre Entstehung und Einrichtung beruht auf einer genialen Synthese, wie sie nur von sehr tiefen Kennern der Psychologie des Großstädters ausgedacht werden konnte, wenn man sie nicht geradezu als eine direkte Ausstrahlung der Großstadtseele, als deren verwirklichten Traum bezeichnen will. Denn diese Gründung realisiert in idealer Vollkommenheit alle Ferien- und Naturwünsche jeder durchschnittlichen Großstädterseele. Bekanntlich schwärmt der Großstädter für nichts so sehr wie für Natur, für Idylle, Friede und Schönheit. Bekanntlich aber sind alle diese schönen Dinge, die er so sehr begehrt und von welchen bis vor kurzem die Erde noch übervoll war, ihm völlig unbekömmlich, er kann sie nicht vertragen. Und da er sie nun dennoch haben will, da er sich die Natur nun einmal in den Kopf gesetzt hat, so hat man ihm hier, wie es koffeinfreien Kaffee und nikotinfreie Zigaretten gibt, eine naturfreie, eine gefahrlose, hygienische, denaturierte Natur aufgebaut. Und bei alledem war jener oberste Grundsatz des modernen Kunstgewerbes maßgebend, die Forderung nach absoluter »Echtheit«. Mit Recht betont ja das moderne Gewerbe diese Forderung, welche in früheren Zeiten nicht bekannt war, weil damals jedes Schaf in der Tat ein echtes Schaf war und echte Wolle gab, jede Kuh echt war und echte Milch gab und künstliche Schafe und Kühe noch nicht erfunden waren. Nachdem sie aber erfunden waren und die echten nahezu verdrängt hatten, wurde in Bälde auch das Ideal der Echtheit erfunden. Die Zeiten sind vorüber, wo naive Fürsten sich in irgendeinem deutschen Tälchen künstliche Ruinen, eine nachgemachte Einsiedelei, eine kleine unechte

Schweiz, einen imitierten Posilipo bauen ließen. Fern liegt heutigen Unternehmern der absurde Gedanke, dem großstädtischen Kenner etwa ein Italien in der Nähe Londons, eine Schweiz bei Chemnitz, ein Sizilien am Bodensee vortäuschen zu wollen. Der Naturersatz, den der heutige Städter verlangt, muß unbedingt echt sein, echt wie das Silber, mit dem er tafelt, echt wie die Perlen, die seine Frau trägt und echt wie die Liebe zu Volk und Republik, die er im Busen hegt.
Dies alles zu verwirklichen, war nicht leicht. Der wohlhabende Großstädter verlangt für den Frühling und Herbst einen Süden, der seinen Vorstellungen und Bedürfnissen entspricht, einen echten Süden mit Palmen und Zitronen, blaue Seen, malerische Städtchen, und dies alles war ja leicht zu haben. Er verlangt aber auch außerdem Gesellschaft, verlangt Hygiene und Sauberkeit, verlangt Stadtatmosphäre, verlangt Musik, Technik, Eleganz, er erwartet eine dem Menschen restlos unterworfene und von ihm umgestaltete Natur, eine Natur, die ihm zwar Reize und Illusionen gewährt, aber lenkbar ist und nichts von ihm verlangt, in die er sich mit allen seinen großstädtischen Gewohnheiten, Sitten und Ansprüchen bequem hineinsetzen kann. Da nun die Natur das Unerbittlichste ist, was wir kennen, scheint das Erfüllen solcher Ansprüche nahezu unmöglich; aber menschlicher Tatkraft ist bekanntlich nichts unmöglich. Der Traum ist erfüllt.
Die Fremdenstadt im Süden konnte natürlich nicht in einem einzigen Exemplar hergestellt werden. Es wurden dreißig oder vierzig solche Idealstädte gemacht, an jedem irgend geeigneten Ort sieht man eine stehen, und wenn ich eine dieser Städte zu schildern versuche, ist es natürlich nicht diese oder jene, sie trägt keinen Eigennamen, so wenig wie ein Ford-Automobil, sie ist ein Exemplar, ist eine von vielen.
Zwischen langhin gedehnten, sanft geschwungenen Kaimauern liegt mit kleinen, kurzen Wellchen ein See aus blauem Wasser, an dessen Rand findet der Naturgenuß statt.

Am Ufer schwimmen unzählige kleine Ruderboote mit farbig gestreiften Sonnendächern und bunten Fähnchen, elegante hübsche Boote mit kleinen netten Kissen und sauber wie Operationstische. Ihre Besitzer gehen auf dem Kai auf und nieder und bieten allen Vorübergehenden unaufhörlich ihre Schiffchen zum Mieten an. Diese Männer gehen in matrosenähnlichen Anzügen mit bloßer Brust und bloßen braunen Armen, sie sprechen echtes Italienisch, sind jedoch imstande, auch in jeder anderen Sprache Auskunft zu geben, sie haben leuchtende Südländeraugen, rauchen lange, dünne Zigarren und wirken malerisch.
Längs dem Ufer schwimmen die Boote, längs dem Seerand läuft die Seepromenade, eine doppelte Straße: der seewärts gekehrte Teil unter sauber geschnittenen Bäumen ist den Fußgängern reserviert, der innere Teil ist eine blendende und heiße Verkehrsstraße, voll von Hotelomnibussen, Autos, Trambahnen und Fuhrwerken. An dieser Straße steht die Fremdenstadt, welche eine Dimension weniger hat als andere Städte, sie erstreckt sich nur in die Länge und Höhe, nicht in die Tiefe. Sie besteht aus einem dichten, stolzen Gürtel von Hotelgebäuden. Hinter diesem Gürtel aber, eine nicht zu übersehende Attraktion, findet der echte Süden statt, dort nämlich steht tatsächlich ein altes italienisches Städtchen, wo auf engem, stark riechendem Markt Gemüse, Hühner und Fische verkauft werden, wo barfüßige Kinder mit Konservenbüchsen Fußball spielen und Mütter mit fliegenden Haaren und heftigen Stimmen die wohllautenden klassischen Namen ihrer Kinder ausbrüllen. Hier riecht es nach Salami, nach Wein, nach Abtritt, nach Tabak und Handwerken, hier stehen in Hemdsärmeln joviale Männer unter offenen Ladentüren, sitzen Schuhmacher auf offener Straße, das Leder klopfend, alles echt und sehr bunt und originell, es könnte auf dieser Szene jederzeit der erste Akt einer Oper beginnen. Hier sieht man die Fremden mit großer Neugierde Entdekkungen machen und hört häufig von Gebildeten verständnis-

volle Äußerungen über die fremde Volksseele. Eishändler fahren mit kleinen rasselnden Karren durch die engen Gassen und brüllen ihre Näschereien aus, da und dort beginnt in einem Hotel oder auf einem Plätzchen ein Drehklavier zu spielen. Täglich bringt der Fremde in dieser kleinen, schmutzigen und interessanten Stadt eine Stunde oder zwei zu, kauft Strohflechtereien und Ansichtskarten, versucht Italienisch zu sprechen und sammelt südliche Eindrücke. Hier wird auch sehr viel photographiert.
Noch weiter entfernt, hinter dem alten Städtchen, liegt das Land, da liegen Dörfer und Wiesen, Weinberge und Wälder, die Natur ist dort wie sie immer war, wild und ungeschliffen, doch bekommen die Fremden davon wenig zu sehen, denn wenn sie je und je in Automobilen durch diese Natur fahren, sehen sie die Wiesen und Dörfer genauso verstaubt und feindselig am Rand der Autostraße liegen wie überall.
Bald kehrt daher der Fremde von solchen Exkursionen wieder in die Idealstadt zurück. Dort stehen die großen, vielstöckigen Hotels, von intelligenten Direktoren geleitet, mit wohlerzogenem, aufmerksamem Personal. Dort fahren niedliche Dampfer über den See und elegante Wagen auf der Straße, überall tritt der Fuß auf Asphalt und Zement, überall ist frisch gefegt und gespritzt, überall werden Galanteriewaren und Erfrischungen angeboten. Im Hotel Bristol wohnt der frühere Präsident von Frankreich und im Parkhotel der deutsche Reichskanzler, man geht in elegante Cafés und trifft da die Bekannten aus Berlin, Frankfurt und München an, man liest die heimatlichen Zeitungen und ist aus dem Operetten-Italien der Altstadt wieder in die gute, solide Luft der Heimat getreten, der Großstadt; man drückt frischgewaschene Hände, lädt einander zu Erfrischungen ein, ruft zwischenein am Telefon die heimatliche Firma an, bewegt sich nett und angeregt zwischen netten, gutgekleideten, vergnügten Menschen. Auf Hotelterrassen, hinter Säulenbalustraden und Oleanderbäumen sitzen berühmte Dichter und starren

mit sinnendem Auge auf den Spiegel des Sees, zuweilen empfangen sie Vertreter der Presse, und bald erfährt man, an welchem Werk dieser und jener Meister nun arbeitet. In einem feinen, kleinen Restaurant sieht man die beliebteste Schauspielerin der heimatlichen Großstadt sitzen, sie trägt ein Kostüm, das ist wie ein Traum, und füttert einen Pekinghund mit Dessert. Auch sie ist entzückt von der Natur und oft bis zur Andacht gerührt, wenn sie abends in Nr. 178 des Palace-Hotels ihr Fenster öffnet und die endlose Reihe der schimmernden Lichter sieht, die sich dem Ufer entlang zieht und träumerisch jenseits der Bucht verliert.
Sanft und befriedigt wandelt man auf der Promenade, Müllers aus Darmstadt sind auch da, und man hört, daß morgen ein italienischer Tenor im Kursaale auftreten wird, der einzige, der sich nach Caruso wirklich hören lassen kann. Man sieht gegen Abend die Dampferchen heimkehren, mustert die Aussteigenden, trifft wieder Bekannte, bleibt eine Weile vor einem Schaufenster voll alter Möbel und Stickereien stehen, dann wird es kühl, und nun kehrt man ins Hotel zurück, hinter die Wände von Beton und Glas, wo der Speisesaal schon von Porzellan, Glas und Silber funkelt und wo nachher ein kleiner Ball stattfinden wird. Musik ist ohnehin schon da, kaum hat man Abendtoilette gemacht, so wird man schon vom süßen, wiegenden Klang empfangen.
Vor dem Hotel erlischt langsam im Abend die Blumenpracht. Da stehen in Beeten zwischen Betonmauern dicht und bunt die blühendsten Gewächse, Kamelien und Rhododendren, hohe Palmen dazwischen, alles echt, und voll dikker, kühlblauer Kugeln die fetten Hortensien. Morgen findet eine große Gesellschaftsfahrt nach -aggio statt, auf die man sich freut. Und sollte man morgen aus Versehen statt nach -aggio an irgendeinen anderen Ort gelangen, nach -iggio oder -ino, so schadet das nichts, denn man wird dort ganz genau die gleiche Idealstadt antreffen, denselben See, denselben Kai, dieselbe malerisch-drollige Altstadt und dieselben

guten Hotels mit den hohen Glaswänden, hinter welchen uns die Palmen beim Essen zuschauen, und dieselbe gute weiche Musik und all das, was so zum Leben des Städters gehört, wenn er es gut haben will.

(1925)

Vogel

Vogel lebte in früheren Zeiten in der Gegend des Montagsdorfes. Er war weder besonders bunt noch sang er besonders schön, noch war er etwa groß und stattlich; nein, die ihn noch gesehen haben, nennen ihn klein, ja winzig. Er war auch nicht eigentlich schön, eher war er sonderbar und fremdartig, er hatte eben das Sonderbare und Großartige an sich, was alle jene Tiere und Wesen an sich haben, welche keiner Gattung noch Art angehören. Er war nicht Habicht noch Huhn, er war nicht Meise noch Specht noch Fink, er war der Vogel vom Montagsdorf, es gab nirgends seinesgleichen, es gab ihn nur dieses eine Mal, und man wußte von ihm seit Urzeiten und Menschengedenken, und wenn auch nur die Leute der eigentlichen Montagsdörfer Gegend ihn wirklich kannten, so wußte doch auch weithin die Nachbarschaft von ihm, und die Montagsdörfler wurden, wie jeder, der etwas ganz Besonderes zu eigen hat, manchmal auch mit ihm gehänselt. »Die Leute vom Montagsdorf«, hieß es, »haben eben ihren Vogel.« Über Careno bis nach Morbio und weiter wußte man von ihm und erzählte Geschichten von ihm. Aber wie das oft so geht: erst in neuerer Zeit, ja eigentlich erst seit er nicht mehr da ist, hat man versucht, ganz genaue und zuverlässige Auskünfte über ihn zu bekommen, viele Fremde fragten nach ihm und schon mancher Montagsdörfler hat sich von ihnen mit Wein bewirten und ausfragen lassen, bis er endlich gestand, daß er selber den Vogel nie gesehen habe. Aber hatte auch nicht jeder mehr ihn gesehen, so hatte doch jeder mindestens noch einen gekannt, der Vogel einmal oder öfter gesehen und von ihm erzählt hatte. Das alles wurde nun ausgeforscht und aufgeschrieben, und es war sonderbar, wie verschieden alle die Berichte und Beschreibungen lauteten,

sowohl über Aussehen, Stimme und Flug des Vogels wie über seine Gewohnheiten und über die Art seines Umganges mit den Menschen.
In früheren Zeiten soll man Vogel viel öfter gesehen haben, und wem er begegnete, der hatte immer eine Freude, es war jedesmal ein Erlebnis, ein Glücksfall, ein kleines Abenteuer, so wie es ja auch für Freunde der Natur schon ein kleines Erlebnis und Glück ist, wenn sie je und je einen Fuchs oder Kuckuck zu Gesicht bekommen und beobachten können. Es ist dann, wie wenn für Augenblicke entweder die Kreatur ihre Angst vor dem mörderischen Menschen verloren hätte, oder wie wenn der Mensch selbst wieder in die Unschuld eines vormenschlichen Lebens einbezogen wäre. Es gab Leute, welche wenig auf Vogel achteten, wie es auch Leute gibt, die sich aus dem Fund eines ersten Enzians und aus der Begegnung mit einer alten klugen Schlange wenig machen, andre aber liebten ihn sehr, und jedem war es eine Freude und Auszeichnung, wenn er ihm begegnete. Gelegentlich, wenn auch selten, hörte man die Meinung aussprechen, er sei vielleicht eher schädlich oder doch unheimlich: wer ihn erblickt habe, der sei eine Zeitlang so aufgeregt und träume nachts viel und unruhig, und spüre etwas wie Unbehagen oder Heimweh im Gemüt. Andre stellten das durchaus in Abrede und sagten, es gebe kein köstlicheres und edleres Gefühl als jenes, das Vogel nach jeder Begegnung hinterlasse, es sei einem dann ums Herz wie nach dem Sakrament oder wie nach dem Anhören eines schönen Liedes, man denke an alles Schöne und Vorbildliche und nehme sich im Innern vor, ein anderer und besserer Mensch zu werden.
Ein Mann namens Schalaster, Vetter des bekannten Sehuster, der manche Jahre Bürgermeister des Montagsdorfes war, kümmerte sich zeitlebens besonders viel um Vogel. Jedes Jahr, erzählte er, sei er ihm ein oder zwei oder auch mehrere Male begegnet, und es sei ihm jedesmal tagelang sonderbar zumute gewesen, nicht eigentlich fröhlich, aber eigentüm-

lich bewegt und erwartungs- oder ahnungsvoll, das Herz schlage an solchen Tagen anders als sonst, beinahe tue es ein klein wenig weh, auf jeden Fall spüre man es in der Brust, während man ja sonst kaum wisse, daß man ein Herz habe. Überhaupt, meinte Schalaster gelegentlich, wenn er darauf zu sprechen kam, es sei eben doch keine Kleinigkeit, diesen Vogel in der Gegend zu haben, man dürfe wohl stolz auf ihn sein, er sei eine große Seltenheit, und man sollte meinen: ein Mensch, dem sich dieser geheimnisvolle Vogel öfter als anderen zeige, der habe wohl etwas Besonderes und Höheres in sich.

(Über Schalaster sei für den Leser der höher gebildeten Stände bemerkt: Er war der Kronzeuge und die vielzitierte Hauptquelle jener eschatologischen Deutung des Vogel-Phänomens, welche inzwischen schon wieder in Vergessenheit geraten ist; außerdem war Schalaster nach dem Verschwinden Vogels der Wortführer jener kleinen Partei im Montagsdorfe, welche unbedingt daran glaubte, daß Vogel noch am Leben sei und sich wieder zeigen werde.)

»Als ich ihn das erstemal gesehen habe«, berichtete Schalaster* »war ich ein kleiner Knabe und ging noch nicht in die Schule. Hinter unserem Haus im Obstgarten war gerade das Gras geschnitten, und ich stand bei einem Kirschenbaum, der einen niederen Ast bis zu mir herunterhangen hatte, und sah mir die harten grünen Kirschen an, da flog Vogel aus dem Baum herunter, und ich merkte gleich, daß er anders sei als die Vögel, die ich sonst gesehen hatte, und er setzte sich in die Grasstoppeln und hüpfte da herum; ich lief ihm neugierig und bewundernd durch den ganzen Garten nach, er sah mich öfter aus seinen Glanzaugen an und hüpfte wieder weiter, es war, wie wenn einer für sich allein tanzt und singt, ich merkte ganz gut, daß er mich damit locken und mir eine Freude machen wollte. Am Hals hatte er etwas Weißes. Er tanzte auf dem Grasplan hin bis zum hinteren Zaun, wo die Brennes-

* Siehe Avis montagnolens. res. gestae ex recens. Ninonis p. 285 ff.

seln stehen, über die schwang er sich weg und setzte sich auf einen Zaunpfahl und zwitscherte und sah mich noch einmal sehr freundlich an, dann war er so plötzlich und unversehens wieder verschwunden, daß ich ganz erschrak. Auch später habe ich das oft bemerkt: kein andres Tier vermag so blitzschnell und immer im Augenblick, wo man nicht darauf gefaßt ist, zu erscheinen und wieder zu verschwinden wie Vogel. Ich lief hinein und zur Mutter und erzählte ihr, was mir geschehen war, da sagte sie gleich, das sei der Vogel ohne Namen, und es sei gut, daß ich ihn gesehen habe, es bringe Glück.«

Schalaster beschreibt, hierin von manchen anderen Schilderungen etwas abweichend, Vogel als klein, kaum größer als ein Zaunkönig, und das winzigste an ihm sei sein Kopf, ein wunderlich kleines, kluges und bewegliches Köpfchen, er sehe unscheinbar aus, man kenne ihn aber sofort an seinem graublonden Schopf und daran, daß er einen anschaue, das täten andere Vögel nie. Der Schopf sei, wenn auch weit kleiner, dem eines Hähers ähnlich und wippe oft lebhaft auf und ab, überhaupt sei Vogel sehr beweglich, im Flug wie auch zu Fuße, seine Bewegungen seien geschmeidig und ausdrucksvoll; es scheine immer, als habe er mit den Augen, dem Kopfnicken, dem Schopfrücken, mit Gang und Flug etwas mitzuteilen, einen an etwas zu erinnern, er erscheine immer wie im Auftrag, wie ein Bote, und so oft man ihn gesehen habe, müsse man eine Zeitlang an ihn denken und über ihn nachsinnen, was er wohl gewollt habe und bedeute. Auskundschaften und belauern lasse er sich nicht gern, nie wisse man, woher er komme, immer sei er ganz plötzlich da, sitze in der Nähe und tue, als sei er da immer gesessen, und dann habe er diesen freundlichen Blick. Man wisse doch, daß die Vögel sonst harte, scheue und glasige Augen haben und einen nicht anschauen, er aber blicke ganz heiter und gewissermaßen wohlwollend.

Von alters her gab es über Vogel auch verschiedene Gerüchte

und Sagen. Heute hört man ja seltener von ihm sprechen, die Menschen haben sich verändert und das Leben ist härter geworden, die jungen Leute gehen fast alle zur Arbeit in die Stadt, die Familien sitzen nicht mehr die Sommerabende auf der Türstufe und die Winterabende am Herdfeuer beisammen, man hat zu nichts mehr Zeit, kaum kennt so ein junger Mensch von heute noch ein paar Waldblumen oder einen Schmetterling mit Namen. Dennoch hört man auch heute noch gelegentlich eine alte Frau oder einen Großvater den Kindern Vogelgeschichten erzählen. Eine von diesen Vogelsagen, vielleicht die älteste, berichtet: Vogel vom Montagsdorf sei so alt wie die Welt, er sei einstmals dabeigewesen, als Abel von seinem Bruder Kain erschlagen wurde, und habe einen Tropfen von Abels Blut getrunken, dann sei er mit der Botschaft von Abels Tod davongeflogen und teile sie heute noch den Leuten mit, damit man die Geschichte nicht vergesse und sich von ihr mahnen lasse, das Menschenleben heiligzuhalten und brüderlich miteinander zu leben. Diese Abelsage ist auch schon in alten Zeiten aufgezeichnet worden und es gibt Lieder* über sie, aber die Gelehrten sagen, die Sage vom Abelvogel sei zwar uralt, sie werde in vielen Ländern und Sprachen erzählt, aber auf den Vogel vom Montagsdorf sei sie wohl nur irrtümlich übertragen worden. Sie geben zu bedenken, daß es doch ungereimt wäre, wenn der vieltausendjährige Abelvogel sich später in dieser einzigen Gegend niedergelassen und nirgends sonst sich mehr gezeigt hätte.
Wir könnten nun zwar unsrerseits »zu bedenken geben«, daß es in den Sagen nicht immer so vernünftig zuzugehen braucht wie an Akademien, und könnten fragen, ob es nicht gerade die Gelehrten sind, durch welche in die Frage nach Vogel so viel Ungewißheit und Widersprüche hineingekommen sind; denn früher ist, soweit wir wissen, über Vogel und seine Sa-

* Vgl. Hesses Gedicht »Das Lied von Abels Tod« (1929) in »Die Gedichte«, Frankfurt am Main 1977, S. 585

gen niemals Streit entstanden, und wenn einer über Vogel anders erzählte als ein Nachbar, so nahm man das gelassen hin und es diente sogar Vogel zur Ehre, daß die Menschen über ihn so verschieden denken und erzählen konnten. Man könnte noch weitergehen und gegen die Gelehrten den Vorwurf erheben, sie hätten nicht nur die Ausrottung Vogels auf dem Gewissen, sondern seien durch ihre Untersuchungen jetzt auch noch bestrebt, die Erinnerung an ihn und die Sagen von ihm in nichts aufzulösen, wie ja denn das Auflösen, bis nichts übrigbleibe, zu den Beschäftigungen der Gelehrten zu gehören scheine. Allein wer von uns hätte den traurigen Mut, die Gelehrten so gröblich anzugreifen, denen doch die Wissenschaft so manches, wenn nicht alles verdankt?

Nein, kehren wir zu den Sagen zurück, welche früher über Vogel erzählt wurden und von welchen auch heute noch Reste beim Landvolk zu finden sind. Die meisten von ihnen erklärten Vogel für ein verzaubertes, verwandeltes oder verwünschtes Wesen. Auf den Einfluß der Morgenlandfahrer, in deren Geschichte die Gegend zwischen Montagsdorf und Morbio eine gewisse Rolle spielt und deren Spuren man dort allerorten antrifft, mag die Sage zurückzuführen sein, Vogel sei ein verzauberter Hohenstaufe, nämlich jener letzte große Kaiser und Magier aus diesem Geschlecht, der in Sizilien geherrscht und die Geheimnisse der arabischen Weisheit gekannt hat. Meistens hört man sagen, Vogel sei früher ein Prinz gewesen oder auch (wie z. B. Sehuster gehört haben will) ein Zauberer, welcher einst ein rotes Haus am Schlangenhügel bewohnte und in der Gegend Ansehen genoß, bis das neue Flachsenfingische Landrecht in der Gegend eingeführt wurde, wonach mancher brotlos wurde, weil das Zaubern, Versemachen, Sichverwandeln und andre solche Gewerbe für verboten erklärt und mit Infamie belegt wurden. Damals habe der Zauberer Brombeeren und Akazien um sein rotes Haus gesät, das dann auch bald in Dornen verschwand, habe sein Grundstück verlassen und sei, von den Schlangen in langem Zuge begleitet, in den Wäldern verschwunden. Als Vogel kehre er von Zeit zu Zeit wieder, um Menschenseelen zu berücken und wieder Zauberei zu üben. Nichts andres als Zauber sei natürlich der eigentümliche Einfluß, den er auf viele habe; der Erzähler wolle es dahingestellt sein lassen, ob es Zauberei von der weißen oder der schwarzen Art sei, die er treibe.

Ebenfalls auf die Morgenlandfahrer zurückzuführen sind ohne Zweifel jene merkwürdigen, auf eine Schicht mutterrechtlicher Kultur deutenden Sagenreste, in welchen die »Ausländerin«, auch Ninon genannt, eine Rolle spielt. Manche dieser Fabeleien berichten, dieser Ausländerin sei es gelungen, Vogel einzufangen und jahrelang gefangenzuhalten, bis das Dorf sich einst empört und seinen Vogel wieder befreit habe. Es gibt aber auch das Gerücht, Ninon, die Ausländerin, habe Vogel, noch lange ehe er in Vogelgestalt verwunschen wurde, noch als Magier gekannt und habe im roten Hause mit ihm gewohnt, sie hätten dort lange schwarze Schlangen und grüne Eidechsen mit blauen Pfauenköpfen gezüchtet, und noch heute sei der Brombeerenhügel überm Montagsdorf voller Schlangen, und noch heute könne man deutlich sehen, wie jede Schlange und jede Eidechse, wenn sie über jene Stelle komme, wo einst die Schwelle zur Zauberwerkstatt des Magiers gewesen, einen Augenblick innehalte, den Kopf emporhebe und sich dann verneige. Eine längst verstorbene uralte Frau im Dorf namens Nina soll diese Version erzählt und darauf geschworen haben, sie habe oft und oft auf jenem Dornenhügel Kräuter gesucht und dabei die Nattern sich an jener Stelle verneigen sehen, wo noch jetzt der vielhundertjährige Strunk eines Rosenbäumchens den Eingang zum einstigen Zaubererhaus bezeichne. Dagegen versichern andre Stimmen auf das bestimmteste, Ninon habe mit dem Zauberer nicht das mindeste zu tun gehabt, sie sei erst viel, viel später im Gefolge der Morgenlandfahrer in

diese Gegend gekommen, als Vogel längst ein Vogel gewesen sei.
Noch ist kein volles Menschenalter hingegangen, seit Vogel zuletzt gesehen worden ist. Aber die alten Leute sterben so unversehens weg, auch der »Baron« ist jetzt tot und auch der vergnügte Mario geht längst nicht mehr so aufrecht einher, wie wir ihn gekannt haben, und eines Tages wird plötzlich keiner mehr da sein, der die Vogelzeit noch miterlebt hat, darum wollen wir, so verworren sie scheint, die Geschichte aufzeichnen, wie es mit Vogel stand und wie es dann mit ihm ein Ende genommen hat.
Liegt auch das Montagsdorf ziemlich abseits und sind die stillen kleinen Waldschluchten jener Gegend nicht vielen bekannt, wo der Milan den Wald regiert und der Kuckuck allerenden ruft, so sind doch des öfteren auch Fremde Vogels ansichtig und mit seinen Legenden bekannt geworden; der Maler Klingsor soll lange in einer Palastruine dort gehaust haben, die Schlucht von Morbio wurde durch den Morgenlandfahrer Leo bekannt (von ihm soll übrigens, nach einer eher absurden Variante der Sage, Ninon das Rezept des Bischofsbrotes erhalten haben, mit dem sie Vogel fütterte und wodurch sie ihn zähmte). Kurz, es sprach sich über unsre jahrhundertelang so unbekannte und unbescholtene Gegend manches in der Welt herum, und es gab fern von uns in Großstädten und an Hochschulen Leute, welche Dissertationen über den Weg Leos nach Morbio schrieben und sich sehr für die verschiedenen Erzählungen vom Montagsdörfer Vogel interessierten. Es wurde dabei allerlei Voreiliges gesagt und geschrieben, das die ernstere Sagenforschung wieder auszumerzen bemüht ist. Unter andrem tauchte mehr als einmal die absurde Behauptung auf, Vogel sei identisch mit dem bekannten Piktorvogel, welcher in Beziehungen zum Maler Klingsor stand und die Gabe der Verwandlung sowie viel geheimes Wissen besaß. Aber jener durch Piktor bekanntgewordene »Vogel rot und grün, ein Vogel schön und kühn« ist

in den Quellen* so genau beschrieben, daß man die Möglichkeit einer solchen Verwechslung kaum begreift.
Und endlich spitzte sich dieses Interesse der gelehrten Welt für uns Montagsdörfler und unsern Vogel, und damit zugleich die Geschichte Vogels folgendermaßen zu. Es lief eines Tages bei unsrem damaligen Bürgermeister, es war der schon erwähnte Sehuster, ein Schreiben seiner vorgesetzten Behörde ein des Inhalts, durch seine H. G., den Herrn Gesandten des Ostgotischen Kaiserreichs werde, im Auftrage von Geheimrat Lützkenstett dem Vielwissenden, dem dasigen Bürgermeisteramt folgendes mitgeteilt und zur Bekanntmachung in seiner Gemeinde dringlich empfohlen: Ein gewisser Vogel ohne Namen, in mundartlichen Redewendungen als »Vogel vom Montagsdorf« bezeichnet, werde unter Unterstützung des Kultusministeriums von Geheimrat Lützkenstett erforscht und gesucht. Wer Mitteilungen über den Vogel, seine Lebensweise, seine Nahrung, über die von ihm handelnden Sprichwörter, Sagen usw. zu machen habe, möge sie durch das Bürgermeisteramt an die Kaiserlich Ostgotische Gesandtschaft in Bern richten. Ferner: wer genanntem Bürgermeisteramt, zur Übermachung an ebenjene Gesandtschaft, fraglichen Vogel lebendig und gesund einliefere, solle dafür eine Belohnung von tausend Dukaten in Gold bekommen; für den toten Vogel hingegen oder seinen wohlerhaltenen Balg käme nur eine Entlohnung von hundert Dukaten in Betracht.
Lange saß der Bürgermeister und studierte dieses amtliche Schreiben. Es schien im unbillig und lächerlich, zu was allem die Behörden sich da wieder hergaben. Wäre ihm, Sehustern, dieses selbe Ansinnen von seiten des gelehrten Goten selber oder auch von seiten der ostgotischen Gesandtschaft zugegangen, so hätte er es unbeantwortet vernichtet, oder er hätte den Herren kurz angedeutet, für solche Spielereien sei Bür-

* Pictoris cuiusdam de mutationibus, Bibl. av. Montagn. codex LXI.

germeister Sehuster nicht zu haben und sie möchten ihm freundlichst in die Schuhe blasen. So aber kam das Ansinnen von seiner eigenen Behörde, es war ein Befehl, und dem Befehl mußte er Folge leisten. Auch der alte Gemeindeschreiber Balmelli, nachdem er das Schreiben mit weitsichtigen Augen und lang ausgestreckten Armen gelesen, unterdrückte das spöttische Lächeln, dessen ihm diese Affäre würdig schien, und stellte fest: »Wir müssen gehorchen, Herr Sehuster, es hilft nichts. Ich werde den Text für einen öffentlichen Anschlag aufsetzen.«
Nach einigen Tagen erfuhr es also die ganze Gemeinde durch Anschlag am Rathausbrett: Vogel war vogelfrei, das Ausland begehrte ihn und setzte Preise auf seinen Kopf, Eidgenossenschaft und Kanton hatten es unterlassen, den sagenhaften Vogel in Schutz zu nehmen, wie immer kümmerten sie sich den Teufel um den kleinen Mann und das, was ihm lieb und wert ist. Dies war wenigstens die Meinung Balmellis und vieler. Wer den armen Vogel fangen oder totschießen wollte, dem winke hoher Lohn, und wem es gelang, der war ein wohlhabender Mann. Alle sprachen davon, alle standen beim Rathaus, drängten sich um das Anschlagbrett und äußerten sich lebhaft. Die jungen Leute waren höchst vergnügt, sie beschlossen alsbald Fallen zu stellen und Ruten zu legen. Die alte Nina schüttelte den greisen Sperberkopf und sagte: »Es ist eine Sünde, und der Bundesrat sollte sich schämen. Sie würden den Heiland selber ausliefern, diese Leute, wenn es Geld einbrächte. Aber sie kriegen ihn nicht, Gott sei Dank, sie kriegen ihn nicht!«
Ganz still verhielt sich Schalaster, des Bürgermeisters Vetter, als auch er den Anschlag gelesen hatte. Er sagte kein Wort, las sehr aufmerksam ein zweites Mal, unterließ darauf den Kirchgang, den er an jenem Sonntagmorgen im Sinn gehabt hatte, schritt langsam gegen das Haus des Bürgermeisters, trat in dessen Garten, besann sich plötzlich eines andern, kehrte um und lief nach Hause.

Schalaster hatte zeitlebens zu Vogel ein besonderes Verhältnis gehabt. Er hatte ihn öfter als andre gesehen und besser beobachtet, er gehörte, wenn man so sagen darf, zu denen, welche an Vogel glaubten, ihn ernst nahmen und eine Art von höherer Bedeutung zuschrieben. Darum wirkte auf diesen Mann die Bekanntmachung sehr heftig und sehr zwiespältig. Im ersten Augenblick freilich empfand er nichts anderes als die alte Nina und als die meisten bejahrten und ans Hergebrachte anhänglichen Bürger: er war erschrocken und war empört darüber, daß auf ausländisches Begehren hin sein Vogel, ein Schatz und Wahrzeichen von Dorf und Gegend, sollte ausgeliefert und gefangen oder getötet werden! Wie, dieser seltene und geheimnisvolle Gast aus den Wäldern, dieses märchenhafte, seit alters bekannte Wesen, wegen dessen das Montagsdorf berühmt und auch bespöttelt worden war und von dem es so mancherlei Erzählungen und Sagen vererbte – dieser Vogel sollte um Geldes und der Wissenschaft willen der mörderischen Neugierde eines Gelehrten hingeopfert werden? Es schien unerhört und schlechthin undenkbar. Es war ein Sakrileg, wozu man da aufgefordert wurde. Indessen jedoch andrerseits, wenn man alles erwog und dies und jenes in diese und jene Waagschale warf: war nicht demjenigen, der das Sakrileg vollzöge, ein außerordentliches und glänzendes Schicksal zugesagt? Und bedurfte es, um des gepriesenen Vogels habhaft zu werden, nicht vermutlich eines besonderen, auserwählten und von lange her vorbestimmten Mannes, eines, der schon von Kindesbeinen an in einem geheimeren und vertrauteren Umgang mit Vogel stand und in dessen Schicksale verflochten war? Und wer konnte dieser auserwählte und einzigartige Mann sein, wer anders als er, Schalaster? Und wenn es ein Sakrileg und ein Verbrechen war, sich an Vogel zu vergreifen, ein Sakrileg vergleichbar dem Verrat des Judas Ischariot am Heilande – war denn nicht ebendieser Verrat, war nicht des Heilands Tod und Opferung notwendig und heilig und seit den ältesten Zeiten vorbestimmt und pro-

phezeit gewesen? Hätte es, so fragte Schalaster sich und die Welt, hätte es das geringste genützt, hätte es Gottes Ratschluß und Erlösungswerk etwa im mindesten ändern oder hindern können, wenn jener Ischariot sich aus Moral- und Vernunftgründen seiner Rolle entzogen und des Verrats geweigert hätte?
Solche Wege etwa liefen die Gedanken Schalasters, und sie wühlten ihn gewaltig auf. In demselben heimatlichen Obstgarten, wo er einst als kleiner Knabe Vogel zum erstenmal erblickt und den wunderlichen Glücksschauer dieses Abenteuers gespürt hatte, wandelte er jetzt auf der Rückseite seines Hauses unruhig auf und nieder, am Ziegenstall, am Küchenfenster, am Kaninchenverschlag vorbei, mit dem Sonntagsrock die an der Scheunenrückwand aufgehängten Heurechen, Gabeln und Sensen streifend, von Gedanken, Wünschen und Entschlüssen bis zur Trunkenheit erregt und benommen, schweren Herzens an jenen Judas denkend, tausend schwere Traumdukaten im Sack.
Inzwischen ging im Dorfe die Aufregung weiter. Dort hatte sich seit dem Bekanntwerden der Nachricht fast die ganze Gemeinde vor dem Rathaus versammelt, von Zeit zu Zeit trat einer ans Brett, um den Anschlag nochmals anzustarren, alle brachten ihre Meinungen und Absichten kraftvoll und mit gutgewählten Beweisen aus Erfahrung, Mutterwitz und Heiliger Schrift zum Ausdruck, nur wenige gab es, welche nicht vom ersten Augenblick an ja oder nein zu diesem Anschlag sagten, der das ganze Dorf in zwei Lager spaltete. Wohl ging es manchem so wie Schalastern, daß er nämlich die Jagd auf Vogel scheußlich fand, die Dukaten indessen doch gern gehabt hätte, allein es war nicht eines jeden Sache, diesen Zwiespalt so sorgfältig und kompliziert in sich zum Austrag zu bringen. Die jungen Burschen nahmen es am leichtesten. Moralische oder heimatschützlerische Bedenken konnten ihre Unternehmungslust nicht anfechten. Sie meinten, man müsse es mit Fallen probieren, vielleicht habe man

Glück und erwische den Vogel, wenn auch die Hoffnung vielleicht nicht groß sei, man wisse ja nicht, mit welchen Ködern Vogel zu locken sei. Bekäme ihn aber einer zu Gesicht, so tue er wohl daran, unverzüglich zu schießen, denn schließlich seien hundert Dukaten im Beutel immerhin besser als tausend in der Einbildung. Laut wurde ihnen zugestimmt, sie genossen ihre Taten im voraus und stritten sich schon über die Einzelheiten der Vogeljagd. Man solle ihm ein gutes Gewehr geben, schrie einer, und eine kleine Anzahlung von einem halben Dukaten, so sei er bereit, sofort loszuziehen und den ganzen Sonntag zu opfern. Die Gegner aber, zu denen fast alle älteren Leute gehörten, fanden das alles unerhört und riefen oder murmelten Sprüche der Weisheit und Verwünschungen über dies Volk von heute, dem nichts mehr heilig und Treu und Glauben abhanden gekommen sind. Ihnen erwiderten lachend die Jungen, daß es sich hier nicht um Treu und Glauben handle, sondern um das Schießenkönnen, und daß sich ja immer die Tugend und Weisheit bei jenen finde, deren halbblinde Augen auf keine Vögel mehr zielen und deren Gichtfinger keine Flinte mehr halten könnten. Und so ging es munter hin und wider, und das Volk übte seinen Witz an dem neuen Problem, beinah hätten sie die Mittags- und Essensstunden vergessen. In mehr oder weniger naher Beziehung zu Vogel berichteten sie leidenschaftlich und beredt von Erfolgen und von Mißerfolgen in ihren Familien, erinnerten jedermann eindringlich an den seligen Großvater Nathanael, an den alten Schuster, an den sagenhaften Durchmarsch der Morgenlandfahrer, führten Verse aus dem Gesangbuch und gute Stellen aus Opern an, fanden einander unausstehlich und konnten sich doch voneinander nicht trennen, beriefen sich auf Wahlsprüche und Erfahrungssätze ihrer Vorfahren, hielten Monologe über frühere Zeiten, über den verstorbenen Bischof, über durchlittene Krankheiten. Ein alter Bauer z. B. wollte während eines schweren Leidens vom Krankenlager aus durchs Fenster Vogel erblickt haben, nur einen Augen-

blick, aber von diesem Augenblick an sei es im besser gegangen. Sie redeten, teils jeder für sich und an innere Gesichte hingegeben, teils den Dorfgenossen zugewendet, werbend oder anklagend, zustimmend oder verhöhnend, sie hatten im Streit wie in der Einigkeit ein wohltuendes Gefühl von Stärke, dem Alter, dem ewigen Bestand ihrer Zusammengehörigkeit, kamen sich alt und klug, kamen sich jung und klug vor, hänselten einander, verteidigten mit Wärme und vollem Recht die guten Sitten der Väter, zogen mit Wärme und vollem Recht die guten Sitten der Väter in Zweifel, pochten auf ihre Vorfahren, lächelten über ihre Vorfahren, rühmten ihr Alter und ihre Erfahrung, rühmten ihre Jugend und ihren Übermut, ließen es bis nahe zur Prügelei kommen, brüllten, lachten, kosteten Gemeinschaft und Reibung, wateten alle bis zum Halse in der Überzeugung, recht zu haben und es den anderen tüchtig gesagt zu haben.
Mitten in diesen Redeübungen und Parteibildungen, während gerade die neunzigjährige Nina ihren blonden Enkel beschwor, seiner Ahnen zu gedenken und sich doch nicht dieser gottlosen und grausamen, dazu gefährlichen Vogeljagd anzuschließen, und während die Jungen ehrfurchtslos vor ihrem greisen Angesicht eine Jagdpantomime aufführten, imaginäre Büchsen an ihre Wangen legten, mit eingekniffenem Auge zielten und dann piff, paff! schrien, da ereignete sich etwas so ganz Unerwartetes, daß alt und jung mitten im Wort verstummten und wie versteinert stehenblieben. Auf einen Ausruf des alten Balmelli hin folgten alle Blicke der Richtung seines ausgestreckten Armes und Fingers, und sie sahen, in plötzlich eingetretenem tiefem Schweigen, wie vom Dach des Rathauses sich Vogel, der vielbesprochene Vogel, herabschwang, auf der Kante des Anschlagbrettes sich niedersetzte, den runden kleinen Kopf am Flügel rieb, den Schnabel wetzte und eine kurze Melodie zwitscherte, wie er mit dem flinken Schwänzchen auf und niederwippend Triller schlug, wie er das Schöpfchen in die Höhe sträubte und sich, den

manche von den Dorfleuten nur vom Hörensagen kannten, vor aller Augen eine ganze Weile putzte und zeigte und den Kopf neugierig hinunterbog, als wolle auch er diesen Anschlag der Behörde lesen und erfahren, wie viele Dukaten auf ihn geboten seien. Es mochten vielleicht bloß ein paar Augenblicke sein, daß er sich aufhielt, es kam aber allen wie ein feierlicher Besuch und eine Herausforderung vor, und niemand machte jetzt piff, paff!, sondern sie standen alle und staunten bezaubert auf den kühnen Gast, der da zu ihnen geflogen gekommen war und diesen Ort und Augenblick sichtlich nur gewählt hatte, um sich über sie lustig zu machen. Verwundert und verlegen glotzten sie auf ihn, der sie so überrascht hatte, beseligt und mit Wohlwollen starrten sie den feinen kleinen Burschen an, von welchem da eben soviel gesprochen worden, wegen dessen ihre Gegend berühmt war, der einst ein Zeuge von Abels Tod oder ein Hohenstaufe oder Prinz oder Zauberer gewesen war und in einem roten Haus am Schlangenhügel gewohnt hatte, dort wo noch jetzt die vielen Nattern lebten, ihn, der die Neugierde und Habgier ausländischer Gelehrter und Großmächte erweckt hatte, ihn, auf dessen Gefangennahme ein Preis von tausend Goldstükken gesetzt war. Sie bewunderten und liebten ihn alle sehr, auch die, welche schon eine Sekunde später vor Ärger fluchten und stampften, daß sie nicht ihr Jagdgewehr bei sich gehabt hätten, er war ihr Ruhm, ihre Ehre, er saß, mit dem Schwanz wippend, mit gesträubtem Schöpfchen, dicht über ihren Köpfen auf der Brettkante wie ihr Fürst oder ihr Wappen. Und erst als er plötzlich entschwunden und die von allen angestarrte Stelle leer war, erwachten sie langsam aus der Bezauberung, lachten einander zu, riefen bravo, priesen den Vogel hoch, schrien nach Flinten, fragten, nach welcher Richtung er entflogen sei, erinnerten sich, daß dies derselbe Vogel sei, von dem der alte Bauer einst geheilt worden, den der Großvater der neunzigjährigen Nina schon gekannt hatte, fühlten etwas Wunderliches, etwas wie Glück und

Lachlust und aber zugleich etwas wie Geheimnis, Zauber und Grausen, und fingen plötzlich alle an, auseinanderzulaufen, um zur Suppe nach Hause zu kommen und um jetzt dieser aufregenden Volksversammlung ein Ende zu machen, in welcher alle Gemütskräfte des Dorfes in Wallung gekommen waren und deren König offenbar Vogel gewesen war. Es wurde still vor dem Rathaus, und als eine Weile später das Mittagsläuten anhob, lag der Platz leer und ausgestorben, und auf das weiße besonnte Papier des Anschlags sank langsam Schatten herab, der Schatten der Leiste, auf welcher eben noch Vogel gesessen war.

Schalaster schritt unterdessen, in Gedanken versunken, hinter seinem Hause auf und ab, an den Rechen und Sensen, am Kaninchen- und am Ziegenstall vorbei; seine Schritte waren allmählich ruhig und gleichmäßig geworden, seine theologischen und moralischen Erwägungen kamen immer näher zum Gleichgewicht und Stillstand. Die Mittagsglocke weckte ihn, leicht erschrocken und ernüchtert kehrte er zum Augenblick zurück, erkannte den Glockenruf, wußte, daß nun sogleich die Stimme seiner Frau ihn zum Essen rufen werde, schämte sich ein klein wenig seiner Versponnenheit und trat härter mit den Stiefeln auf. Und jetzt, gerade in dem Augenblick, da die Stimme seiner Frau sich erhob, um die Dorfglocke zu bestätigen, war es ihm mit einemmal, als flimmere es ihm vor den Augen. Ein schwirrendes Geräusch pfiff dicht an ihm vorbei und etwas wie ein kurzer Luftzug, und im Kirschbaum saß Vogel, saß leicht wie eine Blüte am Zweig und wippte spielend mit seinem Federschopf, drehte das Köpfchen, piepte leise, schaute dem Mann in die Augen, er kannte den Vogelblick seit seinen Kinderjahren, und war schon wieder aufgehüpft und durch Gezweig und Lüfte entschwunden, noch ehe der starr blickende Schalaster Zeit gehabt hatte, das Schnellerwerden seines Herzschlags richtig zu spüren.

Von dieser sonntäglichen Mittagsstunde an, in welcher Vogel

auf Schalasters Kirschbaum saß, ist er nur noch ein einziges Mal von einem Menschen erblickt worden, und zwar nochmals von ebendiesem Schalaster, dem Vetter des damaligen Bürgermeisters. Er hatte es sich fest vorgenommen, Vogels habhaft zu werden und die Dukaten zu bekommen, und da er, der alte Vogelkenner, genau wußte, daß es niemals glükken würde, ihn einzufangen, hatte er eine alte Flinte instandgesetzt und sich einen Vorrat Schrot vom feinsten Kaliber verschafft, den man Vogeldunst nannte. Würde er, so war seine Rechnung, mit diesem feinen Schrot auf ihn schießen, so war es wahrscheinlich, daß Vogel nicht getötet und zerstückt herabfiele, sondern daß eins der winzigen Schrotkörnchen ihn leicht verletzen und der Schreck ihn betäuben würde. So wäre es möglich, ihn lebendig in die Hände zu bekommen. Der umsichtige Mann bereitete alles vor, was seinem Vorhaben dienen konnte, auch einen kleinen Singvogelkäfig zum Einsperren des Gefangenen, und von nun an gab er sich die erdenklichste Mühe, sich niemals weit von seiner stets geladenen Flinte zu entfernen. Wo immer es anging, führte er sie bei sich, und wo es nicht anging, etwa beim Kirchgang, tat es ihm leid um den Gang.

Trotzdem hatte er in dem Augenblick, da ihm Vogel wieder begegnete – es war im Herbst jenes Jahres –, seine Flinte gerade nicht zur Hand. Es war ganz in der Nähe seines Hauses, Vogel war wie gewohnt lautlos aufgetaucht und hatte ihn erst, nachdem er sich niedergesetzt, mit dem vertrauten Zwitschern begrüßt; er saß vergnügt auf einem knorrigen Aststrunk der alten Weide, von welcher Schalaster stets die Zweige zum Aufbinden des Spalierobstes schnitt. Da saß er, keine zehn Schritte weit, und zwitscherte und schwatzte, und während sein Feind im Herzen noch einmal jenes wunderliche Glücksgefühl spürte (selig und weh zugleich, als würde man an ein Leben gemahnt, das zu leben man doch nicht fähig war), lief ihm zugleich der Schweiß in den Nacken vor Bangigkeit und Sorge, wie er rasch genug zu seinem Schießgewehr kommen sollte. Er wußte ja, daß Vogel niemals lange blieb. Er eilte ins Haus, kam mit der Flinte zurück, sah Vogel noch immer auf der Weide sitzen und pirschte sich nun langsam und leise auftretend näher und näher zu ihm hin. Vogel war arglos, ihm machte weder die Flinte noch das wunderliche Benehmen des Mannes Sorge, eines aufgeregten Mannes mit stieren Augen, geduckten Bewegungen und schlechtem Gewissen, dem es sichtlich viel Mühe machte, den Unbefangenen zu spielen. Vogel ließ ihn nahe herankommen, blickte ihn vertraulich an, suchte ihn zu ermuntern, schaute schelmisch zu, wie der Bauer die Flinte hob, wie er ein Auge zudrückte und lange zielte. Endlich krachte der Schuß, und noch hatte das Rauchwölkchen sich nicht in Bewegung gesetzt, so lag Schalaster schon auf den Knien unter der Weide und suchte. Von der Weide bis zum Gartenzaun und zurück, bis zu den Bienenständen und zurück, bis zum Bohnenbeet und zurück suchte er das Gras ab, jede Handbreit, zweimal, dreimal, eine Stunde lang, zwei Stunden lang, und am nächsten Morgen wieder und wieder. Er konnte Vogel nicht finden, er konnte nicht eine einzige Feder von ihm finden. Er hatte sich davongemacht, es war ihm hier zu plump zugegangen, es hatte zu laut geknallt, Vogel liebte die Freiheit, er liebte die Wälder und die Stille, es hatte ihm hier nicht mehr gefallen. Fort war er, auch diesmal hatte Schalaster nicht sehen können, nach welcher Richtung er entflogen war. Vielleicht war er ins Haus am Schlangenhügel heimgekehrt, und die blaugrünen Eidechsen verneigten sich an der Schwelle vor ihm. Vielleicht war er noch weiter in die Bäume und Zeiten zurück entflohen, zu den Hohenstaufen, zu Kain und Abel, ins Paradies.

Seit jenem Tag ist Vogel nicht mehr gesehen worden. Gesprochen wurde noch viel von ihm, das ist auch heute nach allen den Jahren noch nicht verstummt, und in einer ostgotischen Universitätsstadt erschien ein Buch über ihn. Wenn in den alten Zeiten allerlei Sagen über ihn erzählt wurden, so ist er seit seinem Verschwinden selber eine Sage geworden, und bald wird niemand mehr sein, der es wird beschwören können, daß Vogel wirklich gelebt hat, daß er einst der gute Geist seiner Gegend war, daß einst hohe Preise auf ihn ausgesetzt waren, daß einst auf ihn geschossen worden ist. Das alles wird einst, wenn in spätern Zeiten wieder ein Gelehrter diese Sage erforscht, vielleicht als Erfindung der Volksphantasie nachgewiesen und aus den Gesetzen der Mythenbildung Zug um Zug erklärt werden. Denn es ist freilich nicht zu leugnen: überall und immer wieder gibt es Wesen, die von den andern als besonders, als hübsch und anmutig empfunden und von manchen als gute Geister verehrt werden, weil sie an ein schöneres, freieres, beschwingteres Leben mahnen, als wir es führen, und überall geht es dann ähnlich: daß die Enkel sich über die guten Geister der Großväter lustig machen, daß die hübschen anmutigen Wesen eines Tages gejagt und totgeschlagen werden, daß man Preise auf ihre Köpfe oder Bälge setzt, und daß dann ein wenig später ihr Dasein zu einer Sage wird, die mit Vogelflügeln weiterfliegt.

Niemand kann sagen, welche Formen einst die Kunde von Vogel noch annehmen wird. Daß Schalaster erst in jüngster Zeit auf eine schreckliche Art verunglückt ist, höchstwahrscheinlich durch Selbstmord, sei der Ordnung wegen noch berichtet, ohne daß wir uns erlauben möchten, Kommentare daran zu knüpfen.

(1932)

Ein Tessiner Lebenslauf

Als Mario geboren wurde, in einem Dörfchen der Luganeser Berge, war sein Vater, Tullio Designori, nicht dabei. Er hatte seine junge Frau schon bald nach der Hochzeit verlassen müssen, denn er war Maurer, und zur Zeit wurde in der Gegend so wenig gebaut, daß er dabei sein Brot nicht finden konnte, und auch von seinem Stückchen Bauernland konnte er nicht leben, das war viel zu klein. Dies Stückchen war, wie es in der Gegend so häufig vorkommt, nicht zusammenhängend, es bestand aus vier verschiedenen Besitztümern, von welchen das kleinste, ein Bohnenacker, nicht größer war als die Stube, in welcher der kleine Mario geboren wurde. Außer dem Bohnenacker war ein Zipfel Wald dabei, ferner ein Weinberg mit etwa dreißig Rebstöcken und, von den andern Grundstücken weit entfernt, unterhalb des Dorfes in guter ebener Lage ein kleiner Maisacker. Alle diese kleinen Grundstücke waren Designoris ererbter Besitz, nur das Eckchen Wald hatte seine hübsche Frau ihm zugebracht. Wenn alle vier Bodenstücke beisammen gelegen hätten, so wäre es ein Besitz gewesen, so groß etwa wie ein mäßiger Hausgarten, man hätte darin Hühner halten oder ein Faß Wein ernten können. So aber lag jedes Stückchen Land für sich, weit von den andern entfernt; wenn man etwa ins Maisfeld gegangen war, um zu hacken, so konnte man nicht nebenher auch noch nach den Bohnen sehen, eine Stange geraderücken und etwa eine Schürze voll Bohnen mit heimnehmen, sondern zu den Bohnen war es ein besonderer Gang, eine kleine Viertelstunde weit, und mit Wald und Weinberg stand es ebenso.

Wenn nun der Landbesitz Designoris nicht ausreichte, um eine kleine Familie zu erhalten, so war er doch groß genug,

Motiv in Montagnola. Aquarell 1927

um eine alleinstehende Frau in Atem zu halten und dafür zu sorgen, daß sie sich in der Abwesenheit ihres Gatten nicht langweile. Marietta Designori hatte kein bequemes Leben. Der Mann war fort, zur Zeit im Waadtland, und seit sieben Monaten nicht mehr zu Besuch dagewesen. Sie wohnte bei Plinio Franchini, da hatte sie eine Stube, eine Küche und einen Ziegenstall mit einer Ziege drin, für die sie das Futter täglich im Wald zusammenlesen mußte, meistens Akazienblätter und Waldgras. Den Weinberg hatte sie verpachtet, aber der kleine Bohnengarten und das Maisfeld, an dessen Rand sie auch eine Reihe Karotten gesät hatte und einige Zwiebeln zog, gaben zu tun, und die Küche auch, wenn schon dort außer Polenta und Kaffee nichts gekocht wurde. Und Haushalt und Feldarbeit waren ja nur Nebenarbeiten, die Hauptsache war ihr Beruf, den sie bei der Heirat nicht aufgegeben hatte. Ihr Beruf war ein doppelter: den Sommer über war sie im Hause reicher Mailänder bedienstet, die im Dorf ihre Villa hatten, und im Winter betrieb sie Wäscherei und Näharbeiten.

In der kleinen Stube, also im Hinterhause des Plinio Franchini kam der kleine Mario zur Welt. War auch ihr Mann nicht da, so blieb die hübsche junge Mutter doch nicht ganz allein, ihre Tante Nina kam nach ihr sehen und nahm sich ihrer an, kochte Kaffee für sie, holte die Hebamme und blieb ein paar Tage, die Marietta im Bett bleiben mußte, bei ihr und dem Kleinen. Mit diesen beiden Frauen begann Marios Leben, mit der jungen, zierlichen Mutter und der alten, hageren, grausträhnigen Zia* Nina, sie liebten ihn, sie erzogen ihn, sie waren seine Familie. Er glich aber nicht einer von ihnen, sondern seinem Vater. Er war schwarzhaarig und schwarzäugig, klein, schlank, sehnig, mit kleinem Kopf auf dünnem Halse. Es war ein hübscher Kopf, mit streng geschnittenen Linien, die Augen ein wenig nahe beisammen, die Stirn und Nase

* Tante

kühn und kraftvoll geschwungen, der Mund mit schmalen Lippen, das Haar tiefschwarz, dicht und schön gewellt. Seine Mutter dagegen war blond, dunkelblond und hellhäutig mit blaugrauen Augen.

Mario war nicht Mariettas erstes Kind. Das erste war ein Mädchen gewesen, das schon bald nach der Hochzeit geboren und nach wenigen Tagen gestorben war. Darum war diesmal die junge Mutter ängstlich, und Zia Nina blieb bei ihr, es ging aber alles gut, kein Arzt mußte gerufen werden. Schon gleich bei der Geburt sahen sie, daß er seinem Vater gleiche, und dies wurde auch dem Vater geschrieben. Er schickte für das Kindbett etwas Extra-Geld, und für den Sohn ein Paar rotlederne Schuhchen, die ihm aber vorerst noch zu groß waren und in der Kleidertruhe der Mutter aufbewahrt wurden.

Einige Tage lang hoffte Marietta, ihr Mann werde sie besuchen, er werde vielleicht zur Taufe des Knaben kommen. Aber dies war allerdings wenig wahrscheinlich, nicht bloß der weiten und teuren Reise wegen, sondern auch weil Tullio kein Freund der Kirche und ihrer Zeremonien war, er duldete zwar, daß seine Frau zur Messe gehe, ging selbst aber nicht und machte sich oft und gerne über die Kirche und die Pfaffen lustig.

Nein, Tullio kam natürlich nicht. Es kam aber am zweiten oder dritten Tag nach der Entbindung der Priester von Sant' Abbondio, ein stattlicher junger Pfarrer, um der Frau zu gratulieren und sich mit ihr wegen der Taufe zu besprechen. Es war ein sonniger Tag im Februar, als Mario getauft wurde, und Tante Nina hatte einen großen Strauß Schneeglöckchen auf den Altar gestellt. Plinio Franchini, der Hausherr, ging mit und war Pate, und schenkte zu diesem Anlaß der Marietta ein Vierteljahr Mietzins, er war wohlhabend und Junggeselle, und sein Vater war der Anführer der Klerikalen im Dorf gewesen. Obwohl er selber nicht eigentlich fromm war, stand er doch gut mit dem Priester und es kam ihm je und je auf eine kleine Wohltat nicht an.

Spazieren getragen konnte Mario von seiner Mutter nicht werden, außer wenn sie ihn etwa mit ins Maisfeld nahm. Statt ihrer tat dies die Tante, die nahm ihn an jedem milden Tag auf den Arm, trappelte mit ihm entweder an den Grotti-Wald oder gegen den Friedhof hinunter oder abends, wenn dort die Sonne wärmte, an der Gartenmauer der reichen Mailänder hin, setzte sich mit ihm ins Gras oder auf einen Baumstrunk, gab ihm Steinchen, Gräser, Blumen, Blätter zum Spielen, hielt ihn auf ihrem Schoß und lachte aus dem alten scharffaltigen Gesicht entzückt und strahlend auf ihn herunter. Sie war es, die ihm den ersten Maikäfer, den ersten Maulwurf, die erste Eidechse zeigte, die erste Erdbeere und die ersten Heidelbeeren ins Mäulchen stieß, und von ihr, der alten Bäuerin, sog er vieles von dem ein, was später sein Leben bestimmte. Dagegen war es seine Mutter, die ihn fütterte, die ihn an- und auskleidete, die ihn lächeln lehrte und sein erstes Lächeln sah, sie war es, die mit ihm und der Ziege die kleine Wohnung füllte und erwärmte, und die am Abend am offenen Feuer zu Marios Entzücken manchmal so wunderbar singen konnte. Es war selten, daß sie sang, und immer nur wenn sie allein mit Mario war. Zuweilen summte sie auch eine kleine Tanzmelodie vor sich hin und schritt dazu, den Buben auf dem Arm im Takte wiegend, durch die Küche, über deren roten Steinboden die Flamme des Feuers strahlte. Es geschah selten, selten war Marietta so vergnügt, sie war ja wie eine Witwe.

Der Kleine war dreiviertel Jahr alt, als er seinen Vater zum erstenmal sah. Er brachte ihm Karamellen und einen Hampelmann mit, war flott und elegant, führte Marietta in den Grotto und nach Lugano, schenkte ihr einen feinen modernen Nähkasten, und blieb zehn Tage da. Den Kleinen, der ihm so ähnlich sah, hatte er sehr gern, schwenkte ihn oft auf den Armen, pfiff ihm Märsche vor und brachte ihn durch Kitzeln zum Lachen. Aber dann konnte er nicht länger seinen Verdienst versäumen, kam sich auch neben seiner Frau und dem Kleinen in der engen Höhle entbehrlich vor, und sah es nicht gern, daß Marietta beim Abschied so sehr weinte und ihn bat, doch nicht wieder so lange auszubleiben. Das Leben ist hart, nun ja, niemand wußte dies besser als er, aber darüber zu reden und zu klagen hatte keinen Sinn.

Auch die nächsten Besuche des Vaters, in langen Zwischenräumen, spielten in Marios Leben keine andre Rolle als die von plötzlich kommenden, etwas hastigen, etwas übervergnügten Festen, mit unerwarteten Geschenken, unerwarteten Liebkosungen, unerwarteten kleinen Schrecken, wenn der Vater ihn etwas gewaltsam in die Hände nahm und in die Luft warf. Schnell ging das jedesmal wieder vorbei, und übrig blieb, außer zerbrochnen Spielsachen, das stille gleichmäßige Leben zwischen Mutter und Tante, der Geruch der Küche, Stimme und Geruch der Ziege, der Duft des Holunders an der Tür und des Kirschlorbeers überm Steintisch in Franchinis Garten. Und dazu kam allmählich das Dorf, kam die Kameradschaft, kam die Zugehörigkeit zu allen andern, zu den wimmelnden Kindern abends auf der Piazza, zu den Weibern im Kaufladen, den Heuwagen, den warmen, stark riechenden Bodenräumen voll Seidenraupen, die mit stillem Knistern Körbe voll glänzender Maulbeerblätter verzehrten. Das alles war da, war richtig, war Heimat. Der Vater gehörte nicht dazu. Und doch war auch er immer da, unsichtbar, geheimnisvoll, verehrt, etwas gefürchtet, eine ferne glänzende Traumgestalt, die man selten sieht, die man nicht kennt, die man dennoch nie ganz vergißt.

Seit Mario gehen konnte, gehörte er dem Dorfe an, war hier und dort und überall zu Hause, fand überall Anschluß, Unterhaltung, Spiel, Belehrung und Erlebnis. Der Pächter Lorenzo war sein Freund, der nahm ihn oft auf seinen Wagen, ließ ihn hoch auf dem Maulesel sitzen, nahm ihn mit ins Heu, in die Kirschen, in die Weinlese. Die Nachbarstochter Pina war seine Freundin und Beschützerin, sie lehrte ihn Spiele und Neckverse, hob ihn auf, wenn er gefallen war, lief mit

ihm hinter dem Hausierer, dem Scherenschleifer, dem Eisverkäufer her. »Eisverkäufer« war das erste Spiel, das Mario selber erfand, nachdem er zum erstenmal den fremden Mann mit seinem Wägelchen hatte durchs Dorf ziehen und mit seiner tönenden Sängerstimme hatte seine Ware ausrufen hören. Mario baute sich einen Eiswagen, das war ein Kistenbrettchen an einer Schnur, ohne Räder. Darauf legte er Sand und Steinchen, grüne Blätter und einen Pinienzapfen, und nun zog er seinen Wagen durchs Dorf und brüllte, genau im Tonfall seines Vorbildes, seinen Lockruf »Gelati! Gelatiiiii!« hinaus, und andre kleine Buben liefen mit. Da war er etwa vier Jahre alt.
Die Jahreszeiten wurden ihm bekannt: der kühle, klare, durchsichtige Winter, mit der frühen Dunkelheit, mit dem roten Glühen der Berge, mit dem Schnee auf den höheren Hügeln. Der Frühling, mit ersten Blumen schon im Januar beginnend, dann die Ränder der kleinen Bachläufe mit fettem Grün und weißen Blumen überziehend, dann alle Hänge mit Veilchen und mit blauen nickenden Cilla bedeckend, und dann hinsterbend in der großen Regenzeit, wo ein paar Wochen lang die Gassen Bäche waren und durch die alten Dächer das Wasser in alle Kammern rann. Dann kam der Sommer, strahlend, kurz, brennend, beginnend mit den Kirschen, gipfelnd im großen Festsonntag in den Grotti, mit Musik, Tanz, Kinderfest, und endend mit dem Reifwerden der Feigen. O der große hundertästige Feigenbaum in der Wiese der Gagliardi, wo es immer die ersten reifen Feigen gab, dunkelviolette weiche Früchte, und wo man den alten verdrießlichen Tonio zu fürchten hatte, der meistens grade über der Wiese auf dem Mäuerchen saß, in der Sonne, sich mit seinem krummen alten Stock die Beine rieb und die Buben anschrie, die in den Feigenbaum steigen wollten, obgleich er gar nicht ihm gehörte! Und dann kam der Herbst, die wunderbarste aller Jahreszeiten, mit ein wenig Regen, und hie und da an Oktobermorgen ein wenig dünnem Nebel ganz unten auf dem See

und im Wiesental, während hier oben alles vor kristallener Klarheit funkelte, der Herbst mit dem reifen Obst, die Zeit wo die Welt blau von Trauben war, wo die Wälder anfingen sich zu färben, die goldgelben feinen Akazienblättchen einzeln herabtropften, wo vor den Kellern die großen Weinfässer gespült wurden und so erschreckend rochen. Und grade zwischen Sommer und Herbst, am ersten Sonntag, der schon ein wenig verfrüht nach Herbst schmeckte, war drüben am Salvatore das Madonnenfest, zu dem wurde Mario von seiner Mutter mitgenommen, seit er weit genug gehen konnte. Da war Messe und Gesang in der alten Wallfahrtskirche, mitten im Walde, und die goldene Madonna wurde heraus- und durch den Wald getragen, und von den glitzernden schmukken Priestern angebetet, und dazu war neben der Kirche im Wald Musik, Buden, Wirtschaft, wurde Wein und Kaffee getrunken, Kuchen und erste Trauben gegessen, es gab Kinderspiele und Verkaufsstände mit Zuckerwerk, mit zahmen weißen Mäusen und roten Luftballons.

Schon damals, schon in den ersten Knabenjahren, noch ehe er darüber nachdenken konnte (und das konnte er auch später nicht sonderlich), war für Mario ein seltsames Zweierlei in der Welt, eine Teilung und ein Kampf, an dem er selber teilhatte. Es war die Heimat, die im Kampf mit der Fremde lag. Heimat: das war Mutter und Tante, Pina und Zio Franchini, Ziegenstall und Dorfplatz, Akazienblüte und Kastanienrösten, Rauch von halbgrünem Holz in der Küche, Blumenpflücken im Februar in den feuchten Wiesen, auch Glokkengeläut am Abend, Kirchgang am Sonntag nach Sant' Abbondio – dies alles war Heimat, war selbstverständlich und richtig, war schön und geliebt und regierte das Leben, und eigentlich hätte das vollauf genügt, es wäre keine zweite, fremde Welt mehr nötig gewesen, die das alles störte und bekämpfte. Diese zweite Welt, das war die Fremde, die aber nicht dort draußen blieb hinter den Bergen, sondern täglich hereindrang und mit zum Leben gehörte. Dazu gehörte das

Mariettas Beete. Aquarellierte Federzeichnung 1923

Automobil, das täglich die Post brachte, und jeden Monat war das Kommen oder Ausbleiben der Post auch für die Familie Designori schicksalhaft; dazu gehörten ferner die Arbeiter, die zwar im Dorf wohnten und zu Hause waren, aber den ganzen Tag auswärts waren und erst am Abend heimkamen, dazu gehörten die Fremden, sowohl die reichen schönen Mailänder wie auch die mageren hungrigen Tedeschi, Leute mit Brillen, die im Gasthaus wohnten oder auch Zimmer im Dorf mieteten. Und zur Fremde gehörte auch der Vater, von dem man abhängig war, ohne ihn je zu sehen, der Geld schickte oder keines schickte, dessen Sendungen und Briefe die Mutter vergnügt oder traurig machten für Tage, der, wenn er kam, elegant und schneidig auftrat, Französisch konnte und wunderbare Stadtschuhe trug, und in sein Dorf nicht mehr recht hineinpaßte, der auf den Priester und auf die Messe schimpfte und Witze über sie machte, und den man doch lieben und oft so sehr ersehnen mußte.

Alles dies Fremde, die prächtigen Milanesen wie die drolligen Deutschen, die Eleganz und ferne Mächtigkeit des Vaters wie die farbigen Ansichtskarten, die er aus seiner Fremde her zuweilen schrieb, all dies Fremde war im Grunde feindlich und zu fürchten, es hieß Geld, Eisenbahn, Post, Pracht, Eleganz, es stand irgendwie im Widerspruch und tiefen Gegensatz zum Heimischen, zur Ziege und ihrem guten frommen Blick, zu den Runzeln im Gesicht der alten Tante Nina, zu der stillen Traurigkeit der Mutter und der holden dämmerigen Heimlichkeit des Feuerscheins in ihrer Küche – es stand zu diesen Dingen im Gegensatz wie die Karamellen und das Backwerk, die der Vater mitbrachte, im Gegensatz standen zu der Polenta, dem alten Brot und dem Milchkaffee, den gewohnten Speisen des Alltags. Im Grunde, daran war nicht zu zweifeln, waren Eisenbahn und Postautomobil, Fremde und Vater, Karamellen und all dies Fremde entbehrlich und schädlich, das Leben wäre ohne all dies Zeug, auch ohne Vater, einfacher, sanfter, ruhiger, einheitlicher und wärmer gewesen. Aber das Fremde war nicht nur bös und fremd, kalt und widrig, es war auch schön, es war elegant, es roch nach Vater und nach den Milanesen, nach Süßigkeiten und lackierten Schuhen, es hatte gelegentlich viel Reiz und Lockung. Wenn es dies Zweierlei nicht gegeben hätte, diesen Zwiespalt zwischen väterlicher und mütterlicher Welt, wäre Marios Leben überaus glücklich gewesen, und auch so noch war es schön und blühend. Die Kinder haben es in diesem Lande nicht schlecht, man liebt sie und faßt sie zart an, und auch die Schule ist nicht schlimm, und wird im Sommer ganze drei Monate geschlossen. Marios Leben war sehr reich und sog Freude aus vielen Quellen. Schön war das Land, die Berge, der See, die vielen heiteren, leicht durchsonnten Wälder, welche im Herbst voll Kastanien lagen, die man essen konnte, schön war der Weg zum Maisfeld an der Hecke mit dem duftenden Geißblatt hin, schön der sommerliche steile Fußweg zum See hinab, zu der stillen schattigen Bucht unter den Platanen, wo die Buben sommers badeten. Schön war der Kirchweg am Sonntag und die Blumen und der feierliche Duft in der Kirche. Sehr schön war am Abend die kleine Piazza, wo alle Kinder spielten, nicht nur die armen und Bauernkinder, sondern auch die der Signori, wo im goldenen Abendstaub die Kleinen am Boden saßen, ihre Ziegelstückchen zu Mehl zerstießen, ihre Sandkuchen formten und ihre Kränzchen flochten, während die größeren Buben sich um das heimkehrende Motorvelo Gino Fontanas drängten und die Mädchen zum Ballspiel ihre strengen, taktsicheren Lieder sangen. Schön auch war Marios Leben mit seinen Kaninchen, die er neben der Ziege halten durfte und die er so sehr liebte, deren Junge er aber an andre Knaben verkaufte oder vertauschte. Überall war etwas zu sehen, etwas zu lachen, etwas zu erfahren, etwas zu lernen, abends auf der Post, wenn das ganze Dorf sich vor dem Schalter drängte, auch die, die niemals Post erhielten, oder an der offenstehenden Tür des Schuhmachers, wenn er auf seinem winzigen Ambößchen klopfte oder Pechfaden drehte, oder in der »Cooperativa«, wo man immer lange warten mußte, wo die Weiber und Kinder gedrängt standen und auf ihr Brot und Mehl, Petroleum oder Zucker warteten.

Und zum See, zu den Bergen, zu der Sonne, zu den schmalen Weinbergterrassen, zu dem ganzen Duft und Schimmer der Heimat gehörte auch die Mundart des Dorfes. Kein Fremder konnte sie sprechen, weder die vergnügten flotten Milanesen in ihren Villen noch die deutschen Fremdlinge. In der Schule wurde Italienisch gesprochen, ein sorgfältiges sauberes Italienisch, an dem sie alle Freude hatten. Aber im übrigen Leben sprach man Dialekt, sprach man Tessinisch mit der Färbung des Dorfes, sagte man nicht Lugano, sondern »Lügang«, nicht Pazallo, sondern »Paschall«, nicht Tedesco, sondern »Tedeschg«. Und wenn das Italienisch gut zum modernen Leben paßte, zu den Automobilen und Motorrädern, zum Fußball und dergleichen, so war dafür der heimatliche Dialekt auf eine geheimnisvolle und köstliche Art verwandt und wesensgleich mit den Häusern und Gärten, den Küchenkaminen und dem Ziegenstall, dem dünnen wirren Gestäbe der schmalen Weinberge und dem ganzen Auf und Ab des steilen, zerschnittenen Hügelgeländes, der ganzen gartenhaften, frohen, häuslichen und kindlichen Landschaft.

Das alles wußte Mario nicht, es wohnte nur in seinem Herzen und klang in seinem Leben, zwischen Schule und Spiel, Hausarbeit und Knabenheimlichkeiten, Ziegenfüttern und Holztragen, Blaubeerensuchen und abendlichen Kindertänzen.

Schwierig wurde es mit der Zeit mit Pina, der Nachbarstochter. Sie war seine Freundin und sein Mütterchen von klein auf gewesen, ein paar Jahre älter als er, sie hatte ihn herumgetragen, hatte ihm aufgeholfen, wenn er gefallen war und weinte, hatte ihm im ersten Schuljahr oft im letzten Augenblick vor Schulbeginn noch das Haar zurecht gestrichen oder die Hosenträger in Ordnung gebracht, von ihr hatte er die ersten Lieder, die bandiera rossa, den figlio d'un ricco Signore gelernt, von ihr die erste Anweisung im Tanzen bekommen. Und er hatte sie auch sehr, sehr gern, nur wurde es allmählich lästig, daß sie ihn wegrufen und für sich haben wollte, wenn er gerade bei Knabenspielen mit Kameraden war, wenn sie ihn bemutterte oder zärtlich mit ihm war, während Kameraden zusahen. Besonders Cesco Rezzonico war da ein scharfer und spöttischer Beobachter und ließ nichts durchgehen, was nicht erlaubt und ehrenhaft für einen rechten Knaben war. Er konnte schon radfahren und Zigaretten rauchen, der kleine stramme Rezzonico, und war doch bloß zwei Jahre älter als Mario, der ihn gewaltig bewunderte. Pina hätte das einsehen sollen, aber sie beanspruchte Mario für sich, sie weinte und schalt ihn und erinnerte ihn daran, daß er schon vor Jahren versprochen hatte, sie zur Frau zu nehmen. Aber es half alles nichts, Mario machte sich hart und war für Pina selten mehr erreichbar.

Ebenfalls schwierig und geheimnisvoll, ähnlich dem zweifelhaften Verhältnis zum Vater, waren seine Beziehungen zu den Mailändern. Die Familie Giustini kam Frühling um Frühling angefahren und bezog ihre große Villa mit dem dunklen, hoch ummauerten Park oberhalb des Dorfes, und von da bis zu ihrer Abreise im Herbst war Marios Mutter im Dienst dieser Familie, wie sie es schon als junges Mädchen gewesen war. Sie half bei Wäsche und Flickerei, machte Besorgungen im Dorf, wo die fremden, oft wechselnden Mailänder Dienstboten sich schlecht auskannten, und lebte fast den ganzen Tag im Hause Giustini. Solange Mario klein war, hatte sie ihn sehr häufig dahin mitgenommen, er aß mit ihr in dem Anrichteraum neben der Küche und brachte halbe und ganze Tage dort in der Küche, im Pferdestall, in den weiten hohen Korridoren zu, ohne daß man sich um ihn kümmerte. Später aber wollte er nicht mehr dorthin gehen, es war ihm lästig und verdrießlich, daß seine Mutter bei diesen fremden Leuten die Magd machen mußte, und es gab darüber zuweilen

Streit zwischen ihm und der Mutter. Einmal in einem solchen Streit hatte er die Giustini verächtlich »quella gente Milanese« genannt, und die Mutter war ernst und böse geworden und hatte ihm das freche Wort wie eine Blasphemie angerechnet.

Zweierlei war an diesem schlechten Verhältnis zu den Milanesen schuld. Einmal war da ein Sohn, Tito, drei Jahre älter als Mario, Spielkamerad des schneidigen Cesco Rezzonico, und neben diesem hübschen, gut gekleideten und etwas verwöhnten Knaben kam sich Mario allzu unscheinbar, ungeschickt und ärmlich vor. Dann aber war bei den Giustinis auch noch eine Tochter da, ein blondes Mädchen im Alter Marios, und in dieses schöne, fröhliche, reiche Mädchen pflegte Mario sich jeden Sommer wieder zu verlieben. Im Hause dieses Mädchens als geduldeter und begönnerter Sohn einer Magd ein und aus zu gehen, das war keine Rolle für Mario, er drückte sich darum und wehrte sich dagegen. Nur gegen den Vater Giustini, den wohlwollenden, laut sprechenden, laut lachenden reichen Herrn, der kürzlich seine Pferde verkauft und dafür ein Automobil mitgebracht hatte, war Mario, wenn er ihn traf, sehr höflich und ehrerbietig, ihm mußte er auch jedes Jahr einen kleinen Dankbrief schreiben, denn zu Neujahr bekam die Mutter stets ein Paketchen oder eine kleine Geldsendung aus Mailand, und da war immer auch ein Geschenk für Mario dabei.

Während Mario sich vor Tito genierte, der schönen Claudia von weitem nachsah und in Schule und Kameradschaft seine Sorgen, Freuden und Fehden zu bestehen hatte, war Tante Nina der einzige Mensch, zu dem er immer und mit allem kommen konnte, der immer gleich zu ihm war, immer gütig, immer lächelnd, immer beruhigend und schlichtend. Mit der Mutter stand es nicht so. Seit dem letzten Besuch des Vaters, vor anderthalb Jahren, war sie still, verbissen und schwermütig, zuweilen auch launisch und kurz angebunden, und neuestens lief sie in einer oft kaum erträglichen Aufregung herum, und niemand hatte es leicht mit ihr. Am schwersten hatte sie es selbst. Es war ja nie sehr viel Glück und Gedeihen in ihrer Ehe gewesen, wenn auch der Mann jahrelang redlich einen guten Teil seines Erwerbs Monat für Monat nach Hause geschickt hatte. Ebenso wie seine spärlichen Besuche in der Heimat noch spärlicher und kürzer geworden waren, so waren auch seine Briefe und Geldsendungen immer seltner geworden. Einigemal war Zia Nina, ohne Mariettas Wissen, zum Sindaco gelaufen und hatte ihm geklagt, und der hatte auch mehrmals an Designori geschrieben und ihn an seine Pflicht gemahnt, bald mit Erfolg, bald ohne Erfolg. Nun war eine längere Zeit weder Geld noch Brief mehr gekommen, Marietta wußte nicht einmal, wo ihr Mann zur Zeit sei, er hatte zuletzt aus Frankreich oder Belgien geschrieben. Das Ausbleiben des Geldes nun war für Marietta im Grunde nicht unerträglich, denn sie lebte von ihrem eigenen Verdienst, und hatte den größern Teil von Tullios früheren Geldbeiträgen auf die Sparkasse gebracht, für alte und kranke Tage und für die Ausbildung ihres Sohnes. Nein, hierin war sie von ihrem Mann nicht abhängig. Aber daß er nicht mehr schrieb, daß er nicht mehr an sie dachte, nicht mehr nach Hause kommen mochte, daß sie verschmäht und hereingefallen war, wie einige Verwandte es ihr warnend vorausgesagt hatten, das konnte sie nicht verschmerzen. Als sie den Maurer hatte heiraten wollen, waren manche Stimmen dagegen laut geworden, nicht eigentlich wegen Tullios Person, obgleich er ein wenig eitel war und gern den Flotten spielte, sondern weil jedermann das Schicksal jener Frauen kannte, deren Männer jahrelang in der Fremde arbeiteten. Die meisten schickten brav ihr Geld, die meisten kamen auch früher oder später wieder, und wenn eine Glück hatte und das große Los zog, so brachte ihr Mann sogar Reichtum und Ansehen mit in die Heimat zurück, baute sich ein stattliches Haus, kaufte sich Land und Vieh und einen Familienplatz auf dem Friedhof. Solche reich und prachtvoll aus der Fremde

Dorfmotiv. Aquarell 1932

heimkehrenden Tessiner, meistens Bauhandwerker, gab es hier und dort, und ihre Gestalten waren es, die den jungen Nachahmern und die den jungen Frauen vorschwebten, wenn sie ihr Los auf die gleiche Karte setzten.
Mariettas Los nun war eine Niete gewesen. Nichts war begreiflicher, als daß ein Mann, der Jahr um Jahr in der Fremde lebte und seine Frau bloß alle Jahr oder alle zwei Jahre einmal sah, sich allmählich dieser Frau entwöhnte und bei den Frauen der Fremde das Seine suchte. Wenn auch die meisten dieser Auslandgänger aus Heimatliebe wiederkamen, aus Heimatliebe und auch aus Stolz, um den Dorfgenossen daheim zu zeigen, daß sie es zu etwas gebracht hätten, so waren doch die meisten, wenn sie heimkamen, schon der Frau und Familie entwöhnt, und auf jeden Fall waren die besten Jahre des Lebens verloren – was für die daheimgebliebne Frau übrigblieb, war bestenfalls ein sorgenloses Altwerden. Marietta hatte dies alles gewußt, als sie heiratete, sie hatte es gewußt, wie jedes Tessiner Mädchen es weiß, und wäre nicht Tullio ein so hübscher und braver und in sie so sehr verliebter Bursch gewesen, sie hätte es sich gewiß noch viele Male überlegt. Und nun sollte sie sich darein finden, daß ihre Träume Träume, ihr Stolz Kurzsichtigkeit, ihr Vertrauen in Designori getäuscht und sie eine sitzengebliebene Frau war!
Eine gewisse Zeit trug sie das alles allein mit sich herum, aber der Tante war es schließlich doch nicht zu verbergen. Zia Nina hatte damals nicht gewarnt und den Finger erhoben, sie hatte geschwiegen und die jungen Leute machen lassen, sie hatte das Wahrscheinliche vorausgesehen, das Mögliche erwogen, und war nicht verwundert, als es nun eintraf. Seit Jahren hatte sie dem ja zugesehen, ohne freilich Mariettas Hoffnungen zu zerstören, die sich nach jedem Besuch ihres Mannes wieder in Träume von einer einstigen endgültigen und ehrenvollen Rückkehr flüchtete. Zia Nina sagte auch jetzt nicht viel, sie sagte eigentlich gar nichts, sie saß nur da-

bei, nickte mit dem alten Kopf, strich der verzweifelten Frau übers Haar und nahm ihre Schmerzen und Sorgen in ihr Herz mit auf, weil zwei Herzen größer sind als eines und mehr Raum haben.
Auch dem Knaben konnte die Wahrheit nicht allzu lange verborgen bleiben, obwohl ihm die Mutter geradezu nichts von diesen Dingen sagte. Er hörte so oft vom Vater sprechen, wußte um das Ausbleiben seiner Berichte, ahnte, daß Mama sogar seinen Aufenthaltsort nicht genau kenne, hörte sie zuweilen auch heimlich über ihn bitter schelten. Es war nicht schwer für ihn zu begreifen: Papa hatte sie im Stich gelassen, der elegante Ausländer kam nicht wieder. Mario war ihm persönlich nicht eigentlich böse, dazu kannte er ihn zu wenig – für ihn änderte sich nichts, ob dieser Franzose wiederkam oder nicht. Nur der Mutter wegen zürnte er ihm, denn das traf auch ihn selbst, diese grauen erloschenen Augen, diese vielen Seufzer, diese viele üble Laune. Wenn er sich so besann, was eigentlich von seinem Vater ihm geblieben sei, so fand er im Grunde gar nichts: die Süßigkeiten und Spielsachen, die er von ihm je und je bekommen hatte, waren ebensowenig mehr vorhanden wie die etwas läppischen roten Schuhchen, die er ihm als Neugeborenem geschickt hatte. Allerdings, und daran dachte er nicht, hatte er andres vom Vater, was nicht verloren ging: die Gestalt, die Augen, die Nase, die Haare. Nun, dafür brauchte er nicht zu danken. Er schloß sich dem Zorn der Mutter über den Untreuen an und fühlte sich als Trost und Beschützer der armen Mama. Zwischenein jedoch mußte er bemerken, daß es in seiner Seele nicht so einfach aussehe, wie er sich da vorspiele, daß er nicht selten vom Vater träume, nicht selten statt mit Verachtung und Ablehnung an ihn mit Sehnsucht und Bewunderung dachte. Ach, schließlich war er wütend auf alle, auf den Vater, die Mutter, auf sich selber. Bloß Tante Nina – ja, gegen die war nichts zu sagen. Er fühlte, wie sie und ihr Leben frei von diesem Zwiespalt war, der das seine störte und verdarb.

Er fühlte, daß sie mit ihrem Leben eins und einverstanden war, nicht mit einer Hälfte der Seele wollte, was die andre verwarf, nicht von außen abhing. So hätte man sein müssen wie Zia Nina! Er liebte sie über alles, und er fühlte, daß seine Liebe zu ihr zugleich die Liebe zur Heimat, zum Guten, zum Richtigen und Gesunden sei.
Mit Pina hatte er in dieser Zeit eine Szene. Sie war ihm lästig geworden, was er sich mit schlechtem Gewissen eingestand, und so wurde er immer reizbarer gegen sie. Es war schlecht von ihm, er wußte es, es war etwas, was er Tante Nina nicht hätte sagen können und was sie sehr gerügt hätte, aber er konnte nicht anders. Die Anhänglichkeit dieses Mädchens, nun ja, es war ja etwas Hübsches dabei, aber warum lief sie ihm geradezu nach? Warum ließ sie ihm seine Freiheit nicht? Warum merkte sie nicht, daß ein Knabe in seinem Alter unmöglich diese kindlichen Zärtlichkeiten fortsetzen, daß er unmöglich sich von Cesco Rezzonico auslachen lassen konnte? Sie brachte ihm eines Tages ein paar Pfirsiche mit in die Schule. Sie war schon ein wenig schüchterner geworden, sie hatte immerhin etwas gemerkt. Sie hatte neben dem Schulhaus im Schatten gewartet, und als Mario eintrat, kam sie etwas verlegen auf ihn zu, lächelte und streckte ihm die offene Hand mit den Pfirsichen hin. Hinter ihm kamen Kameraden, er hätte das Geschenk sonst gerne angenommen. Nun wurde er sehr böse, steckte beide Hände in die Tasche, schnitt ein höhnisches Gesicht und ließ Pina stehen. Während der ganzen Schulstunden sah er Pinas enttäuschtes, trauriges, verletztes Gesicht mit stummer Anklage auf ihn blicken, es war das erstemal, daß er sie so geradezu von sich gestoßen hatte, es bedrückte ihn sehr. Aber als die Schule aus war, lief er stolz an Pina vorüber, als kenne er sie nicht.
Gerade an diesem Tage war Marios Mutter in großer Aufregung. Es war ein Brief ihres Mannes gekommen, ein eingeschriebener Brief, den sie voll widerstreitender Ahnungen lange in den Händen auf ihrem Schoß hielt, ehe sie ihn zu

lesen begann. Als sie gelesen hatte, ließ sie den Kopf sinken und sah alt und furchtbar müde aus. Tagelang trug sie die Sache mit sich allein herum, bis sie endlich Tante Nina zu sich rief. Tullio war in Belgien, und es schien ihm gut zu gehen, das schrieb er zwar nicht, aber es ging aus seinen Vorschlägen hervor. Geld schickte er keines. Sondern er entschuldigte sich obenhin, daß er lange nicht geschrieben habe, und sprach dann rückblickend von seiner Ehe, von diesen vielen Jahren einer Zusammengehörigkeit, die doch keine habe sein können, von der Entfremdung, die in so langer Zeit sich bei beiden Teilen einstellen müsse, von der Unsinnigkeit ein solches Verhältnis weiter und weiter zu schleppen. Dann ging er zu praktischen Vorschlägen über. Wenn Marietta, wie er zuversichtlich hoffe, mit der Scheidung ihrer Ehe einverstanden sei, so finde sie ihn bereit, ihr entweder eine kleine Rente lebenslänglich, oder aber mehrere tausend Franken als einmalige Abfindung zu bezahlen. Am Schluß des Briefes benutzte er die Gelegenheit (»colgo l'occasione«, schrieb er) Mario, die Tante Nina und den Herrn Franchini bestens zu grüßen.
Ehe Marietta die Sache der Tante vorlegte, schrieb sie in ihrer Phantasie, bis in die nächtlichen Träume hinein, Brief um Brief an Tullio, Briefe voll wilder Anklage, maßloser Verachtung, Briefe, in denen sie ihm mit priesterlicher Würde seine Pflichten vorhielt, und in denen sie gleich darauf vernichtende Anspielungen auf sein ausländisches Liebesleben machte, und in denen allen sie ihm sein elendes Geld mit zorniger Verachtung vor die Füße warf. Einige dieser Briefe fing sie auch wirklich an zu schreiben, kam aber nicht weit damit, und dann gab sie sich einen Ruck und ging zu Tante Nina. Und Tante Nina ließ sie ruhig reden, tagelang, ließ sie bis zur Erschöpfung schimpfen, klagen, weinen, und begann erst, als sie ganz ausgeschöpft war, langsam ihren Rat in sie zu träufeln. Ihr Rat war der, daß Tullio verloren und nicht mehr zu halten sei, daß man ihm vorsichtig schreiben und für den

Fall der Scheidung alles von ihm verlangen und annehmen müsse, was irgend zu erlangen sei. Und wieder nach Tagen, als die beiden Frauen soweit waren, daß sie ihren Fall dem wohlwollenden und welterfahrenen Herrn Giustini unterbreiteten, hieß dieser alle Ratschläge der Tante gut und erklärte sich bereit, den Brief an Designori auf seine Kosten durch einen Advokaten schreiben zu lassen. Dann könne Marietta immer noch das, was sie Persönliches zu sagen habe, einem besonderen Brief anvertrauen, der aber nicht abgehen dürfe, ohne daß er ihn gelesen habe. Auch Herr Giustini brauchte Tage, bis er sie überredet hatte.

Man ging zum Advokaten, man konferierte und schrieb, man leitete die Scheidungsklage ein. Da sich für Mario das Ende der Schuljahre näherte, wurde zugleich die Frage besprochen, was aus ihm werden solle. Mario selbst war der erste, den man darüber befragte. Da stand er vor dem ersten Zwiespalt seines Lebens. Es war ihm nämlich vollkommen klar, wie er am liebsten leben und was er am liebsten werden wollte, nämlich ein Bauer, und Kuh und Geiß füttern, Gras schneiden und dörren, Kirschbäume zweien, Reben schneiden und aufbinden, Maulbeerbäume stutzen, winters im Wald im Holz arbeiten, sommers die Frucht schneiden, und im Herbst den Wein keltern. Nun erfuhr er aber, von der Mutter, von der Tante und von allen andern, daß er kein Bauer werden könne, obwohl er Freude daran habe, und obwohl er die Arbeiten des Bauern eigentlich alle schon konnte. Aber um Bauer zu sein, mußte man Land haben, allermindestens soviel wie man braucht, um eine Kuh halten zu können. Und Land hatte er keines, die paar Stückchen der Mutter zählten nicht mit, und die zwei Riemchen Gemüseland, die er einmal von Zia Nina erben würde, auch nicht. Er war sehr unglücklich darüber und rief immer wieder: »Dann muß ich also fort und in die Fremde!«

Die Tante war es, die ihn in langen Gesprächen beruhigte. Nein, er brauchte nicht in die Fremde zu gehen, wenigstens nicht für lange, man werde schon etwas andres finden. Ob er nicht Lust habe, Schuhmacher zu werden? Das sei ein reichliches und sicheres Brot, und Gino Petrini würde im Sommer einen Lehrling nehmen. Aber das wollte Mario nicht. Den ganzen Tag drinnen sitzen, auf das Leder klopfen und mit der Nadel stechen, nein, dann wollte er lieber ganz und gar fort gehen, Maurer werden wie der Vater, oder vielleicht Elektriker, und nach Mailand oder Paris gehen und überhaupt nie mehr heimkommen. Wieder beruhigte ihn die alte Nina, zärtlich fuhr sie ihm mit ihrer rauhen braunen Hand durchs Haar. Sie verstand ihn, sie verstand seine Liebe zum Dorf, zur Heimat, wie sie seine Liebe zu ihr selbst verstand. In diesem Knaben konnte sie lesen, besser als in seinen Eltern, denn das Innerste, das Stärkste und Zarteste in ihm war von ihrer eigenen Art, war heimatlich, war bäurisch, strebte zum Land, zur Sonne, zum Regen, zu den Tieren und Pflanzen und jenem einfachen Leben, wie es Gott für die Menschen bestimmt hatte. Sie wurden nicht glücklich, wenn sie es verließen, auch nicht wenn sie reich wurden und als Herren zurückkehrten, das wußte sie. Darum half sie Mario, gegen seine Mutter, die ihn nach Mailand oder mindestens nach Lugano bringen und »etwas Rechtes« aus ihm wollte werden sehen, sei es nun ein Monteur oder ein Capomastro oder auch ein Beamter. Mario fühlte sofort, wie es stand, und wunderte sich nicht darüber. Er gehörte zu Nina, es war in Ordnung, daß sie ihm half.

Allerdings mußten da noch einige Gedanken geordnet, einige Träume abgetan werden, denn keineswegs immer war er seiner Sache so sicher gewesen wie jetzt im entscheidenden Augenblick. Früher hatte er, wie jeder Junge im Dorf, der nicht gerade einem reichen Bauern gehörte, sehr mit dem Gedanken an Fremde und einen feinen Beruf, an Eleganz und Reichtum geliebäugelt, und damit hatte auch seine Verliebtheit in Claudia Giustini zu tun gehabt. Dies wurde ihm plötzlich klar. Es wurde ihm klar, daß Claudia kein Mädchen war, an das er denken durfte, daß sie auch dann noch unerreichbar

für ihn blieb, wenn er Monteur oder sogar Beamter wurde. Eine Stunde lang begriff er das ganz und gar nüchtern, es war das erstemal in seinem Leben, daß er gleichsam neben sich selber stand und sich von außen sah, und er sah einen Knaben, dem ein schönes Mädchen und der Anblick einer reichen Herrenfamilie und ihres herrschaftlichen Lebens den Kopf verwirrt hatte. Denn in dieser Stunde fühlte er ganz genau und untrüglich, daß es nichts nützen würde, wenn er auch noch so viel Geld hätte, und daß es auch nichts nützen würde, wenn Claudia ihn ebenso gern hätte wie er sie. Er sah, daß sie niemals seine Wünsche und Freuden teilen, er niemals ihr Leben ernst nehmen und teilen könnte. Es war nur ein Augenblick, aus dem er verwundert und mit einem kleinen Schmerz, als sei er plötzlich ein wenig gewachsen, wieder erwachte. Was war das gewesen? Was war da in ihm vorgegangen? Er wußte es nicht, wollte es gar nicht wissen und vergaß es schnell. Aber die kindliche Schwärmerei für Claudia war zu Ende, und als sie selbst im Frühling wieder kam, sah er sie ohne die gewohnte Erregung und fühlte, daß er ein anderer geworden sei.
Fumasoli, der Schreiner, nahm ihn im Sommer in die Lehre. Marietta brauchte jetzt nicht mehr die vielen Gänge zum Anwalt zu tun, ihre Ehe war geschieden.
Das Schreinerhandwerk war nicht übel, Mario lernte es leicht und hatte Freude daran. Das Holz gehörte zu jenen natürlichen, gewachsenen Dingen, zu denen seine Bauernseele ohne weiteres alle nur denkbaren Beziehungen hatte.

[Hier endet das Manuskript] (um 1932)

Montagnola
Cademario

Confederaz. Svizzera

CANTONE TICINO

Permesso di domicilio N. 36285.– 25.–

rilasciato a Hesse Hermann f. Hans

da Calw Stato: Germania nato nel 1877.

attualmente stabilitosi in Montagnola.–

Composizione della famiglia:

Moglie: Bernoulli Maria, 1868.–

Figli: Hesse Bruno, 1905.–

" Hans Heiner, 1909.–

" Martin, 1911.–

Carte di legittimazione deposte:

Heimatschein, N. 38.– Calw

10. V. 1919 = 1920.–

Bellinzona, 8 Gennaio 1920.–

PER LA DIREZIONE CENTRALE DI POLIZIA

Il Cons. di Stato Direttore:

Rossi

Il Segretario:

DIREZIONE CANTONALE DI POLIZIA CANT. TICINO

EINLAGE 144

Niederlassungsbewilligung im Kanton Tessin,
ausgestellt von der Polizeidirektion Bellinzona,
am 8. 1. 1920

Volker Michels

»Hier war das Leben möglicher«

Hermann Hesse im Tessin

Die Hälfte seines Lebens hat Hermann Hesse in der Südschweiz verbracht. Im Alter von 42 Jahren ließ er sich dort nieder. Hier sind von den »Klingsor«-Novellen bis hin zum »Glasperlenspiel« fast alle Bücher entstanden, die heute seine Weltgeltung ausmachen. Doch geschenkt bekam er sie nicht, weder die neue Experimentierfreude noch die Entschiedenheit der Wertung und das Gespür für künftige Entwicklungen, die diese Werke von seinen früheren unterscheiden.

Vorausgegangen war das Inferno des Ersten Weltkriegs, dessen äußerer und innerer Druck ihn bis an die Grenzen der Belastbarkeit gefordert und verändert hatte. Zwar war Hesse mit seiner Familie schon 1912 aus dem Deutschland Wilhelms II. nach Bern übergesiedelt, nachdem er fünf Jahre lang vergebens mit seiner kulturpolitischen Zeitschrift »März« gegen die preußische Präpotenz, die militante und kolonialistische Großmannssucht des Kaiserreichs angekämpft hatte. Doch bis es ihm gelang, das politische Deutschland und das ideale Deutschland seiner Liebe zur Heimat, ihrer Sprache und Literatur auseinanderzuhalten, bedurfte es der desillusionierenden Erfahrungen der ersten beiden Kriegsjahre. Nie wieder in seinem Leben hat Hesse sich so exponiert wie damals und sich in schmerzhaften Schritten binnen kürzester Zeit vom Kriegsfreiwilligen zum Kriegsgegner entwickelt, den Dichter in sich fast ganz unterdrückt, um als Journalist, als Redakteur und Zeitkritiker das Deutschland, das er in sich trug, gegen das der Politiker zu verteidigen, war als Vaterlandsverräter und Nestbeschmutzer in Verruf gekommen, hatte, um die Anliegen seiner Publizistik durch die Praxis zu legitimieren, ein Zentrum für Kriegsgefangenenfürsorge gegründet und ausgebaut, karitative Zeitschriften ins Leben gerufen und redigiert, sich einen Decknamen zugelegt, um unbehelligt von deutschen Maßregelungen seine Fürsorgetätigkeit fortsetzen und weiterhin unmißverständliche Kommentare zum Zeitgeschehen veröffentlichen zu können.

Bald aber hatten diese aufreibenden, weil schließlich doch vergeblichen, Anstrengungen seine private Existenz so ruiniert und seine zuvor schon gefährdete Ehe in einer Weise belastet, daß zunächst für ihn selbst, kurz darauf aber auch für seine Frau psychotherapeutische Hilfe unumgänglich wurde.

Wie in allen Krisenzeiten fand Hesse zwar durch das Ventil seiner Kreativität eine vorübergehende Linderung; so hat zweifellos die eruptive Niederschrift des 1917 in wenigen Herbstwochen entstandenen »Demian« dazu beigetragen, daß er den desolaten Haushalt in Bern und sein politisch-soziales Engagement für die Betroffenen des Krieges auch nach dieser Depression noch knapp drei Jahre lang aufrechtzuerhalten vermochte. Langfristig aber konnte nur eine radikale Veränderung der Lebensumstände helfen. Denn alle im Verlauf der vergangenen fünfzehn Jahre unternommenen Versuche, sein Künstlertum mit den Normen einer bürgerlichen Existenz zu vereinbaren (als Ehemann, Familienvater und Hausbesitzer), hatten sich als Wunschdenken herausgestellt. Und auch seine Einmischung in die Politik, die er Deutschland, dessen Staatsbürger er damals noch war, schuldig zu sein glaubte, und seine Sozialarbeit für die sinnlos an den Fronten aufgeriebenen Landsleute erwiesen sich als zwar ehrenhafte, doch ohnmächtige Initiativen der Verantwortlichkeit gegenüber einem Regime, das nicht er zu verantworten hatte. Wirklich verantworten – das hatte er in diesen bitteren Jahren gelernt – konnte man nur die Dinge, deren Gestaltung im eigenen Ermessen lag, die mit den eigenen Anlagen harmonierten, auch wenn sie zu allem im Gegensatz standen, was der Mehrheit der Zeitgenossen opportun und wünschenswert erschien.

Als Hesse im April 1919 nach vierjährigem Einsatz seine hauptberufliche Tätigkeit für die Berner Kriegsgefangenenfürsorge beendete, befand sich seine Frau schon seit einem halben Jahr in einer Nervenheilanstalt bei Zürich. Das gemeinsame Berner Haus aber hatten sie erst zum Oktober gekündigt, weil noch nicht absehbar war, wie es mit ihr und den Kindern weitergehen würde. Einstweilen waren die sieben-, neun- und dreizehnjährigen Söhne bei Freunden und in Heimschulen untergebracht.

Hesse selbst drängte nach Süden. Zum erstenmal hatte er die Region südlich der Alpen 1905 auf einer Fußwanderung von der Ostschweiz an den Comer See und nach Lugano kennengelernt und zeigte sich schon damals wahlverwandt berührt von den so gegensätzlichen Landschaften und Wachstumszonen, die vom Hochgebirge bis in die geradezu subtropischen Bereiche der oberitalienischen Seen auf engstem Raum und wie im Zeitraffertempo fast alles an Eindrücken boten, was sich sonst über riesige Distanzen verteilte: »Aus dem rauhen, spärlich bewachsenen Alpenhochtal ging es, als flögen Kulissen an mir vorüber, rapid in eine immer reichere Vegetation hinein: erst Kartoffeln und schöner Baumwuchs, dann Korn und Gärten, dann Wein und Mais, Kastanien, Maulbeerbäume, Feigen, Oleander, alles hintereinander in wenigen Stunden. Das hatte etwas aufreizend Frohmachendes . . . In den Dörfern kaufte ich Brot, das ich unterwegs verzehrte. Was für Dörfer! Jedes eine fast römisch-romanische Vedute mit alter Kirche und altem Kastell am Berghang trotzend, der reißende Bach am alten Burggemäuer und unter hohen rundbogigen Steinbrücken hinschäumend.«
Der reißende Bach, von dem Hesse 1905 in seiner »Wandererinnerung« berichtet, war freilich noch nicht der (etwas westlicher gelegene) Tessin-Fluß, sondern die in den Comer See mündende Mera, ein Gewässer, das ähnlich den anderen (die Moesa, Versazca und Maggia) das Schmelzwasser der Alpen aus einer Höhe von fast 3 000 Metern hinunter in die kaum 90 km entfernten Seen ergießt. Die hohe Strömungsgeschwindigkeit dieser Flüsse, die beim Durchlaufen der verschiedenen Klimazonen mit jenem ebenso raschen Wechsel des Landschaftsbildes einhergeht, ist typisch für alle Wasserläufe der Südschweiz und hat nicht nur dem größten unter ihnen, dem Tessin, sondern auch der ganzen Gegend ihren Namen gegeben. Er stammt aus dem Rätoromanischen und heißt »schnelles Wasser«.
Zwei Jahre später, im April 1907, kam Hesse erneut in diese Landschaft, um damals, als fast Dreißigjähriger, die auf dem Monte Verità bei Ascona von einem Antwerpener Industriellensohn gegründete Naturheilanstalt zu erproben. In dieser Kolonie von Aussteigern, die auf die saturierte Plüschkultur des Wilhelminischen Zeitalters mit lebensreformerischen Experimenten reagierten und Gegenmodelle zur industriellen Deformation des Lebens, der Ver-

städterung und technologischen Naturzerstörung zu entwickeln versuchten, hielt er sich etwa drei Wochen auf. »Hier kuriere ich meine literarischen Nerven durch vegetarische Kost, Abstinenz, Luft und Sonne, ein einfaches und bekömmliches Verfahren!« . . . »Ich hatte den unentbehrlich instinktiven Glauben an die Willensfreiheit nahezu verloren und genese nun hier langsam und recht wohlig zu einem sanskülotten Urzustand zurück«, schrieb er Mitte April 1907 auf Postkarten an Freunde in München und Basel. Das klingt vergnügter, als es ihm damals zumute war. Aber die Anspielung auf den Verlust der unentbehrlichen Willensfreiheit läßt aufmerken. Belegen doch andere Aussagen und Briefe aus jener Zeit die Beklemmung und Scheu des Vagabunden in Hesse vor dem damals gerade in Angriff genommenen Bau eines eigenen Hauses am Bodensee, das freilich notwendig geworden war. Denn die fünf kleinen Stuben seiner bisherigen Mietwohnung in einem Bauernhäuschen waren längst zu eng für die wachsende Familie und die immer zahlreicheren Besucher des mittlerweile schon lästig berühmten Autors. Ein Unbehagen angesichts der nun bevorstehenden Ausweitung und allzu bürgerlichen Anbindung seiner Existenz mochte ihn auf die Idee gebracht haben, es vorher rasch noch einmal mit dem Gegenteil, mit Einsiedelei und Bedürfnislosigkeit, zu versuchen. Die Lektüre Schopenhauers und mehrerer Bücher über buddhistische Askese taten ein übriges. Und so bezog er auf dem weitläufigen Gelände des Monte Verità eine kleine Bretterbude im Grünen, lebte dort sieben Tage lang ohne feste Nahrung und vergrub sich bis unter die Achseln in den Boden, um die Heilkraft der Erde zu erproben, wobei es ihm vorkam, als müsse er »erstarren, Wurzeln schlagen und in ein pflanzliches oder mineralisches Dasein zurücksinken«, wie er in seinen vor Ort protokollierten »Notizen eines Naturmenschen« vermerkt.

Der innere Gewinn, den diese Experimente ihm brachten, kam ihm damals eher dürftig vor. Außer etwas mehr Geduld und Bescheidenheit, habe er geistig wenig davon profitiert, schlußfolgert er in diesen Notizen. Doch 14 Jahre später in seiner Buddha-Legende »Siddhartha« wird er auf diese Exerzitien wieder zurückkommen und der durch die Askese gewonnenen Selbstdisziplin, der Fähigkeit, »zu denken, zu warten und zu fasten«, eine für die Entwicklung seines Helden wegweisende Bedeutung einräumen.

Augen für das Unverwechselbare der Tessiner Umgebung, die südlich barocke Kultur und Lebensfreude, wie sie aus Hesses Reiseerinnerungen von 1905 und den seit 1918 entstandenen Schilderungen sprechen, hatte er bei diesem längeren Aufenthalt 1907 nicht. Dafür war er damals noch zu sehr mit sich selbst beschäftigt.
Als er neun Jahre später, mitten im Krieg und kurz nach dem Tod seines Vaters, ein weiteres Mal für vierzehn Tage in die Südschweiz kommt, ist seine Verfassung womöglich noch desolater und entsprechend getrübt auch sein Blick für die Umwelt. Aus einem Hotel in Locarno teilt er am 14. 4. 1916 dem befreundeten Maler Ernst Kreidolf mit, er habe hier zwar ein paar stille warme Sommertage, doch keine innere Ruhe gefunden: »Ich war schon vorher aus der Balance und seit dem furchtbaren Krieg ging es eben noch mehr abwärts . . . Die Seele wird vom Sonnenschein, den Kamelien und den Spaziergängen nicht gesund, das sind Täuschungen.« Es gelingt ihm »auch hier nur selten das Zeitliche zu vergessen, das Gefühl des Mobilisiertseins, der zwangsweisen Einordnung in eine mir im Grunde verhaßte und feindliche Weltordnung, die nach Macht strebt und von Friede, Geist, Schönheit, keine Ahnung hat.«
Drei Tage nach der Rückkehr auf die Nordseite der Alpen beginnt Hesse in Luzern seine Psychoanalyse, die er mit einem »engen und höllischen Tunnel« vergleicht, durch den er nicht werde kriechen können, »ohne verändert und durchgeknetet drüben herauszukommen«. Er spüre zur Zeit nur das »Abwelken von Trieben und Denkweisen, die mir einst lieb und lebendig waren und das Werden von Neuem, das noch unklar ist und mehr Angst als Freude macht. Auch diese Entwicklung hat der furchtbare Krieg beschleunigt durch den quälenden Druck, den er übt.« . . . »Herrgott, was ist das für eine Welt, in der man kein feiner Kerl sein kann, ohne Neurotiker zu werden!« schreibt er in Briefen aus Luzern. Um diesen engen und höllischen Tunnel zu durchdringen, braucht er drei Monate. Dann taucht er wieder ein in das Licht südlich der Alpen und nun plötzlich mit einem freieren Blick für das, was es beleuchtet. »Ich weiß nicht«, schreibt er am 30. 9. 1916 an Otto Blümel, »ob Du die Landschaft im Südtessin kennst. Sie ist wunderbar reich und schön, vom Alpinen bis zum ganz Südlichen ist alles da, und das Ganze nirgends weich und süß, sondern überall kräftig und oft

herb. Besonders reich und schön sind die bis hoch in die Berge reichenden lichten Kastanienwäldchen, die Felsengegenden mit Birken dazwischen und die Alpen. Zum Beispiel kam ich, verlaufen und auf Umwegen einmal auf eine Alp, ich war über zwei Stunden in Wald, Farnwildnis etc. gestiegen und sah nun plötzlich die paar Steinhütten ... zwischen den üppigsten Reben liegen. Dann viele Schluchten, eng und wild mit leuchtend grünen Wassern drin.«

Wann immer der Betrieb in der Gefangenenfürsorge es erlaubt, kommt er von nun an für ein paar Wochen in die Südschweiz zurück. Bei der Frau eines Neurologen und Psychiaters mit dem verheißungsvollen Namen Hildegard Jung-Neugeboren, die in Monti bei Locarno ein geräumiges Sommerhaus besaß und dort zeitweise befreundete Künstler wie Klabund, Emmy und Hugo Ball, Lou Andreas-Salomé und Franziska von Reventlow beherbergte, fand Hesse eine Unterkunft. Dort hat er von 1916 bis 1918 während vier Aufenthalten insgesamt zwölf Wochen verbracht, das Tessiner Skizzenbuch »Wanderung« geschrieben, und hier war es auch, wo er nach seiner Psychoanalyse und vor der Niederschrift des »Demian« begonnen hat zu malen. So naiv und unbeholfen seine ersten reproduzierten Illustrationen zu den Aufzeichnungen der »Wanderung« noch wirken, sie verraten doch eine Veränderung, eine Distanz vom Bisherigen und den angestrengten Willen, das Neue auch auf eine für ihn neue Weise in den Griff zu bekommen.

Mit dem Ende des Krieges gab es für Hesse kein Zurück mehr. Im April 1919, nach Beendigung der Aktivitäten für die Kriegsgefangenen und den Vorbereitungen zur Gründung einer Zeitschrift »Vivos voco«, deren Erträge der Kinderfürsorge zukamen, verriegelte er seine Wohnung in Bern. »Das Haus der Träume«, wie er das Anwesen am Melchenbühlweg in einer noch kurz vor dem Krieg entstandenen Erzählung (in Anlehnung an eine Lithographie des vorherigen Bewohners, des Malers Albert Welti) genannt hatte, war zum Haus der Alpträume geworden. »Lieber als Sonderling und Vagabund ein halbes Leben führen, als auf Kosten der Seele ein gut funktionierender Herr zu werden«, hatte er an Hildegard Jung-Neugeboren nach Locarno geschrieben.

Am liebsten hätte er sich nun wieder dort oder in der urtümlichen Felsen- und Birkenwildnis zwischen Ascona, Losone, Arcegno und Ronco angesiedelt. Denn »wirkliche Heimatgefühle«, bekennt er noch 1927 in der »Nürnberger Reise«, »habe ich außer für meine Vaterstadt im Schwarzwald mein Leben lang eigentlich nur für diese Gegend um Locarno gehabt«. Doch die Absicht seiner Frau, nach ihrer vorübergehenden Entlassung aus der Heilanstalt gleichfalls ins Tessin zu ziehen und sich in Ascona ein Haus zu kaufen, vereitelte diese Pläne. So begann er weiter südlich in der Gegend von Lugano einen Unterschlupf zu suchen, quartierte sich in Sorengo in einem Gasthof ein und entdeckte Anfang Mai 1919 im nahegelegenen Bergdorf Montagnola die »noble Ruine« der Casa Camuzzi, ein altes, barockes Patrizierhaus, wo vier Stübchen zu vermieten waren. Zwar konnte hier von einem Komfort, der sich mit dem seiner beiden früheren Häuser am Bodensee und in Bern hätte messen lassen, nicht die Rede sein. Doch hatte diese Unterkunft einen Vorteil, der alles andere aufwog: ihre unvergleichlich schöne Lage auf einer Halbinsel im Luganer See. Über einen Dschungel üppiger Vegetation ging der Blick nach Süden, hinab auf ein buchtenreiches und von hohen, dicht bewachsenen Bergpyramiden begrenztes Seetal. Eine ähnliche Lage hatte Hesse seinerzeit für sein Haus am unberührtesten Arm des Bodensees gewählt, mit einem Blick auf das schweizerische Westufer. Hier nun öffnete sich der Blick von der Schweiz nach Italien, und nirgendwo sonst berührten sich deutsche und romanische Welt so dicht und landschaftlich reizvoll. In seinem »Dank ans Tessin« kommt Hesse auf die Beweggründe zu sprechen, die ihn bei der Wahl seiner Wohnorte bestimmten. Sie erinnern an die Argumentation Thomas Manns, der seinen (freilich ungleich aufwendigeren) Lebensstil damit rechtfertigte, daß er glaubte, als Künstler, der es im Leben so viel schwerer habe als andere Menschen, zur Erleichterung des Alltags durchaus etwas Luxus beanspruchen zu dürfen. Ähnlich rechtfertigt sich Hesse: »Mir das Leben leicht zu machen, habe ich leider niemals verstanden. *Eine* Kunst aber ist mir immer zu Gebote gestanden: die Kunst schön zu wohnen. Seit der Zeit, da ich meinen Wohnort mir selbst wählen konnte, habe ich immer außerordentlich schön gewohnt, zuweilen primitiv mit sehr wenig Komfort, aber immer habe ich eine charakteristische, große, weite Landschaft vor meinen Fenstern gehabt.«

So prachtvoll die neue Umgebung war, die Wohnung selbst und die finanziellen Lebensumstände waren es keineswegs, denn mit dem verlorenen Krieg hatte in Deutschland die Inflationszeit begonnen und erst Ende 1923 ihren Höhepunkt erreicht. Hesse war damals so verarmt wie nie zuvor in seiner Schriftstellerexistenz und hatte weiterhin, außer für sich selbst, auch für seine nun weit verstreute Familie, also für die Unterbringung der drei Söhne und die ärztliche Versorgung seiner Frau aufzukommen. Auch der Verkauf großer Teile seiner Bibliothek half nur kurzfristig weiter. »Ich brauche monatlich 1000 Franken, das sind z. Zt. 3000 Mark«, schrieb er damals an Ludwig Finckh, doch bekomme er pro Monat von seiner Bank in Konstanz, »wo all mein Erspartes ist, als Maximum 150 Mark für mich und meine Familie.« Ohne die Hilfe der Schweizer Freunde H. C. Bodmer und Georg Reinhart, die für die Krankenhauskosten von Hesses Frau Mia und die Internatsgebühren des Sohnes Heiner aufkamen, hätte Hesse jene Jahre wohl kaum überstanden. Er selbst lebte so sparsam wie möglich. Einem Lehrer in Jena, der ihn damals um ein Porträtfoto bat, antwortete er am 18. 9. 1919: »Wir Auslandsdeutschen lassen uns nicht mehr fotografieren, sondern sind durchaus zufrieden, wenn wir jeden Tag ein Stückchen Brot haben und ein wenig Bindfaden, um die Fransen an den Hosen zuzunähen.«

Die Armut der Lebensumstände fiel in eine Zeit der Produktivität ohnegleichen. Würde es im Leben mit rechten Dingen zugehen und könnte man immer gleich den Ertrag dessen ernten, was man kurz zuvor zustande gebracht hat, dann wäre Hesse damals auch finanziell ein reicher Mann gewesen. In acht Wochen entstanden zwei große Erzählungen und einige seiner besten Gedichte, nicht mitgerechnet die zahlreichen Buchbesprechungen, Aufsätze und wohl hundert Aquarelle. Die Energie eines jahrelang aufgestauten und in heftigen Gärungen geklärten Ausdruckswillens begann sich nun zu entladen mit einer expressiven Wucht und neuen Kraft der Sprache, die wenig gemein hat mit dem oft unartikulierten »Oh Mensch!«-Pathos der inzwischen modisch gewordenen Dichter des Expressionismus. Vier Wochen nach Hesses Ankunft im Tessin ist die Erzählung »Klein und Wagner« geschrieben, die in novellistischer Form auch seine eigene familiäre Misere zu bannen versucht: Friedrich Klein, der ehrbare Beamte, der treusorgende Ehegatte und Familienvater, taucht plötzlich, belastet mit einem imaginären Verbrechen, dem vierfachen Mord an Frau und Kindern, mit einem Revolver und

falschem Paß in der Tasche unter dem Decknamen Wagner irgendwo im Süden unter und befreit sich von allen bürgerlichen Bindungen. »Schön und holdselig ist diese Dichtung nicht, mehr wie Cyankali«, schreibt Hesse am 24. 7. 1919 seinem Malerfreund Louis Moilliet, »aber sie ist gut und war notwendig.« Von innen her beginnt er sich nun Schritt für Schritt die zerstörte Welt wieder aufzubauen: »Wenn irgendeine Pflanze geknickt oder verletzt oder am Vertrocknen ist«, notiert er im selben Monat in einem Brief an seine Schwester Adele, »dann sucht sie schnell noch Samen zu bilden, weil das das Ziel ihres Daseins ist. So habe ich mich, als ich spürte, daß mein Leben im Nerv angeschnitten ist, noch einmal auf meine Arbeit zurückgezogen, auf das Denken und die Kunst, weil ich spüre, daß ich hierin das Meine erfüllen muß.«
Unverkennbar tessinisch in »Klein und Wagner« ist der Schauplatz des Geschehens: »Auch am hellen Tage sah die Landschaft unwahrscheinlich und phantastisch aus, die Berge waren alle zu nah, zu steil, zu hoch, wie von einem etwas verschrobenen Maler erfunden. Schön aber war alles Nahe und Kleine: ... hohe schlanke Glockentürme, die Fassaden der Kirchen bunt bemalt oder von gewölbten Hallen mit leichten edlen Bogen beschattet, Häuser mit rosenrotem Anstrich und dick gemauerte Arkadenhallen ... Da und dort schwarze Zypressen, kletternde Ziegen vor einem Herrschaftshaus, im Rasen die ersten Palmen, kurz und dickstämmig. Es gab diesen Süden, er war keine Fabel. Die Brücken und Zypressen waren erfüllte Jugendträume und sagten: du bist nicht mehr im Alten, es beginnt lauter Neues.«
Kaum hatte Hesse diese Novelle beendet, begann er damit, sein neues Domizil und seine Metamorphose zum Maler darzustellen in der Erzählung »Klingsors letzter Sommer«, die gleichfalls schon nach vier Wochen abgeschlossen war: »Die glühenden Tage wanderte ich durch die Dörfer und Kastanienwälder, saß auf dem Klappstühlchen und versuchte mit Wasserfarben etwas von dem flutenden Zauber aufzubewahren; die warmen Nächte saß ich bis zu später Stunde bei offenen Türen und Fenstern in Klingsors Schlößchen und versuchte, etwas erfahrener als ich es mit dem Pinsel konnte, mit Worten das Lied dieses unerhörten Sommers zu singen.«
Für seinen Verleger war dieses expressive Maler-Selbstportrait »sicher eine der schönsten Novellen, die seit vielen Jahren entstanden

ist und wenn sie als expressionistisch bezeichnet werden soll, die erste, die mir den Expressionismus deutlich macht, ihn über das Programm hinaus zur Erfüllung gebracht hat«, vermerkt S. Fischer in einem Brief vom Oktober 1919.

Malen und Schreiben gehen von nun an fast gleichwertig nebeneinander her, durchdringen und steigern sich gegenseitig, und zweifellos hat Hesses Sprache durch den nun alltäglichen Umgang mit Feder und Pinsel an Kontur, Farbe und Anschaulichkeit gewonnen. Noch rapider waren – gemessen an der vergleichsweise kurzen Zeit, seit er zu malen begonnen hatte – seine Fortschritte auf diesem Gebiet. Kaum hatte er sich nach beharrlich zäher Kleinarbeit die handwerklichen Fertigkeiten angeeignet, die eine naturgetreue Wiedergabe des Gesehenen erlaubten, beginnt er mit den verschiedensten Techniken, Pastell, Tempera und Öl zu experimentieren, bis er schließlich in der spontaneren Methode des Aquarellierens die ihm angemessenere Ausdrucksform fand und perfektionierte. Über einen seiner Malerfreunde, Cuno Amiet, hat Hesse damals etwas geschrieben, was ebenso auf ihn selber zutraf. Amiets Bilder zeigten eine Freude an der Erscheinungswelt, die ansteckend wirke: »Sein Blick lockt Farbe aus dem Grau, ahnt Sonne auch in der Dämmerung ... Farbe ist flüchtig, Farbe ist Leben, ist Oberfläche, ist zarteste, dünnste, sensibelste Haut der Dinge, und so lösen sich die Dinge in [seinen] besten Bildern ganz in Farbe auf ... Er sucht dem tausendfältigen Roman des Lichtes zu folgen, er probiert, er tastet, er spielt ... Er stammelt oft, wo ein anderer redet ..., aber seine Kunst ist dafür voll von Möglichkeiten und Ahnungen und Zukunft. Er setzt nicht Grenzen, sondern erweitert sie.«

Nach einer Periode, in welcher Hesse seine vorwiegend landschaftlichen, architektonischen und pflanzlichen Motive bis zu ornamental wirkenden Farbzusammenklängen vereinfachte und idealisierte, kommt eine Phase, in der diese Themen mit mosaikartig zusammengesetzten Farbflächen um einen Grad realitätsnaher dargestellt werden, bis er sich schließlich direkt vor die Natur wagt, um – nach kurzer Bleistiftskizzierung der wichtigsten Umrisse – seine Motive mit meist leuchtenden, doch sorgsam abgestuften Farbflächen, »die miteinander eine ganz bestimmte Musik ergeben mußten«, spontan auf das Papier zu bringen. Andere Bilder sind akribisch genaue Federzeichnungen, nachträglich sorgfältig koloriert, Entspannungs-

Traumgarten. Aquarell 1920

übungen eines Poeten, der von sich sagte: »Ich bin kein sehr guter Maler, ich bin ein Dilettant: aber es gibt keinen einzigen Menschen, der in diesem weiten Tal die Gesichter der Jahreszeiten, der Tage und Stunden, der Falten des Geländes, der Formen der Ufer, so kennt und liebt und hegt wie ich, der sie so im Herzen hat und mit ihnen lebt.«
Wie alle Selbstkritik Hesses ist auch diese Äußerung von Kritikern immer wieder aufgegriffen und gegen ihn ins Feld geführt worden. Und doch gibt es unter den wohl dreitausend Aquarellen, auf denen er seine Tessiner Wahlheimat gepriesen und verewigt hat, gewiß einige hundert Blätter, die so geglückt sind, daß sie durchaus bewirken könnten, daß wir einmal die Eigenart des Tessin durch die Augen Hermann Hesses sehen werden, so wie uns heute z. B. die Provence immer wieder an Bilder van Goghs oder Cézannes erinnert.

Nun ist Hesse endgültig dort angekommen, wo er den Rest seines Lebens verbringen wird. Und etwas von diesem Angekommensein, eine Ruhe nach dem Sturm und das Gefühl einer zuvor noch nie dagewesenen Geborgenheit und Stabilität des Standpunktes ist fortan spürbar in seinen Büchern und allen Schilderungen seiner Wahlheimat: »Es ist komisch«, sagt Klingsor, »wie lange man braucht, bis man sich in der Welt ein bißchen auskennt! Als ich einmal nach Asien fuhr, vor Jahren, kam ich im Schnellzug in der Nacht sechs Kilometer von hier vorbeigefahren und wußte nichts. Ich fuhr nach Asien und es war damals sehr notwendig, daß ich es tat. Aber alles, was ich dort fand, das finde ich heut auch hier: Urwald, Hitze, schöne fremde Menschen, Sonne, Heiligtümer. Man braucht so lang, bis man lernt, an einem einzigen Tag drei Erdteile zu besuchen. Hier sind sie. Willkommen Indien! Willkommen Afrika! Willkommen Japan!«

Die Explosion sinnlicher Wahrnehmungen hält ihn nun so in Atem, daß er dem Wunsch, für alle die neuen Eindrücke auch den charakteristischen Ausdruck zu finden, kaum noch nachzukommen vermag. Er möchte nicht nur »alles sehen, alles fühlen, alles riechen und schmecken«, was ihm jetzt auf der Höhe des Lebens und bevor es vielleicht zu spät ist, diese neu erschlossenen Kontinente zu bieten haben. Er möchte es, »plötzlich unheimlich fleißig geworden, auch festhalten, um mit Bleistift und Feder, mit Pinsel und Farben, dies und jenes von diesem blühenden und schwindenden Reichtum beiseite zu bringen«, notiert er in der Betrachtung »Zwischen Sommer und Herbst«, die mit dem Seufzer schließt, »und wenn ich am Abend meine Blätter in die Mappe lege, macht es mich beinahe traurig zu sehen, wie wenig von allem ich mir notieren und aufbewahren konnte.«

Das wenige aber war so viel, daß es am Ende seines Lebens ein ganzes Buch hätte füllen können. Denn was sich nach Hesses Tod in Wort und Bild von dieser Ernte in seinem Nachlaß fand, reicht weit über das hinaus, was er davon noch selbst in seinen Büchern zusammengefaßt hat. Einen Teil davon hat Hesse zwar 1926 in einem Sammelband, den er »Bilderbuch« nannte, veröffentlicht. Dieser enthielt unter dem Titel »Tessin« acht der bis dahin geschriebenen Impressionen. Die vorangehenden Kapitel des Buches brachten Schilderungen aus den Bodenseejahren und über seine Reisen nach Italien und Indonesien. Aber auch diese Kapitel enthielten nur einen Bruchteil dessen, was darüber hinaus zu diesen Themen an Schilderungen existiert. So lag es nahe, diese Arbeiten in einzelnen Themenbänden einmal vollständig und mit authentischem Bildmaterial vorzulegen.

Der erste dieser Bände war die 1977 erschienene Sammlung »Bodensee« mit 260 Seiten (gegenüber 40 S. des gleichnamigen Kapitels im »Bilderbuch«). 1980 folgte »Aus Indien« (mit 364 Seiten gegenüber 94 S. im »Bilderbuch« und den 198 S. der Erstausgabe von 1913). Sämtliche Texte über »Italien« wurden 1983 (mit über 500 Seiten gegenüber 32 Seiten im »Bilderbuch«) vorgelegt. Und auch unser Band »Tessin« ist um etwa 250 S. umfangreicher als die 1926 veröffentlichten Tessiner Impressionen, weil viele der Texte erst nach Erscheinen des »Bilderbuchs« entstanden sind. In möglichst chronologischer Folge – wie auch die Einzelbände »Bodensee«, »Italien« und »Aus Indien« – versammelt er die betrachtenden wie auch die lyrischen und fiktiven Darstellungen Tessiner Eindrücke und Erlebnisse.

Dank Hesses Mut zur Subjektivität und seiner erfrischend persönlichen Erzählweise lesen sich diese Schilderungen wie eine Art Tagebuch, zugleich aber auch wie eine kritische Chronik zur ersten Hälfte unseres Jahrhunderts, ist doch das Persönliche so intensiv erlebt, daß es Zusammenhänge sichtbar macht, die uns alle betreffen. Umgekehrt ist es mit dem Tessinbild, das Hesse vermittelt. Hier kommt er vom Allgemeinen zum Individuellen, so daß sich seine Beschreibungen landschaftlicher, kultureller, architektonischer oder religiöser Eigenarten des Tessins mitunter wie Facetten eines Selbstporträts lesen. Z. B. wenn er die auf engstem Raum miteinander harmonierenden Gegensätze von Berg und Ebene, Schnee und Zitrusbäumen rühmt oder die schöne, aus einfachsten Mitteln gewachsene, urtümliche Bauweise der kunstvoll ohne Mörtel aus rohen Granitsteinen geschichteten Häuser, die im Norden mit schweren Steinplatten, im Süden mit leichten Dachpfannen oder Hohlziegeln gedeckt sind. Auch die bei allem Katholizismus fast heidnisch ursprüngliche Form der Frömmigkeit ist ihm wesensverwandt. Er fand darin »etwas Uraltes, Kultiviertes und doch Primitives, eine Unschuld und Reife, die der Norden nicht hat. Die kleinen Kapellen und Bildstöcke, die farbig und zum Teil verfallend, fast alle von Kindern mit Feldblumen geschmückt, überall an den Wegen zu Ehren der Heiligen standen, schienen ihm denselben Sinn zu haben und vom selben Geist zu stammen wie die vielen kleinen Tempel und Heiligtümer der Alten, die in jedem Hain, Quell oder Berg eine Gottheit verehrten, und deren heitere Frömmigkeit nach Brot, Wein und Gesundheit duftete«, heißt es in der Novelle »Klein und Wagner«. Mit der Wallfahrtskirche bei Carona z. B. sympathisiert Hesse, weil sie so gut versteckt ist, daß man sie fast ebenso selten sieht wie den Kuckuck, »den scheuen Bruder, er zeigt sich nicht leicht, er will für sich bleiben«. Das entspricht ganz seiner eigenen verborgenen Lebensweise während der ersten drei Tessiner Jahre, bis ihn ab 1923 die kalten Winter in der nur durch einen kleinen Kamin beheizbaren Casa Camuzzi-Wohnung jeweils zum Jahresende zu Lesereisen und längeren Aufenthalten in den Norden nötigen. Dort kann er sich in den warmen Schwefelquellen von Baden von den Ischias-Leiden erholen, die er sich während der vergangenen im Tessin durchfrorenen Winter zugezogen hat, und dort wird er 1923 und 1924 zunächst in Basel, von 1925 bis 1932 in Zürich, ein festes Winterquartier mieten, um jeweils erst wieder im März, später im April oder Mai, nach Montagnola zurückzukehren.

Diesem Lebensrhythmus zwischen den Wintern in der Großstadt und den warmen Monaten, die Hesse in der Südschweiz verbrachte, entspricht auch die Abfolge der Schilderungen dieses Bandes, welche die Jahreszeiten im Tessin, von der Blüte der Edelkastanienwälder, der unterschiedlichen Wärmestrahlungen des Geländes in den Nächten zwischen Hochsommer und Spätherbst, bis zur Traubenernte und dem Keltern des roten Landweines Nostrano festhalten. Gleichzeitig sorgt dieser Wechsel zwischen städtischer und ländlicher Existenzform für Kontraste und produktive Spannungen. Denn der Abstand, den Hesse nach seiner alljährlichen Rückkehr aus dem Norden gewonnen hat, schärft seinen Blick für das Zweischneidige des Fortschritts, für die Verluste an Lebensqualität, Vielfalt und sinnlich-naiver Lebensfreude, mit denen die Errungenschaften der Zivilisation erkauft sind. So entgeht ihm nicht, »was sich während eines halben Jahres hier wieder verändert hat und wie viele Schritte der Prozeß vorwärts gegangen ist, der allmählich auch diese geliebte Gegend ihrer lang bewahrten Unschuld entkleidet und mit den Segnungen der Zivilisation erfüllt. Richtig, bei der unteren Schlucht ist wieder ein ganzer Waldrand glatt abgeholzt und es wird eine Villa gebaut und an einer Kehre ist unsre Straße verbreitert worden, das hat einem zauberhaften alten Garten den Garaus gemacht.« Hinzu kommen die Auswirkungen des Fremdenverkehrs, die Übervölkerung des Tessin mit Touristen, die Überfremdung der Einheimischen mit neureichen Ausländern, die einen Lebensstil importieren, der alles korrumpiert, was diese Kulturlandschaft und ihre gewachsene Lebensart unverwechselbar gemacht hat. »Sie merken gar nicht«, schreibt Hesse in seiner Betrachtung »Rückkehr aufs Land«, »wie sie da, Jahr um Jahr mehr, eine der wenigen im mittleren Europa noch vorhandenen Paradiesgegenden in eine Vorstadt von Berlin verwandeln«. ... Dabei werden »irgendwann einmal auch diese alten Mauern fallen«, bemerkt er 1928 über ein verwunschenes Tessiner Bergdorf, »werden diese schönen, finsteren, unhygienischen Winkel umgebaut und mit Zement, Blech, fließendem Wasser, Hygiene, Grammophonen und anderen Kulturgütern ausgestattet sein und über den Gebeinen« von seiner Freundin, der Dorfältesten »Nina wird ein Hotel mit französischer Speisekarte stehen«.

In der Erzählung »Die Fremdenstadt im Süden« hat Hesse bereits 1925 eine Entwicklung vorweggenommen, die mittlerweile dank der serienmäßig vorgefertigten Urlaubs-Surrogate zur sattsam bekannten Reisekatalogwirklichkeit geworden ist. Diese Touristenstadt, notiert Hesse ironisch, »konnte natürlich nicht in einem einzigen Exemplar hergestellt werden. Es wurden dreißig oder vierzig solcher Idealstädte gemacht ... und wenn ich eine dieser Städte zu schildern versuche, ist es natürlich nicht diese oder jene, sie trägt keinen Eigennamen, so wenig wie ein Ford-Automobil, sie ist ein Exemplar, ist eine von vielen ... Wie es koffeinfreien Kaffee und nikotinfreie Zigaretten gibt«, habe man dem Urlauber »hier eine naturfreie, eine gefahrlose, eine hygienische, denaturierte Natur aufgebaut«, einen Naturersatz, »echt wie das Silber, mit dem er tafelt, echt wie die Perlen, die seine Frau trägt, und echt wie die Liebe zu Volk und Vaterland, die er im Busen hegt«.

Ab 1925, zwei Jahre nach der Scheidung von seiner ersten Frau Mia und bald nachdem er Ruth Wenger geheiratet hatte (der er erstmals 1919 auf einer Wanderung nach Corona begegnet war und die sowohl im »Klingsor« als »Königin der Gebirge« und »Prinzessin Fatme« vorkommt als auch in der Skizze »Was der Dichter am Abend sah«), spielt Hesse mit dem Gedanken, sich ein eigenes Haus im Tessin zu erwerben. »Ich wohne ja zwar hier sehr schön und bin damit mehr als zufrieden«, schreibt er damals aus der Casa Camuzzi an Georg Reinhart, »aber da ich seit mehr als 6 Jahren ohne Garten bin, ohne Möglichkeit zu etwas Handarbeit, ohne Bad und manches andere, und darunter meine Gesundheit sehr gelitten hat, muß ich eben doch an diese Dinge denken.«

Sechs Jahre später wird sich auch dieser Traum erfüllen, in Form eines von großzügigen Mäzenen nach Hesses eigenen Plänen erbauten Hauses, worin ihm »als Anerkennung seines dichterischen Werkes« (wie es in H. C. Bodmers Urkunde heißt) Wohnrecht auf Lebenszeit eingeräumt wurde. Ein großes, elfhundert Quadratmeter umfassendes Grundstück am Hang erlaubte ihm nun auch wieder die so lange entbehrten »Stunden im Garten«, die »Beschäftigung mit Erde und Pflanzen, die der Seele eine ähnliche Entlastung und Ruhe geben kann, wie die Meditation«.

Und auch eine neue Lebensgefährtin hatte sich eingestellt, nachdem die von Hesse 1924 nur ungern akzeptierte bürgerliche Bindung an die zwanzig Jahre jüngere Ruth Wenger von ihr schon drei Jahre später gelöst worden war. Ninon Dolbin (geb. Ausländer), von der sich Hesse kurz nach der Fertigstellung des neuen Hauses im November 1931 heiraten oder – wie er es damals drastisch formulierte – wieder »den Ring durch die Nase ziehen« ließ, erwies sich in

den folgenden mehr als dreißig Jahren bis zu seinem Lebensende als die ideale Partnerin, ohne deren Zuwendung, vielseitige Bildung und kongeniales Einfühlungsvermögen (bei allem Sinn fürs Praktische und Faktische) Hesse wohl kaum die Turbulenzen der Nazijahre, die politischen Angriffe, finanziellen Restriktionen und kräftezehrenden Aktionen für die zahlreichen Flüchtlinge, Emigranten und Künstlerkollegen verkraftet hätte, die in Montagnola Hilfe suchten. In dem Tessiner Märchen »Vogel« hat er Ninon ein Jahr nach der Trauung ein launiges Denkmal gesetzt.
Dieses Märchen wie auch die Erzählungen »Die Fremdenstadt im Süden« und »Ein Tessiner Lebenslauf« sind nicht, wie die Mehrheit von Hesses anderen Schilderungen, autobiographisch-berichtender Art, sondern fiktionale Texte. Deshalb wurden sie separat an das Ende des Bandes gestellt. Hierher hätten konsequenterweise auch die Novelle »Klein und Wagner« und die Erzählung »Klingsors letzter Sommer« gehört, auf die aber aus Umfangsgründen leider verzichtet werden mußte. Als Ersatz für diese (in zahlreichen anderen Sammelbänden wie auch in Einzelausgaben greifbaren) Erzählungen schließt unser Band mit dem bisher noch unbekannten und hier zum erstenmal veröffentlichten Erzählfragment »Ein Tessiner Lebenslauf«, das erst vor kurzem, im Zusammenhang mit meinen Recherchen für das neue Calwer Hermann Hesse-Museum, aufgetaucht ist. Es gehört in den Umkreis des »Glasperlenspiels« und war für das abschließende dritte Kapitel mit »Josef Knechts hinterlassene Schriften« vorgesehen, worin Hesse seinen etwa dreißigjährigen Protagonisten u. a. in mehreren fiktiven Lebensläufen sich seinen Werdegang in einer anderen Zeit und Umwelt ausmalen läßt. Diese Darstellungen waren – wie es im »Glasperlenspiel« heißt – »Übungen der Imaginationskräfte, sich das eigene Ich in veränderten Lagen und Umgebungen vorzustellen ... Man lernte dabei seine eigene Person als Maske, als vergängliches Kleid einer Entelechie kennen.« Und natürlich seien diese ausgedachten Vorexistenzen »nicht nur Stilübungen, sondern auch Wunschbilder und gesteigerte Selbstbildnisse«.
In sein Alterswerk aufgenommen hat Hesse nur drei dieser fiktiven Selbstbildnisse. Die Fragmente eines vierten, im 18. Jahrhundert im Barock, der Blütezeit der europäischen Musik und des Pietismus, spielenden Lebenslaufes hat seine Frau Ninon 1966 aus dem Nachlaß

veröffentlicht. Der »Tessiner Lebenslauf« wäre also der fünfte, eine Zählung, die jedoch nur für die Reihenfolge der Publikation zutrifft. In der Folge der Niederschrift muß er der erste gewesen sein, gibt es doch nicht nur stilistische und inhaltliche Parallelen zu der etwa gleichzeitig entstandenen Betrachtung »Tessiner Herbsttag«, sondern auch Merkmale in der Konstruktion, die daraufhinweisen, daß dieser Lebenslauf noch vor der ersten, »Der Regenmacher« überschriebenen »Stilübung« entstanden sein muß. So heißt z. B. im »Regenmacher«, wie in allen Lebensläufen, der Held wie im Buch »Knecht« oder »Josef« (im »Regenmacher«: »Knecht«; in »Der Beichtvater«: »Josephus«; im »Indischen Lebenslauf«: »Dasa« [Sanskrit] = Knecht; im vierten Lebenslauf: »Knecht«), während er im »Tessiner Lebenslauf« mit dem Namen Mario Designori seine künftige Identität noch nicht gefunden hat. Auch das weist darauf hin, daß damals der Hauptteil des »Glasperlenspiels«, nämlich die »Lebensbeschreibung des Magister Ludi Josef Knecht«, mit deren Niederschrift Hesse frühestens Ende 1937 begonnen hat, noch nicht vorlag, wie er auch den Namen Designori künftig nicht seinem Helden, sondern dessen Gegenspieler Plinio zugedacht hat, der erstmals in dem 1938 entstandenen Kapitel »Waldzell« als Plinio Designori auftaucht. Auch der Vorname Plinio ist im »Tessiner Lebenslauf« bereits verwendet für den (wie der künftige Plinio Designori) wohlhabenden Plinio Franchini, in dessen Haus Mario und seine Mutter Marietta eine Unterkunft gefunden hatten. Doch ist hier nicht der Ort für philologische oder komparatistische Analysen.

Aus guten Gründen hat Hesse darauf verzichtet, diesen Lebenslauf fortzusetzen und in »Das Glasperlenspiel« einzubeziehen. Daß er nun hier im Zusammenhang mit seinen Tessiner Schilderungen erstmals vorgestellt wird, scheint mir auch deshalb legitim und sinnvoll, weil dort in poetischer Verkleidung Tessiner Charaktere, Orte und Konstellationen wiederkehren (vom »Nachbar Mario«, der Witwe Nina, Hesses Gärtner Lorenzo Cereghetti bis hin zur Wallfahrtskapelle Madonna d'Ongero), mit deren realer Existenz wir aus den vorangegangenen autobiographischen Berichten inzwischen ja bestens vertraut sind. Das gilt auch für das etwa gleichzeitig entstandene Märchen »Vogel«, das sowohl auf die in Italien wie auch im Tessin übliche Unsitte der Jagd auf Singvögel anspielt als auch auf die Bemühung der Kritiker, Hesse selbst (den seine Frau »Vogel« nannte) unschädlich zu machen. Hätte doch die Zunft der Besserwisser »nicht nur die Ausrottung Vogels auf dem Gewissen, sondern sei jetzt auch noch bestrebt, die Erinnerung an ihn und die Sagen von ihm in ein Nichts aufzulösen, wie ja das Auflösen, bis nichts mehr übrigbleibe, zu den Beschäftigungen der Gelehrten zu gehören scheine«. Doch, so schließt dieses Märchen und so soll auch dieses Nachwort ausklingen: »Überall und immer wieder gibt es Wesen, die von den anderen als besonders, als hübsch und anmutig empfunden und von manchen als gute Geister verehrt werden, weil sie an ein schöneres, freieres, beschwingteres Leben mahnen, als wir es führen, und überall geht es dann ähnlich: daß die Enkel sich über die guten Geister der Großväter lustig machen, daß die anmutigen Wesen eines Tages gejagt und totgeschlagen werden ... und daß dann, ein wenig später, ihr Dasein zu einer Sage wird, die mit Vogelschwingen weiterfliegt«, wie die Legenden um Hermann Hesse, der uns das Tessin als eine Märchenlandschaft bewahrt hat, wie sie wohl bald nur noch in seinen Büchern und Bildern zu finden sein wird.

Frankfurt am Main im Juni 1990

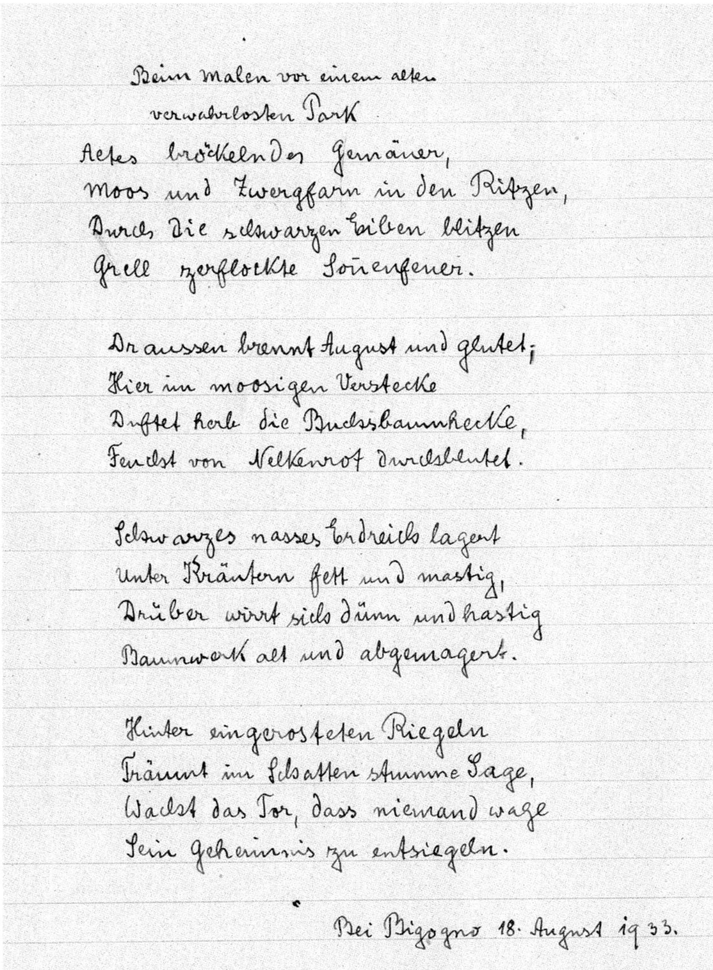

Beim Malen vor einem alten
verwahrlosten Park

Altes bröckelndes Gemäuer,
Moos und Zwergfarn in den Ritzen,
Durch die schwarzen Eiben blitzen
Grell zerflockte Sonnenfeuer.

Draussen brennt August und glutet;
Hier im moosigen Verstecke
Duftet herb die Buchsbaumhecke,
Feucht von Nelkenrot durchblutet.

Schwarzes nasses Erdreich lagert
Unter Kräutern fett und mastig,
Drüber wirrt sich dünn und hastig
Baumwerk alt und abgemagert.

Hinter eingerosteten Riegeln
Träumt im Schatten stumme Sage,
Wacht das Tor, dass niemand wage
Sein Geheimnis zu entsiegeln.

Bei Bigogno 18. August 1933.

Erste Fassung des Gedichtes »Alter Park«
in Hermann Hesses Handschrift

Quellennachweise

Neubeginn im Tessin: Aus »Beim Einzug in eine neues Haus«. Geschrieben Ende Mai 1931. Erstdruck im Sommer 1931 als Privatdruck. Aufgenommen in H. Hesse, »Gedenkblätter«, Berlin 1937.

Bergpaß; Dorf; Gehöft; Mittagsrast; Rotes Haus: Geschrieben 1918/19. Aus H. Hesse, »Wanderung«. Aufzeichnungen, Berlin 1920.

Sommertag im Süden: Geschrieben im Juli 1919. Erstdruck in »Vossische Zeitung«, Berlin vom 31. 7. 1919. Aufgenommen in H. Hesse, »Bilderbuch«, Berlin 1926.

Winterbrief aus dem Süden: Geschrieben im Dezember 1919. Erstdruck in »Neue Zürcher Zeitung« vom 11. bis 13. 1. 1920. Aufgenommen in H. Hesse, »Bilderbuch«, Berlin 1926.

Kirchen und Kapellen im Tessin: Erstdruck in »Schweizerland«, Chur, vom April 1920. Aufgenommen in H. Hesse, »Die Kunst des Müßiggangs«, Frankfurt am Main 1973.

Der kleine Weg. Tessiner Skizze: Erstdruck in »Pro Helvetia«, Zürich, vom April 1921. Aufgenommen in H. Hesse, »Bilderbuch«, Berlin 1926.

Tessiner Sommerabend: Erstdruck in »Simplicissimus«, München, vom 5. 10. 1921. Aufgenommen in H. Hesse, »Bilderbuch«, Berlin 1926.

Strand: Erstdruck in »National-Zeitung«, Basel, vom 12. 8. 1921. Aufgenommen in H. Hesse, »Bilderbuch«, Berlin 1926.

Madonna d'Ongero: Erstdruck in »Neue Zürcher Zeitung« vom

12. 8. 1923. Aufgenommen in H. Hesse, »Bilderbuch«, Berlin 1926.

Madonnenfest im Tessin: Erstdruck in »Vossische Zeitung«, Berlin, vom 2. 12. 1924. Aufgenommen in H. Hesse, »Bilderbuch«, Berlin 1926.

Was der Dichter am Abend sah: Manuskript aus dem Nachlaß, um 1924. Aufgenommen in H. Hesse, »Die Kunst des Müßiggangs«, Frankfurt am Main 1973.

In Locarno: Geschrieben 1925. Vorabdruck dieser Passage im Almanach auf das Jahr 1927, S. Fischer Verlag, Berlin 1926. Aus H. Hesse, »Die Nürnberger Reise«, Berlin 1927.

Abendwolken: Erstdruck in »Berliner Tageblatt« vom 27. 6. 1926. Aufgenommen in H. Hesse, »Bilderbuch«, Berlin 1926.

Aquarell: Erstdruck in »Frankfurter Zeitung« vom 4. 7. 1926. Aufgenommen in H. Hesse, »Die Kunst des Müßiggangs«, Frankfurt am Main 1973.

Sommers Ende: Geschrieben Ende August 1926. Erstdruck in »Berliner Tageblatt« vom 3. 9. 1926 u. d. T. »September«. Aufgenommen in H. Hesse, »Kleine Freuden«, Frankfurt am Main 1977.

Herbst. Natur und Literatur: Geschrieben im Oktober 1926. Erstdruck in »Frankfurter Zeitung« vom 17. 10. 1926. Aufgenommen in H. Hesse, »Kleine Freuden«, Frankfurt am Main 1977.

Wiedersehen mit Nina: Erstdruck u. d. T. »Besuch bei Nina«. In »Berliner Tageblatt« vom 26. 6. 1927. Aufgenommen in H. Hesse, »Die Kunst des Müßiggangs«, Frankfurt am Main 1973.

Rückkehr aufs Land: Geschrieben 1927. Erstdruck in »Kölnische Zeitung« vom 1. 5. 1927. Aufgenommen in H. Hesse, »Die Kunst des Müßiggangs«, Frankfurt am Main 1973.

Mai im Kastanienwald: Geschrieben Ende April 1927. Erstdruck in »Berliner Tageblatt« vom 12. 5. 1927. Aufgenommen in H. Hesse, »Kleine Freuden«, Frankfurt am Main 1977.

Aquarellmalen: Geschrieben 1927 u. d. T. »Ohne Krapplack«. Erstdruck in »Berliner Tageblatt« vom 10. 9. 1927. Aufgenommen in H. Hesse, »Kleine Freuden«, Frankfurt am Main 1977.

Klage um einen alten Baum: Erstdruck in »Berliner Tageblatt« vom 16. 10. 1927. Aufgenommen in H. Hesse, »Die Kunst des Müßiggangs«, Frankfurt am Main 1973.

Gegensätze: Erstdruck u. d. T. »Hochsommertag im Süden«. In »Berliner Tageblatt« vom 9. 7. 1928. Aufgenommen in H. Hesse, »Die Kunst des Müßiggangs«, Frankfurt am Main 1973.

Zinnien: Erstdruck u. d. T. »Spätsommerblumen« in »Berliner Tageblatt« vom 23. 8. 1928. Aufgenommen in H. Hesse, »Die Kunst des Müßiggangs«, Frankfurt am Main 1973.

Nachbar Mario: Geschrieben im Sommer 1928. Erstdruck in »Berliner Tageblatt« vom 20. 9. 1928. Aufgenommen in H. Hesse, »Kleine Freuden«, Frankfurt am Main 1977.

Spaziergang im Zimmer: Geschrieben im September 1928. Erstdruck in »Berliner Tageblatt« vom 5. 10. 1928. Aufgenommen in H. Hesse, »Kleine Freuden«, Frankfurt am Main 1977.

Wenn es Herbst wird: Geschrieben 1928. Erstdruck u. d. T. »Herbstgedanken« in »Kölnische Zeitung« vom 23. 9. 1928. Aufgenommen in H. Hesse, »Die Kunst des Müßiggangs«, Frankfurt am Main 1973.

Zwischen Sommer und Herbst: Geschrieben im August 1929. Erstdruck in »Berliner Tageblatt« vom 4. 9. 1930. Aufgenommen in H. Hesse, »Kleine Freuden«, Frankfurt am Main 1977.

Tessiner Herbsttag: Geschrieben im Oktober 1931. Erstdruck in

»Neue Rundschau«, Berlin, vom September 1932. Aufgenommen in H. Hesse, »Gedenkblätter«, Berlin 1937.

Der Pfirsichbaum: Erstdruck in »Neue Zürcher Zeitung« vom 10. 3. 1945. Aufgenommen in H. Hesse, »Späte Prosa«, Berlin 1951.

Kaminfegerchen: Erstdruck in »Neue Zürcher Zeitung« vom 24. 2. 1953. Aufgenommen in H. Hesse, »Beschwörungen«. Späte Prosa / Neue Folge, Berlin 1955.

Dank ans Tessin: Geschrieben 1954. Hier erstmals in Buchform.

Tagebuchblätter 1955: Erstdruck in »Neue Zürcher Zeitung« vom 16. 3. 1955 und vom 4. 7. 1955. Aufgenommen in H. Hesse, »Beschwörungen«, Berlin 1955.

Vierzig Jahre Montagnola: Erstdruck in »Merian: Tessin«, Hamburg, Mai 1960. Aufgenommen in H. Hesse, »Kleine Freuden«, Frankfurt am Main 1977.

Die Fremdenstadt im Süden: Geschrieben 1925. Erstdruck in »Berliner Tageblatt« vom 31. 5. 1925. Aufgenommen in H. Hesse, »Die Kunst des Müßiggangs«, Frankfurt am Main 1973.

Vogel. Ein Märchen: Erstdruck in »Corona« 3, München 1932. Aufgenommen in H. Hesse, »Traumfährte«. Neue Erzählungen und Märchen, Zürich 1945.

Ein Tessiner Lebenslauf: Unveröffentlichtes Manuskript aus dem Nachlaß, das hier erstmals abgedruckt wird.

Sämtliche hier aufgenommene Gedichte sind der Edition Hermann Hesse, »Die Gedichte«, Frankfurt am Main 1977 entnommen.

Inhalt

ERZÄHLUNGEN